普通高等教育“十三五”规划教材

高等院校会计类教材系列

统计学原理

王积田　田春兰　主　编
周　密　刘晓丽　邱园园　副主编
吕　杰　主　审

科学出版社
北　京

内 容 简 介

统计学是实用性很强的方法论科学，是社会大生产发展的必然产物，是生产力和生产关系不断发展的必然结果，是统计实践的理论概括和总结，并反过来指导统计实践活动。为贯彻教育部关于高等学校实用人才培养的有关精神，作者组织编写了本书。全书共10章，分别为概论、统计调查、统计资料整理、总量指标和相对指标、平均指标和变异指标、时间序列分析、抽样调查、统计推断、统计指数及相关与回归分析等。每章后还配备了思考与练习题，可供广大学生参考。

本书是高等院校经济管理类各专业的专业基础课教材，同时也可作为相关工作人员和自学者的参考书。

图书在版编目（CIP）数据

统计学原理/王积田，田春兰主编. —北京：科学出版社，2010
（普通高等教育“十三五”规划教材・高等院校会计类教材系列）
ISBN 978-7-03-027711-4

Ⅰ. ①统… Ⅱ. ①王… ②田… Ⅲ. 统计学-高等学校-教材 Ⅳ. ①C8

中国版本图书馆CIP数据核字（2010）第094989号

责任编辑：任锋娟 / 责任校对：刘玉靖
责任印制：吕春珉 / 封面设计：东方人华平面设计部

科学出版社 出版
北京东黄城根北街16号
邮政编码：100717
http://www.sciencep.com
三河市荣展印务有限公司 印刷
科学出版社发行 各地新华书店经销
*
2012年3月第 一 版 开本：787×1092 1/16
2021年6月第十五次印刷 印张：18 1/2
字数：418 000

定价：48.00元

（如有印装质量问题，我社负责调换〈荣展〉）
销售部电话 010-62134988 编辑部电话 010-62135763-2015

前　　言

统计是在当代市场经济条件下认识社会经济现象数量关系的方法论科学，是随着社会经济的发展和国家管理的需要而产生和发展起来的，并具备了一套较完善的理论和方法体系及其学科体系。统计是一门关于数据处理和分析的科学，只要处理、研究和分析相关数据，就要用到统计学的手段和方法；然而，几乎所有学科都要处理、研究和分析数据，因而统计学与几乎所有学科都有或多或少的联系。也就是说，统计学几乎可以用于一切领域，各种事物所具有的内在数量规律性都可以借助统计的手段和方法加以探索和研究。对于社会经济领域发生的经济事物来说，应用统计学的手段和方法，通过对社会经济现象总体数量特征的研究，来揭示数据内在的数量规律性和逻辑关系，从而达到认识社会经济现象本质特征的目的。

本书系统地阐述了统计学原理的基本概念、基本理论和基本方法，同时加强统计分析、统计推断、统计预测和统计决策等内容，突出了信息时代的统计理论与方法，还通过大量的案例分析使读者的感性认识及动手操作能力增强。在内容组合上，力求既继承传统，又要努力创新，积极吸收国内外统计理论和方法研究的最新成果以及统计实践经验的最新总结；在体系安排上，力求结构和内容有所突破、有所发展，体现统计学科的系统性和科学性；在难易程度上，力求从易到难以利于学生学习、理解、掌握和应用；在统计理解方面，注重用社会经济的实例阐述和印证统计方法，强调统计方法的应用性，避免数学推导，力求简明易懂，使读者易学易用。每章均有思考与练习题，藉以指导读者掌握统计理论和统计方法，培养读者运用统计理论和统计方法分析问题与解决问题的能力。

本书由王积田和田春兰负责编写大纲、内容设计及统稿。具体的编写分工如下：王积田编写第 1 章、第 7 章、第 8 章，田春兰编写第 2 章、第 6 章，周密编写第 3 章、第 4 章、第 5 章，邱园园编写第 9 章，李琳编写第 10 章，刘晓丽编写全书案例，赵丽娟编写全书思考与练习题。参加本书编写的单位有东北农业大学、沈阳农业大学、大庆师范学院、黑龙江八一农垦大学。在本书的编写过程中康悦、刘阳、孙婷婷、李琳、任玉菲和徐妍等研究生做了大量资料搜集和文字校对工作，在此表示感谢。

由于编者水平所限，本书难免存在一些缺点和不足之处，恳请广大读者批评指正。

目　　录

第1章　概　　论

学习完本章后，你应该能够做到以下几点。

- 了解统计的概念。
- 了解统计学研究的对象、性质和常用的方法。
- 掌握统计学中的一些基本概念。

案例导入

近年来，大学毕业生的就业问题已经越来越受到社会的关注。有关部门想对全国应届毕业生的求职与就业进行调查和分析，以了解当前大学生的就业意愿、择业倾向、求职经历、对就业政策和措施的认识与评价等相关状况，调查目的是为高校有针对性地做好大学生就业指导工作提供必要的统计信息，为政府制定就业政策、及时采取促进就业的必要措施提供科学参考。为了搞好大学生就业与求职状况的统计调查和分析，必须首先理解统计总体、总体单位、标志、变量、统计指标、统计指标体系等概念以及它们之间的关系和其在统计研究中的作用。

上述报告用了统计指标来说明经济运行态势。通过本章的学习我们应该能说明每个统计指标包括哪些构成因素，并体会怎样在分析报告中运用统计指标的信息。到底什么是统计学，我们用什么方法进行统计。

1.1　统计的概念

在日常生活中经常会接触到“统计”这一术语。在人们的一般认识中，“统计”就是“计数”。小至一个人、一个家庭，大至一个企业、一个国家都有计数的任务，如一个月的收入、一年的利润都会是人们经常关心盘算的，这些数据就是统计的成果。世界各国都有各自的官方统计，负责对人口、资源、环境和社会经济活动等各方面进行“计数”，并将这些数据资料以公共产品的方式定期公布，往往命名为“统计公报”或“统计年鉴”。

“统计”一词由来已久，其英文表示为 Statistics，最早出自拉丁语 Status，是指各种现象的状态和状况。汉语中“统计”原为合计或汇总计算的意思。在东汉时期统称为“通计”，在南北朝时期统称为“总计”，至清朝乾隆十二年（公元 1747 年）开始使用"统计"一词。

"统计"一词用在不同的场合，可以替代的含义往往有三个：统计工作、统计资料和统计学。

1. 统计工作

统计工作是为了管理或认识的需要，对社会经济现象和自然现象进行数量收集的活动。统计实践活动，是指运用科学的方法，按照预先设计的要求对社会现象的数量方面进行搜集、整理和分析的工作过程的总称。一个完整的统计工作过程包含了统计设计、统计调查、统计资料整理和统计分析等几个阶段。

2. 统计资料

统计资料是统计工作过程中所取得的各项数字资料以及与之相关信息的总称。统计资料是统计工作取得的能够说明所研究对象的数据。例如国内生产总值数据，说明整个国家的生产规模；居民消费支出数据，说明居民的生活水平，这些数据经常会在报纸、杂志上出现。随着信息技术的发展与网络的普及，统计资料的公布不再仅仅是纸质资料了，大量电子版的数据可以方便地从各国官方统计网站上获得。我国统计资料的发布途径越来越规范，官方的统计数据通过"中国统计年鉴"和各省、市、地区的统计年鉴定期出版，一般都会同时提供纸质和电子版两种形式。目前各级统计局都建立了自己的网站，及时提供有关数据，比如国家统计局就以"季度统计数据"、"年度统计数据"、"普查数据"、"专题数据"和"部门数据"五个栏目及时公布许多重要的指标。

3. 统计学

统计学是在统计工作的经验积累到一定程度时自然产生的，它是收集、整理、描述和分析统计数据的方法和技术，为我们的决策提供"量"方面的依据。统计学的定义突出了统计学研究对象的两个方面：第一，收集数据；第二，分析数据。收集数据的目的是为了解决某一应用或理论上的问题。但是单有一堆杂乱无章的数据，什么问题也解决不了，用处不大。这些数据需要经过整理，从中发掘有用的信息，并用适当的形式表达出来，然后用科学的方法进行分析，针对所研究的问题做出一定的结论。

统计的三种含义之间存在着密切的联系。

统计学与统计工作之间的关系是理论与实践的关系。统计工作是形成统计学的基础，统计学是统计工作经验的总结。只有当统计工作发展到一定阶段才能形成独立的统计科学，统计实践的发展又不断丰富并推动着统计科学理论的发展。统计工作的发展又需要统计理论的指导，统计科学的研究大大促进了统计实践工作水平的提高，统计工作的现代化与统计科学的进步是分不开的。

统计工作和统计资料的关系是统计活动与统计成果的关系。统计资料的需求支配着统计工作的设计，统计工作质量的高低又直接影响着统计资料的数量和质量。

1.2　统计学的对象和性质

1.2.1　统计研究的对象

从哲学的意义出发，任何事物都存在质和量两个方面，都是质和量的统一。研究一种事物可以从量的方面进行，也可以从质的方面进行，对事物量的方面的研究是在对事物质的方面有所把握的基础上进行的。统计是从量的方面对社会经济现象进行观察研究的，即统计的认识对象是社会经济现象的数量方面。虽然统计是研究社会经济现象的数量方面，但它对现象数量方面的研究并不是孤立进行的，而是在质与量的相互联系中研究量的，如果离开了事物质的方面，为研究量而研究量，那就不是统计学了。统计研究事物数量方面的目的在于通过对事物量的方面的观察和量变规律的研究，逐步把握事物的质和对事物质的方面的认识。因此，统计对社会经济现象数量方面的认识包括量的规模、现象之间的数量联系、现象数量的变化规律、现象质与量互变的数量界限等，而对事物量的这些方面的研究，都不是仅对个别事物观察所能得到的，必需通过对现象的大规模研究才能有效。因此，统计的研究对象具有如下的特点。

1. 总体性

统计认识社会经济现象的数量方面必须是对总体现象的认识，而非对个体现象的认识。因为只有通过对总体的数量方面的观察，才能发现现象存在的共性和规律性。例如，我们可以通过对一个国家或地区的众多工业企业的研究，了解工业企业的生产能力、生产规模、产品结构和工业品满足社会需要的程度等方面的情况。但如果只对该国或该地区的个别工业企业进行观察，则无论我们的工作做得多么细致，也不可能得到整个工业产品的结构及其满足需要程度的信息，因为它不具备代表性。

统计对社会经济现象的研究要求具有总体性，是基于满足统计研究的目的来考虑的。但强调总体性的要求，并不排斥统计对社会经济个体现象观察的重视。事实上，统计对总体事物的研究是从对个体的观察开始的。例如在人口统计中，如果没有对一个自然人各方面情况的仔细观察和记录，就得不到对人口总体的总人数、性别比例、地区分布、出生率、平均寿命等方面的数量认识。因此，统计对个体现象进行观察的目的是为了认识总体的数量特征。

2. 社会性

统计对象的社会性可以从三个方面进行考察。一是统计的认识对象是社会经济现象的数量方面，因而统计本身也就有了社会性。二是统计认识的主体是社会的人，人的阶级性（社会性）决定了认识立场和认识结论上的社会性。三是一切社会经济活动都和人的利益有关，不同的人群有着不同的利益和利益关系，因此人们相互间的利益分割和利益冲突必将在统计上显示出来。统计为一定的阶级和一定的社会集团服务，古今中外，概莫能外。因此，我们说统计具有社会性。

如前所述，统计学是统计实践活动的理论概括和总结，并反过来指导统计实践活动，因此，统计学的研究对象可以表述为社会经济总体现象的数量特征及其规律性、统计认识活动过程本身和认识方法。

1.2.2 统计学的性质

统计学具有以下三个方面的性质。

1. 统计学研究的对象是客观现象的数量方面

早期统计学所研究的问题有人口调查、出生与死亡的登记等，后来又扩大到社会经济和生物实验等方面。目前不论社会的、自然的或实验的，凡是有大量数据出现的地方都要用到统计学，凡能以数量来表现的均可作为统计学的研究对象。统计方法已渗透到其他科学领域，成为当前最活跃的学科之一。

2. 统计学研究的是总体现象的数量特征与规律性

统计学所研究的是总体的数量特征及其分布的规律性。总体是由许多个体组成的，各个个体在数量特征上受必然和偶然两种因素的支配，必然因素反映了该总体的特征，但由于受偶然因素的影响又是有差异的，通过这些个体的差异来描述或推断总体的特征就产生了统计学。

3. 统计学是一门方法论的科学

在统计学领域对统计学的性质有实质性科学和方法论科学之争。我们认为统计学是实用性很强的方法论科学，就统计工作来说，它总是研究实际问题，统计的方法也是从现实问题中产生的。然而统计学的发展有一个过程，早期的国势学派和政治算术学派虽然也利用一些统计方法来记述和分析现实问题，但那时还没有形成独立的统计学。随着统计方法的应用日益广泛，其内容也不断发展和充实，尤其是概率论的发展为统计方法提供了理论基础，使统计的方法相对独立地形成了自己的科学体系，即统计学。统计学的内容包括如何去搜集资料，如何对搜集的资料加以整理、概括和表示，以及如何对取得的数据进行分析和推断等一系列方法。这些方法和原理构成了统计学的基本内容。目前统计方法已成为科学研究和各种管理的重要工具，它是一门年轻而引人入胜的科学，并且还在不断地发展。

1.3 统计学中的几个基本概念

1.3.1 统计总体与总体单位

统计总体（Statistics total）是根据统计研究的任务、目的所确定的研究事物的全体，是客观存在的具有共同性质的个体所构成的整体。构成统计总体的个体单位称总体单位。

在一次特定范围、目的的统计研究中，统计总体与总体单位是不容混淆的，二者的含义是明确的，是包含与被包含的关系。但是随着统计研究任务、目的及范围的变化，统计总体和总体单位可以相互转化。

统计总体同时具有大量性、同质性、变异性等特点。大量性是指构成总体的总体单位数要足够的多，总体应由大量的总体单位构成，大量性是对统计总体的基本要求；同质性是指总体中各单位至少有一个或一个以上不变标志，即至少有一个具有某一共同标志表现的标志，使它们可以结合起来构成总体，同质性是构成统计总体的前提条件；变异性就是指总体中各单位至少有一个或一个以上变异标志，即至少有一个不同标志表现的标志作为所要研究问题的对象，变异性是统计研究的重点。

1.3.2 标志与标志表现

标志（Symbol）是说明总体单位所共同具有的属性和特征的名称。标志有品质标志和数量标志之分。品质标志说明总体单位的属性特征，无法量化，如职工的性别、文化程度，企业的经济成分、产品品牌等。数量标志说明总体单位的数量特征，能够量化，如职工的工龄、工资水平，企业的职工数、总产值、总产量、劳动生产率等。

总体单位与统计标志是有区别的。总体单位是统计标志的直接承担者，是载体；统计标志依附于总体单位并说明总体单位的属性和特征。依附于某个总体单位的标志可以有多个。

标志表现即标志特征在各单位的具体表现。如果说标志是统计所要调查的项目，那么标志表现是调查所得的结果，是标志的实际体现。

标志表现有品质标志表现和数量标志表现之分。品质标志表现只能用文字表述，因此不能转化为统计指标，但对其相应的单位进行总计时就形成统计指标。数量标志表现是一些具体数值，也称标志值。

就一个品质标志或数量标志而言，其具体表现可能多种多样，不能将标志与标志表现混为一谈。如对三个工人的月工资计算平均数，只能说是对三个标志表现或三个标志值（变量值）计算平均数，不能说对三个数量标志计算平均数，因为数量标志只有一个，即工人“月工资”。

1.3.3 变异与变量

如果某一标志的具体表现在总体各单位中相同，则称该标志为不变标志；如果某一标志的具体表现在各单位中不尽相同，则称该标志为可变标志。可变标志的标志表现由一种状态变到另一种状态，统计上把这种现象或过程称为变异。变异是一种普遍现象，有变异才有必要进行统计。

变异有属性变异和数量变异之分。属性变异表明质的差别，数量变异表明量的差别。

不变的数量标志称常量或参数。可变的数量标志和所有的统计指标称变量。变量的数值表现称变量值，即标志值或指标值。

变量按其数值是否连续可分为连续性变量和离散性变量。连续性变量的数值是连续不断的，任意两个变量值之间可以做无数种分割，如工业总产值、商品销售额、身高、体重等，既可用小数表示，也可用整数表示；离散变量的取值可以按一定次序一一列举，如工厂数、工人数、机器台数等，变量值通常用整数表示。

1.3.4 统计指标和统计指标体系

统计指标（Statistics index）是反映社会经济现象总体综合数量特征的科学概念或范畴。正确理解统计指标时应注意以下两点。

1）统计指标反映现象总体的数量特征。

2）一个完整的统计指标应该由总体范围、时间、地点、指标数值和数值单位等内容构成。

统计指标和统计标志是一对既有明显区别又有密切联系的概念。二者的主要区别如下。

1）指标是说明总体特征的，标志是说明总体单位特征的。

2）指标具有可量性，无论是数量指标还是质量指标，都能用数值表示，而标志不一定。数量标志具有可量性，品质标志不具有可量性。

标志和指标的主要联系表现如下。

1）指标值往往由数量标志值汇总而来。

2）在一定条件下，数量标志和指标之间存在着变换关系。

统计指标按其反映的数量特点不同可分为数量指标和质量指标。

数量指标是反映现象总规模水平或工作总量的指标，也称总量指标，一般通过数量标志值直接汇总而来，用绝对数表示，指标数值均有单位；质量指标是反映现象总体相对水平或工作质量的统计指标，又分为相对指标和平均指标，分别用相对数和平均数表示，它们通常是由两个总量指标对比派生出来的，反映现象之间的内在联系和对比关系。

数量指标和质量指标的关系表现在：数量指标是计算质量指标的基础，质量指标往往是相应的数量指标进行对比的结果。

统计指标体系是各种互相联系的指标群构成的整体，用以说明所研究的社会经济现象各方面互相依从和互相制约的关系。一个指标的作用总是有限的，它只能反映现象总体的某一侧面，只有使用指标体系才能反映现象总体的全貌。

统计指标体系大体上可分为基本统计指标体系和专题统计指标体系两大类。

1.4 统计研究的基本方法

1.4.1 大量观察法

统计要认识社会经济现象发展的特征和规律性，必须从总体上进行观察，即对研究总体的全部或足够多的单位进行调查并综合分析，这种方法称为大量观察法。这是由统计研究对象的大量性和复杂性决定的。大量复杂的社会经济现象是在诸多因素的综合作用下形成的，各单位的特征及其数量表现有很大的差别，不能任意抽取个别或少数单位进行观察。必须在对研究对象的全面分析的基础上，确定调查对象的范围，观察全部或足够多的调查单位，对客观现象的规律性有所了解。运用大量观察法对同类社会经济现象进行调查和综合分析，使次要的、偶然的因素相互抵消，从而排除其影响，以研究主要的共同起作用的因素所呈现的规律性。统计调查中的许多方法，如统计报表、普查、抽样调查、重点调查等，都是对大量单位进行观察研究，以了解社会经济现象及其发展情况。

1.4.2 综合分析法

综合分析法，是指对大量观察所获得的资料，运用各种综合指标的方法反映总体一般的数量特征，并对综合指标进行分解和对比分析，以研究总体的差异和数量关系。对大量的原始数据进行整理汇总，计算各种综合指标，以显示现象在具体的时间、地点以及各种因素的共同作用下所表现的规模、水平、集中趋势和差异程度等，概括地描述总体的综合特征和变动趋势。常用的综合指标有总量指标、相对指标、平均指标、变异指标、动态指标等。

1.4.3 统计分组法

根据统计研究的任务和事物内在的特点， 将被研究的社会经济现象划分为性质不同的几个部分，称为统计分组法。例如，将人口按性别分组、职工按职业分组、学生按成绩分组、企业按经济类型分组、公司按经营收入分组等。分组法是统计整理阶段的专门方法，也是贯穿统计研究全过程的方法。通过对总体各个不同组成部分及其相互关系的分析，可以补充、丰富和深化对总体的认识。统计分组法是统计研究的基本方法之一。

统计分组法是研究社会经济现象总体内部差异的重要方法。通过分组可以研究总体中不同类型的性质，例如工业企业按所有制不同划分、按轻重工业划分等，都说明了经济类型的不同特点；通过分组可以研究国民经济的生产力布局和产业结构等问题，例如国内生产总值在第一产业、第二产业和第三产业的总值和比重资料能够较为清楚的表明国内生产总值在三种产业之间的分布情况；通过分组还可以研究总体中现象之间的依存关系，例如劳动者的收入和劳动生产率之间的关系、商业企业的销售额与流通费用率之间的关系等。统计分组法在统计研究中的应用非常广泛。

1.4.4 归纳推断法

所谓归纳是指由个别到一般、由事实到概括的推理方法。归纳法可以使我们从具体的事实得出一般的知识，扩大知识领域，增长新的知识。归纳法可以用于对总体数量特征的估计，也可以用于对总体的某些假设进行检验等。它是统计研究的常用方法之一。

测量身体的不舒适性

长时间坐在不舒服的座椅上是一件不愉快的事情。在一架喷气式客机上当你比平常人体格大时，你坐进喷气式飞机的座椅里有可能很痛苦。对于高大的商务旅行者来说，这个座椅太小了。询问身高6英尺5英寸、体重300磅的著名防守球员罗斯·基尔，他从未遇到过不能阻挡的球，但他却面对客机上按5英尺9英寸和170磅设计的座椅发愁。基尔不是个个别的例子。另外还有1300万乘客至少有6英尺2英寸高或225磅重。

航空座椅再也不宽大了。据《Consumer Reporter Travel Letter》（消费者报道旅行通讯）的编辑爱德·博金斯开玩笑地说："他们最初是按适合一名著名运动员设计的。"该书每两年测量一次座位间的距离。在过去的20年间，航班上已逐渐将大约10%的座位挤进了客机中。在此期间，他们已把所有客机上面的各排座位渐渐靠拢，各排之间比20年前靠近了4英寸。

下面是一个对客机乘客的调查结果。

高大的旅行者最不喜欢的事	百分比/%
狭窄的航空座位	99
经济型出租车花费	87
旅馆的床太短、太窄或太软	83
桌椅固定在地板上的餐馆	80
旅店和汽车旅馆里的低淋浴头	77

请同学们结合案例回答以下问题：

统计有什么意义？研究统计有什么方法？

小　结

统计是从量的方面对社会经济现象进行观察研究的，即统计的认识对象是社会经济现象的数量方面。统计的研究对象具有总体性和社会性的特点。统计学是统计实践活动的理论概括和总结，并反过来指导统计实践活动。因此，统计学的研究对象可以表述为：社会经济总体现象的数量特征及其规律性、统计认识活动过程本身和认识方法。

统计总体是根据统计研究的任务目的所确定的研究事物的全体，是客观存在的具有共同性质的个体所构成的整体。统计总体同时具有大量性、同质性、变异性等特点。在一次特定范围、目的的统计研究中，统计总体与总体单位是不容混淆的，二者的含义是明确的，是包含与被包含的关系。但是随着统计研究任务、目的及范围的变化，统计总体和总体单位可以相互转化。

标志是说明总体单位所共同具有的属性和特征的名称。标志有品质标志和数量标志之分。标志表现即标志特征在各单位的具体表现。如果说标志是统计所要调查的项目，那么标志表现是调查所得的结果，是标志的实际体现。

变异是一种普遍现象，有变异才有必要进行统计。变异有属性变异和数量变异之分。属性变异表明质的差别，数量变异表明量的差别。不变的数量标志称常量或参数。可变的数量标志和所有的统计指标称变量。变量的数值表现称变量值，即标志值或指标值。变量按其数值是否连续可分为连续性变量和离散性变量。

统计指标和统计标志是一对既有明显区别又有密切联系的概念。指标是说明总体特征的，标志是说明总体单位特征的。指标具有可量性，无论是数量指标还是质量指标，都能用数值表示，而标志不一定。数量标志具有可量性，品质标志不具有可量性。

统计研究的基本方法包括：大量观察法、综合分析法、统计分组法、归纳推断法。大量观察法是对研究总体的全部或足够多的单位进行调查并综合分析。综合分析法是指对大量观察所获得的资料，运用各种综合指标的方法反映总体一般的数量特征，并对综合指标进行分解和对比分析，以研究总体的差异和数量关系。统计分组法是根据统计研究的任务和事物内在的特点，将被研究的社会经济现象划分为性质不同的几个部分。归纳推断法是指由个别到一般、由事实到概括的推理方法。归纳法可以使我们从具体的事实得出一般的知识。

统计学是科学的一种普遍性语言。作为统计学的使用者，我们需要同时正确地掌握和运用统计方法的科学和技术。认真使用统计方法，将使我们从数据资料中获得准确的信息。要想进行调查首先应该明确统计总体和总体单位是什么，其次要知道研究者明确哪些信息，以及这些信息具体用哪些指标来反映，为了得到这些信息需要对每个总体单位调查哪些内容，其中哪些是数量标志，哪些是品质标志。

统计这个词对不同背景或不同兴趣的人有不同的意义。统计学不单单是一堆数字，它是数据，也是要对这堆数据所做的处理，还是要从这堆数据中获得的信息和从中得出的结论。

思考与练习题

一、单项选择题

1．设某地区有 800 家独立核算的工业企业，要研究这些企业的产品生产情况，总体是（　　）。

A．全部工业企业　　B．800 家工业企业

C．每一件产品　　D．800 家工业企业的全部工业产品

2．要了解某班 50 个学生的学习情况，总体单位是（　　）。

A．全体学生　　B．50 个学生的学习成绩

C．每一个学生　　D．每一个学生的学习成绩

3. 一个统计总体（　　）。

A. 只能有一个标志　　B. 可以有多个标志

C. 只能有一个指标　　D. 可以有多个指标

4. 统计的数量性特征表现在（　　）。

A. 它是一种纯数量的研究

B. 它是从事物量的研究开始来认识事物的质

C. 它是从定性认识开始，以定量认识为最终目的

D. 它是在质与量的联系中观察并研究现象的数量方面

5. 以产品等级来反映某种产品的质量，则该产品等级是（　　）。

A. 数量标志　　B. 数量指标

C. 品质标志　　D. 质量指标

6. 在调查设计时，学校作为总体，每个班作为总体单位，各班学生人数是（　　）。

A. 变量　　B. 指标　　C. 变量值　　D. 指标值

7. 某班四名学生金融考试成绩分别为 70 分、80 分、86 分和 95 分，这四个数字是（　　）。

A. 标志　　B. 指标值　　C. 指标　　D. 变量值

8. 工业企业的职工人数、职工工资是（　　）。

A. 连续型变量

B. 离散型变量

C. 前者是连续型变量，后者是离散型变量

D. 前者是离散型变量，后者是连续型变量

9. 统计工作的成果是（　　）。

A. 统计学　　B. 统计工作

C. 统计资料　　D. 统计分析和预测

10. 统计学与统计工作的关系是（　　）。

A. 工作与结果的关系　　B. 理论与应用的关系

C. 工作与经验的关系　　D. 理论与实践的关系

二、多项选择题

1. 全国第四次人口普查中（　　）。

A. 全国人口数是统计总体　　B. 总体单位是每一个人

C. 全部男性人口数是统计指标　　D. 人口的性别比是总体的品质标志

E. 人的年龄是变量

2. 下列各项中，属于连续型变量的有（　　）。

A. 基本建设投资额　　B. 岛屿个数

C. 国民生产总值中三次产业比例　　D. 居民生活费用价格指数

E．就业人口数

3．下列指标中，属于数量指标的有（　　）。

A．国民生产总值　　B．人口密度

C．全国总人口数　　D．投资效果系数

E．工程成本降低率

4．下列标志中，属于品质标志的有（　　）。

A．工资　　B．所有制

C．旷课次数　　D．耕地面积

E．产品质量

5．在人口普查时，全国总人口这一总体是（　　）。

A．有限总体　　B．无限总体

C．可相加总体　　D．不可相加总体

E．既是大总体又是小总体

6．在全省总人口这一总体下，一个市的人口是（　　）。

A．总体单位　　B．大总体

C．小总体　　D．有限总体

E．可相加总体

7．要了解某市所有工业企业的产品情况，那么（　　）。

A．总体单位是每个企业　　B．总体单位是每件产品

C．产品产量是不可相加的总体　　D．全部产品是有限总体

E．每个企业是小总体

8．总体、总体单位、标志、指标之间的相互关系表现为（　　）。

A．没有总体单位也就没有总体，总体单位也离不开总体而

B．总体单位是标志的承担者

C．统计指标的数值来源于标志

D．指标是说明总体特征的，标志是说明总体单位特征的

E．指标和标志都是能用数值表示的

9．统计研究的基本方法（　　）。

A．大量观察法　　B．综合分析法

C．统计分组法　　D．归纳推断法

E．假设法

10．统计的特点有（　　）。

A．数量性　　B．总体性

C．变异性　　D．同质性

E．客观性

三、判断题

1．统计学与统计工作的研究对象是一致的。（ ）
2．总体的变异性是指总体单位必须具有一个或若干个可变的品质标志或数量标志。（ ）
3．数量指标是由数量标志汇总来的，质量指标是由品质标志汇总来的。（ ）
4．所有的统计指标和可变的数量标志都是变量。（ ）
5．所有总体单位与总体之间都存在相互转换的关系。（ ）
6．统计指标是客观事实的具体反映，不具有抽象性。（ ）
7．品质标志不能转变为统计指标数值。（ ）
8．一个总体中指标可有多个。（ ）
9．商品的价格在标志分类上属于数量标志。（ ）
10．标志是说明总体单位所共有的属性和特征的名称。（ ）

四、简答题

1．什么是统计？如何理解统计的研究对象？
2．试述统计的特点和作用。
3．什么是统计总体？其基本特征是什么？什么是总体单位？
4．试举例说明总体和总体单位之间的关系。
5．举例说明标志和指标之间的关系。

第2章 统计调查

学习完本章后，你应该能够做到以下几点。

- 理解并掌握统计调查的概念、要求和分类。
- 掌握统计调查方案的步骤及其方法。
- 掌握设计统计调查的主要组织形式、特点及适用场合。
- 了解统计调查误差。

案例导入

曾经有两位美国社会学家对美军在越南战争中的士气问题进行调查，他们使用了系统抽样方法，选择逢 10 的号码作为样本，然而结果完全出乎意料，官兵的士气远比假设的要高。经过对抽样方法的鉴定，他们悟出了一个道理，原来军队的花名册排列是由“三等兵、二等兵、……少尉、中尉、上尉”的顺序排列的，每 10 个人恰好构成一个循环。这样，他们逢 10 抽取的样本都是清一色的某个军阶的军官，而军官的士气相对来说要高，这样的调查结论在推及军队官兵总体时就失去了意义。两位美国学者后来对此作了改进，将每个军阶的士兵或军官放在一组，将第 1 ~ 100 号列为三等兵组，第 101 ~ 200 号列为二等兵组……，然后重新系统抽样，最后得出的结论推及总体时就较全面、客观，富有代表性。

上面的案例让我们简单地了解了统计调查中的抽样调查，统计调查的方法应用广泛，从国家的普查、企业的销售量调查以及个人对社会某种现象的关注等调查都需要运用统计调查的基本理论。本章我们将系统地学习统计调查的种类、调查方案以及统计调查的组织方式。

2.1 统计调查的基本理论

2.1.1 统计调查的含义

1. 统计调查的概念

统计调查（Statistics investigation）就是根据统计研究的预定目的、要求和任务，运用各种科学的方法，有目的、有计划、有组织地向调查对象搜集各种原始资料以及次级资料的工作过程。从调查的性质看，统计调查是社会经济调查的组成部分；从统计工作过程的阶段性看，统计调查处于统计工作过程的基本阶段。

统计调查所涉及的资料有两种：一种是指对调查单位搜集的没有经过汇总整理而保持原始状态的第一手资料，这种资料一般称作原始资料；另一种是指经过加工整理、能在一定程度上说明总体特征的统计资料，这种资料一般称作次级资料或间接资料，例如从统计年鉴、各种报表以及报纸杂志上所搜集的数据资料。

任何次级资料都是在原始资料的基础上经过加工整理得到的，因此，统计调查的基本任务就是取得反映调查对象各个单位的原始统计资料。统计调查是统计工作的基础环节，是统计分析的前提，只有搞好统计调查，才能保证统计工作达到对于客观事物规律性的认可，从而预测未来。统计资料还是制定政策的依据，并据此检查和监督政策的贯彻执行情况。

2. 统计调查的要求

统计调查在统计工作中的整个过程中，担负着提供基础资料的任务，是决定整个统计工作质量的基本环节。所以对统计调查有如下要求。

（1）准确性

统计调查所搜集的资料必须符合客观实际情况，数据真实可靠，且具有的调查误差较小，统计工作是否能得出科学的结论，极大程度上取决于所搜集的资料是否如实地反应了客观实际。因此，应坚持实事求是的原则，采用科学的调查方法和严谨、细致的工作态度，使调查资料准确无误。

（2）及时性

统计资料不仅要求准确，而且更需要及时。如果统计资料不及时，就会影响及时获取信息、贻误决策。犹如“雨后送伞”，起不到统计的真实作用。

（3）全面性

全面性要求必须做到完整性和系统性，完整性即统计资料必须包括应该调查的全部单位的资料，系统性则强调资料之间在质或者量之间的逻辑对等关系。统计调查中应在全面了解情况的基础上有的放矢，进行系统地观察和系统地收集资料，才能反映各个方面的特征、趋势和问题，并做出正确的判断。

（4）经济性

经济性就是指在满足一定准确度的前提下，能以最少的调查费用取得所需要的统计调查资料。通常，对调查资料的准确度越高，调查的费用就越大。由于任何一项统计调查总有一定的费用约束，因此，如一味强调资料的准确性，而无视经济性的要求，就会造成不必要的人力、物力和财力的浪费。

以上四个基本要求是相互结合、相互依存的，一般而言，应以准为基础，力求准中求快、准快结合，以尽可能小的成本取得完整而系统的资料。

2.1.2 统计调查的种类

统计调查的种类如下。

1. 按调查对象包括的范围划分为全面调查和非全面调查

1）全面调查：对总体中的所有单位进行登记或观察的调查方式，如人口普查。

2）非全面调查：对总体中的一部分单位进行登记或观察的调查方式，如典型调查、重点调查、抽样调查。

2. 按统计调查的组织形式分为统计报表和专门调查

1）统计报表：按照国家统一规定的表式要求，自上而下地统一布置、自下而上地逐级汇总上报的一种调查方式，如农业统计报表制度、工业统计报表制度。

2）专门调查：针对调查对象的特点，为研究某些专门问题而由调查单位组织的多数属于一次性调查的组织形式，如普查、抽样调查、典型调查。

3. 按调查登记的时间是否连续划分为经常性调查和一次性调查

1）经常性调查：随着调查对象的不断变化而连续不断地进行登记，如产品产量、原材料消耗量、货运量的发展变化过程等，其数值变动很大。

2）一次性调查：间隔一定时间（一般为一年以上）对调查对象进行调查登记，如人口数、固定资产总值、生产设备数等，其数值在一定时期内变动不大，通常采用一次性调查。

4. 按收集资料的方法不同分为直接观察法、报告法、采访法和邮寄调查法

1）直接观察法：调查人员到现场对调查对象进行观察、计量和登记以取得资料的方法，例如，工商企业进行期末在制品盘存时，调查人员到现场直接观察和参加计数。

2）报告法：报告单位以各种原始记录和核算资料为依据，向有关单位提供统计资料的方法，例如，我国现有各企业、机关所填写的统计报表，就是采用报告法上报的。

3）采访法：调查员和应答者之间的一种对话，目的在于准确地搜集资料，它是按照事先印刷好的调查表，由调查员逐一提问的方法进行的调查。

4）邮寄调查法：通过邮政系统分发和收回调查表的调查方法，它是一种典型的被调查者自填法。

以上的这些分类并不是相互排斥的，例如普查是全面调查，是一种专项调查，也是非连续性的一次性调查。各种分类相互交叉，使得统计调查的方法多种多样。当统计人员熟悉了各种调查方法，根据调查对象的特点和调查任务的要求，结合具体情况加以选择，才能最好地达到统计目的。

2.2 统计调查方案

在统计调查工作正式开始之前，应当事先设计一个切实可行、周密细致的数据搜集方案，以此方案进行统计调查工作并顺利完成。数据搜集方案又称调查方案，它是指导整个调查过程的纲领性文件，其内容主要包括以下几个方面。

1. *在调查方案中首先明确本次调查的目的、任务和意义*

调查目的是调查所要达到的具体目标，它所回答的是“为什么调查”、“要解决什么样的问题”、“具有什么样的社会经济意义”等，这些问题明确以后，我们才能确定向谁调查、调查什么以及采用什么方法进行调查。调查目的是统计调查中的一个根本性问题，它是根据国家在各个时期政治经济任务所提出的要求而确定的。有了明确的目的，才能做到有的放矢，正确地确定调查的内容和方法，才能根据调查目的搜集与之有关的资料，而舍弃与之无关的资料。这样，可以节约人力、物力，缩短调查时间，提高调查资料的时效性。例如，新中国成立后，我国搞了五次人口普查，目的都不一样，因而调查项目也不一样。如 1953 年第一次全国人口普查，目的是配合召开全国人大，确定选民及人大代表的名额，并为国家制定发展国民经济的第一个五年计划提供准确的人口数字，所以，调查主要设计了四个项目：姓名、年龄、性别、民族。1982 年第三次全国人口普查是为了配合社会主义现代化建设，统筹安排人们的物质和文化生活，为制定人口政策和规划提供准确的人口数字，所以，当时设计了 13 项人记录项目、6 项户记录项目的调查。2000 年第五次全国人口普查是在初步建立社会主义市场经济体制下进行的，所设计的调查项目有 23 项户记录项目和 26 项人记录项目。总之，调查项目是由调查目的决定的。

2. *确定调查对象和调查单位*

调查对象是指需要调查的现象总体，该总体是由许多性质相同的调查单位组成的。确定调查对象，要明确总体的界限，划清调查的范围，以防在调查工作中产生重复或遗漏。例如，调查目的是为了搜集某地区国有及国有控股企业的生产情况，则调查对象就是该地区所有国有及国有控股企业；又如，调查目的是搜集某地区国有及国有控股企业高精尖设备的使用情况，则调查对象就是该地区所有国有及国有控股企业的高精尖设备。所谓调查单位，是指所要调查的具体单位，它是进行调查登记的标志的承担着。上述两例中，调查单位分别为每一国有及国有控股企业中的每一台高精尖设备。

确定调查对象，首先要根据调查目的，对调查对象进行认真分析，掌握其主要特征，科学地规定调查对象的含义；其次要明确调查对象的范围，把它与一些相近现象划分清楚。例如，调查工业企业生产情况，必须把工业与农业或其他物资生产部门区分开；调查工业企业的高技术机械设备的使用情况，除了明确工业的范围外，还要明确高技术机械设备和非高技术机械设备的区别。调查单位的确定取决于调查目的和调查对象，调查目的和调查对象确定了，调查单位也随之确定。

调查对象和调查单位需要根据调查目的来确定。目的愈明确、愈具体，调查对象和调查单位的确定也就愈容易。例如，调查的目的是为了获取国有企业的资产负债分布情况，那么，所有的国有企业就是调查对象，而具体的每一个国有企业就是调查单位。明确调查单位，还必须把它与报告单位区别。报告单位亦称填报单位，它是负责向上级报告调查内容、提交统计资料的单位。报告单位一般是在行政上、经济上具有一定独立性的单位，而调查单位可以是个人、企事业单位，也可以是物。根据不同的调查目的，调查单位与报告单位有时是一致的，有时也不一致。例如，进行工业企业普查，每个工业企业既是调查单位又是报告单位；进行工业企业基本状况普查，调查单位是工业企业的每一位职工，而报告单位是每个工业企业。

3. 确定调查项目

在调查目的、调查对象、调查单位确定之后，必须确定具体的调查项目。

调查项目是所要调查的具体内容，它完全是由调查对象的性质、调查目的和任务所决定的，并包括调查中所要登记的调查单位的特征，即调查单位所承担的基本标志，它是由一系列品质标志（或称质量标志、属性标志）和数量标志所构成的。一个人的年龄、收入，一家企业的产量、产值等属于数量特征；一个人的性别、职业，一家企业所属的行业类别等属于品质特征。例如，2000年全国人口普查根据调查目的拟定了姓名、性别、年龄、民族、文化程度、职业、婚姻状况等26个调查项目。

调查项目所要解决的问题是向被调查者调查什么，也就是要被调查者回答什么问题。在具体拟定调查项目时要注意下列四个问题。

1）调查项目要少而精，只需列入为实现调查目的所必须的项目，否则会造成调查工作的浪费。

2）本着需要和可能的原则，只列入能够得到确定答案的项目。被调查者说不清楚或无法回答的项目，则不要列入。凡列入的调查项目，含义要具体明确，使人一看就懂，理解一致。有些项目根据需要可加注释，规定统一的标准等。

3）调查项目之间尽可能保持联系，以便相互核对起到校验作用。在一次调查中，各个项目之间保持一定的联系；在两次或历次调查中项目之间尽可能地保持联系，使其具有可比性。

4）有的项目可拟定为“选择式”。例如，“文化程度”可分为“大学毕业”、“大学肄业或在校学生”、“高中”、“初中”、“小学”、“识些字”、“不识字”几栏，被调查者可根据实际情况选项。

4. 调查表格与问卷的设计

将各个调查项目按照一定的顺序排列在一定的表格上，就构成了调查表。利用调查能够有条理地填写需要搜集的资料，便于调查后对资料进行汇总整理。

调查表一般有两种形式，一种是一览表，另一种是单一表。一览表是把许多调查单位填写在一张表上。在调查项目不多时，采用该类表，它较为简便，便于合计和核对数据。单一表则由每个调查单位填写一份，可容纳较多的标志又便于整理分类，一般用于项目较多的调查。统计调查要采用哪一种表，是根据调查目的、调查任务而定的。

问卷调查是一种特殊的调查形式，根据调查目的，在调查对象中随机选择或有意识地确定调查单位，以书面文字或表格形式了解被调查者的意见，调查者自愿、自由地回答问卷中所提出的问题。问卷有面访与自填两种，其基本结构、问题类型、设计要求大致相同。

（1）基本结构

问卷的基本结构包括三个部分：说明词、问句、作业记录。

说明词的主要内容是调查者就调查的目的、意义、内容要求等所进行的说明，调查者的身份介绍，以及对被调查者的请求与感谢。问卷调查是非强制性的，意味着被调查者的合作态度起着关键作用，为了取得被调查者的合作，就要充分调动他们的社会责任感和使命感，认识到自己的回答对整个调查的重要意义，以及这项调查的社会意义。同时，也要表示出对被调查者给予合作的谢意。

问句是问卷的主体。问卷通常包括对被调查者基本情况的询问和主题问句两部分，与一般调查表一样，询问被调查者基本情况的目的在于以后分组分析，选择与调查的内容有关的项目。主题问句及备选答案是问卷的核心部分，主题问句设计如何关系到该项目调查的质量与效果，其设计方法将专题说明。

作业记录主要记载关于调查者操作的情况，如调查事件、地点、操作者等。

（2）问题类型

主题问句是问卷的核心部分。根据问题的内容和调查的目的，主题问句可以设计成不同的类型。其最基本的分类是开放式和封闭式两类。

开放式问句只提问题，不设标准答案，由被调查者自由回答。这一类问句可以了解被调查者对某个问题全面细致的观点。但不易控制，也不便于汇总。

封闭式问句在提出问题的同时给出标准答案，供被调查者选择。这一类问句便于汇总，容易对调查进行控制，但难以对被调查者的态度作详细的分类。

封闭式问句根据答案可以分为以下四种类型。

1）两项择一式：只设两个标准答案，选择一个回答。这种问句易于回答，但提供的信息量较少。

2）多项择一式：设三个以上的标准答案，选择一个回答。这样的问句给了被调查者较大的选择空间，可以作较细的分类，但不易掌握。

3）多项多选式：设三个以上的标准答案，选择一个以上的回答。

4）多项排序式：列出三个以上的事物，让被调查者按重要程度给予排序。

（3）设计要求

调查表格和问卷的设计应简明扼要，以保证所搜集资料的准确。具体要求如下。

1）主题明确。调查主题是问卷设计的纲，问题的提出要紧扣主题。若主题不明确，则问题可能不集中或没有针对性。

2）提问科学。科学的提问包括问句和标准答案易于理解和回答，不使用模糊的语言或令人不快的语言，不使用可能产生诱导的语言等。

3）逻辑性强。问卷设计的逻辑性指提问的前后顺序要合乎逻辑。通常按先易后难、先封闭式后开放式、先基本问题后派生问题的次序提问。如果颠倒过来，则很可能使被调查者产生畏惧、厌恶情绪，或拒绝调查，或中途放弃。

4）容量适度。一份问卷若篇幅太大，回答时间过长，则很可能被拒绝。因此要将问句的容量控制在可以接受的范围内。这样就要求精心选择问题、设计问句。

5. 明确调查时间

统计调查时间包括两种含义，即调查时间和调查期限。调查时间是指调查资料所属时点或时期。从资料的性质来看，有的资料反映现象在某一时点的状态，统计调查必须明确调查的时点，对普查来说，这一时点为标准时点。例如，我国第五次人口普查的标准时点定为2000年11月1日零时。有的资料反映现象在一段时期内发展过程的结果，统计调查则要明确资料所属时期的起讫（一月、一季、一年），所登记的资料指该时期第一天到最后一天的累积数字。例如，第二次全国工业普查，产量、产值、销售量、工资总额、利润税金等指标，皆为1995年1月1日到12月31日的全年数字。

调查期限是指进行调查工作的起讫时限（即从开始到结束的时间），包括搜集资料和报送资料工作所需的时间。例如，我国第五次人口普查规定2000年11月1日零时为普查登记的标准时点，要求2000年11月10日以前完成普查登记，则调查时间为11月1日零时，调查期限为10天。为了保证资料的及时性，应尽可能缩短调查期限。

6. 制定调查工作的组织实施计划

严密细致的组织工作，是使统计调查顺利进行的保证。调查工作的组织实施计划包括：确定调查机构、组织和调查人员的选择、培训，调查经费的来源和开支预算，调查表格、问卷的印刷和必备工具的准备等。

整个统计方案的内容，即是对统计调查的设计。这个方案不仅局限于调查阶段的问题，也包括了统计整理阶段汇总方面的问题。因此，应该把它看成是特定统计过程的总方案。由于认识的局限性，所制订的调查方案是否符合实际，还有待于调查实践的检验。随着统计工作的现代化，调查方案的要求也日趋周密，并且运用系统工程的原理和运筹学的方法实行各个环节的质量控制，层层把关，以保证调查任务的顺利完成。

2.3 统计调查的组织形式

统计调查的组织形式是指组织统计调查、搜集信息资源的方式方法。统计调查的组织形式多种多样，根据第一节介绍的统计调查的分类标志，其组织形式如图2-1所示。

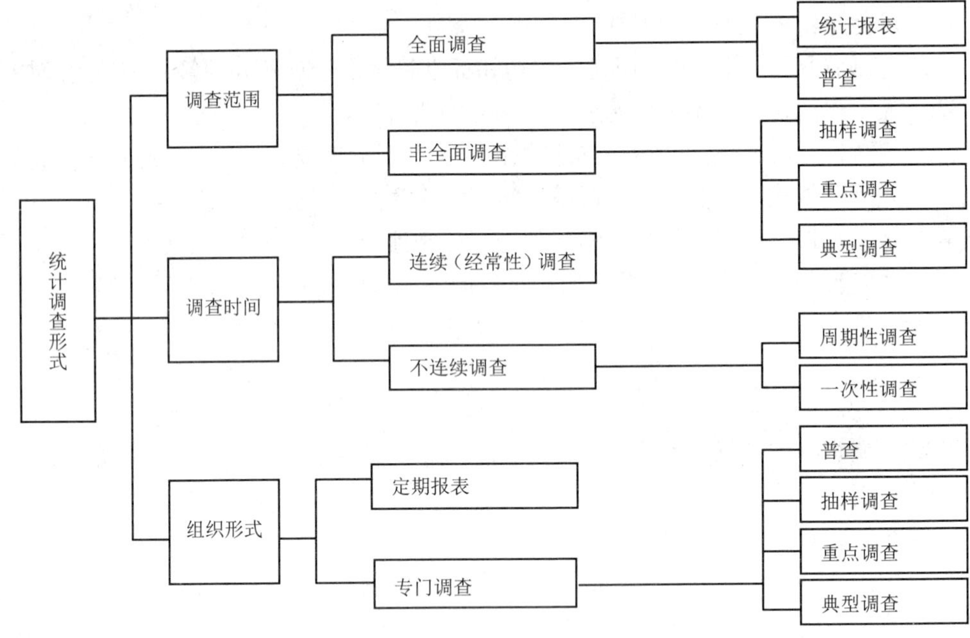

图 2-1 统计调查形式种类示意图

2.3.1 统计报表

1. 统计报表的概念

统计报表（Statistical report forms）是我国搜集统计资料的一种重要方式，它是按照国家有关规定，按照统一的表式和内容、统一的报送程序和时间，自上而下地统一布置，自下而上地逐级提供基本统计资料的一种书面报告制度。

2. 统计报表的分类

在我国，大多数的统计报表是定期全面的统计报表，它可分为以下几类。

1）按报表内容和实施范围不同，分为国家的、部门的和地方的统计报表。

2）按报送周期长短的不同，分为日报、旬报、月报、季报、半年报和年报。日报和旬报时效性很强，主要用来反映进度情况。月报和季报用来反映各部门生产经营的动态，检查计划的执行情况。年报的周期最长，内容比较详尽，是检查当年计划执行情况和制定下年计划的依据，也是全面研究社会经济状况的依据。

3）按报送方式不同，分为邮寄报表和电讯报表。电讯又分为电话、电报、传真、网络数据传送等。

4）按填报单位不同，分为基层报表和综合报表。基层报表是由基层单位填报的统计报表，综合报表是由主管部门或同级部门填报、汇总的统计报表。

3. 统计报表的特点以及作用

国家利用统计报表定期取得全社会的国民经济与社会发展情况的基本统计资料，是国家取得调查资料的主要方法之一。它已形成一种制度即统计报表制度。执行统计报表制度，是各地区、各部门、各基层单位必须向国家履行的一种义务。有如下优点：统一性、准确性、能够满足各级需要。由于统计报表属于经常性（连续性）调查，调查项目相对稳定，有利于积累资料，并进行动态对比分析。但随着我国经济体制的不断变革，统计报表已呈现出很大的局限性，具体表现在：占用大量的人力、物力，不符合少投入多产出的效益原则，缺乏应用的灵活性，中间环节太多，容易产生登记性错误等。

4. 统计报表的资料来源

统计报表的资料来源，主要是基层的原始记录、台账和基层的内部报表。综合统计报表的资料直接来自于基层统计报表，基层统计报表的资料来源于基层单位的原始记录，但是原始记录又离不开统计台账和企业内部报表。因此设计统计台账和企业内部报表制度是健全原始记录、保证统计报表质量的基础。

原始记录是基层单位通过一定的表格形式（如表、票、单、卡和册等形式），对发生的生产、经营和管理活动进行最初的文字记载，是反映经济活动的第一手文字资料，如产品产量记录、商品销售发货票据、产品质量记录、工人出勤记录等。统计台账是基层单位根据编制统计报表和内部管理的要求而设置的一种整理核算原始记录资料的表册，是介于原始记录和报表之间的一种资料积累形式，如柜组、车间统计台账。统计台账便于及时登记、整理原始记录资料，为编制报表做好准备工作。统计报表形式如表 2-1 所示。

表 2-1 独立核算商业、饮食服务业主要经济指标统计报表

制表机关：统计局

制表文号：商综①号 商基（1）号

填报单位：　　200　年　月　　　　　　　　　单位：万元（保留两位小数）

指标名称	合计		商业		饮食业		服务业		备注
	本月	累计	本月	累计	本月	累计	本月	累计	
商品销售（营业）收入									
商品零售额									
商品购进额									
商品销售收入净额									
商品销售（经营）费用									
商品销售（营业）税金									
商品销售（经营）利润额									
利润总额									
流动资产合计额									
其中：商品库存额									
本月职工人数									
实有网点数									

单位负责人　　　统计负责人　　　　　制表人　　　　　　　　　　报出日期20 年 月

2.3.2 普查

1. 普查的概念

普查（Census）是指根据统计研究的特定目的和任务而专门组织的一次性、大规模的全面调查，主要用来收集某些不适宜用定期的全面调查报表收集的信息资料。借助普查可系统地、全面地掌握一个国家（或地区）的人力资源、财力资源和物资资源的数量、分布及利用状况。

2004 年调整后的国家普查项目和周期具体安排如下。一是定于 2004 年在全国进行第一次经济普查。经济普查以企业事业组织、机关团体和个体工商户为对象，主要普查第二、第三产业的发展变化情况。以后该项普查每 10 年进行两次，分别在逢 3、8 的年份实施。二是农业普查以从事第一产业活动的单位和农户为对象，主要普查农、林、牧、渔业的发展变化情况。该项普查每 10 年进行一次，逢 6 的年份实施。三是人口普查以自然人为对象，主要普查全国人口和住房以及与之相关的重要事项。该项普查每 10 年进行一次，逢 0 的年份实施。人口普查表如表 2-2 所示。

表 2-2　第四次全国人口普查表

本户住址________县（市、区）________乡（镇、街道）__________普查区__________调查小区_________

集体户名称_________

一、本户编号	二、户别	三、本户人数	四、本户出生人数			五、本户死亡人数			六、本户户籍人口中离开本县市一年以上的人数
			1989 年上半年	1989 年下半年	1990 年上半年	1989 年上半年	1989 年下半年	1990 年上半年	

每个人都填报						5 岁及 5 岁以上人填报		6 岁及 6 岁以上人填报	15 岁及 15 岁以上人填报				15 岁至 64 岁妇女填报	15 岁至 50 岁妇女填报
1. 姓名	2. 与户主关系	3. 性别	4. 年龄	5. 民族	6. 户口状况和性质	7.1985 年 7 月 1 日常住地情况	8. 迁来本地的原因	9. 文化程度	10. 在业人口的行业	11. 在业人口的职业	12. 不在业人口的状况	13. 婚姻状况	14. 妇女生育、存活女子数	15.1989 年 1 月 1 日生育状况

2. 普查的特点以及作用

普查是一种全面调查，它比任何一种调查形式更能掌握大量、详细、全面的统计资料。但它属于非经常性的调查，涉及面广、工作量大、时间较长，而且需要大量的人力和物力，组织工作较为繁重。它为制定长期计划、宏伟发展目标、重大决策提供全面、详细的信息和资料，为搞好定期调查和开展抽样调查奠定了基础。

3. 普查的组织形式

普查的组织方式基本上有两种。一种是自上而下建立专门的普查机构，配备一定数量的普查人员，对调查单位进行直接登记。适用于经常性调查未取得或无法取得全面资料时，如人口普查。另一种是颁发一定的调查表格，由调查单位根据原始记录进行填报，上报资料以电讯方式（网络）传输，如我国历次的物资库存普查。

4. 普查工作注意事项

普查作为一种一次性的全面调查，对资料的准确性和时效性要求高，普查的面广量大，要求有更多的集中领导和统一行动，在组织普查工作中还必须注意以下几点。

（1）规定统一的标准时点

标准时点是指对被调查对象登记时所依据的统一时点。这个时点一经确定，所有调查资料都要反映这一时点上的状况，以避免搜集资料时因情况变动而产生重复登记和遗漏现象。例如，我国第四次人口普查的标准时点为 1990 年 7 月 1 日 0 时，就是要反映该时点我国人口的实际情况。

（2）确定统一的普查期限

在普查范围内各调查单位或调查点应尽可能地同时进行普查，并尽可能地在最短的期限内完成，以便在方法上和步调上保持一致性，从而保证资料的准确性和时效性。例如，我国第三次人口普查，调查登记期限规定为 10 天。

（3）规定普查的项目和指标

普查项目和指标一经规定，不准任意改变或增减，以免影响汇总综合，降低资料质量。同一普查，每次项目和指标应力求一致，并按一定的周期进行，以便更好地进行历次调查资料的对比分析及观察某种现象的变化发展情况。

普查工作复杂细致，一般是采取逐级布置任务、逐级汇总资料的方法，这需要花费较长的时间。当调查任务紧迫、一般的普查方法不能完成这种紧迫任务时，可采用快速普查的方法，就其方式而言，即利用原始资料或核算资料由填报单位进行直接填报。快速普查的特点是从布置普查任务到向上级汇报普查资料，都由组织普查工作的最高领导机关（如国家统计局）直接与各基层单位取得联系，越过一切中间环节。例如，我国 1956 年进行的“钢产量库存快速普查”，仅在 21 天内就完成了 2400 多个单位的钢材库存情况的普查任务，为国家重新平衡调剂钢材提供了可靠的依据。

此外，进行普查前应先试点，取得经验，交流推广；普查结束后，要用其他调查方式（比如抽样调查）对普查资料进行检查和修正，以保证普查资料的质量。

2.3.3 重点调查

1. 重点调查的概念

重点调查（Key investigation）是一种非全面调查，在调查对象中,只选择其中的一部分重点单位进行调查，用以掌握所研究现象总体的基本情况和基本趋势。所谓重点单位，是指在总体中具举足轻重作用的单位，这些单位虽数目不多，但就调查的标志值来说,它们的总量在总体中却占有绝对的比重,能够反映出总体的基本情况。

选取重点单位，应遵循两个原则。一是要根据调查任务的要求和调查对象的基本情况而确定选取的重点单位及数量。一般来讲，要求重点单位应尽可能地少，而其标志值在总体中所占的比重应尽可能地大，以保证有足够的代表性。二是要注意选取那些管理比较健全、业务力量较强、统计工作基础较好的单位作为重点单位。

2. 重点调查的特点以及作用

重点单位的选择不带有主观因素。重点调查单位的选择着眼于所研究现象标志总量的比重，只要这些单位的标志总量占绝大多数，就视其为重点，而不考虑其它因素，即重点单位的选择有其量的界限。重点调查的目的在于反映现象总体的基本情况。例如鞍钢、上钢、武钢、太钢、宝钢等几个钢铁企业，虽然在全国钢铁企业中只有少数，但它们的力量却占绝对的比重，对这些重点企业进行调查，比全面调查省时省力，且能及时了解全国钢铁生产的基本情况。

重点调查可节省时间、精力，又能掌握基本情况，但得到的资料不全面，也不能以此推断总体的指标值。但是调查单位较少，就可以拟定较多的调查项目，搜集详细的调查资料。因此重点调查能以较少的投入、较快的速度了解某些标志的主要情况或基本趋势。

根据重点调查的特点，其主要作用在于反映调查总体的主要情况或基本趋势。因此，重点调查通常用于不定期的一次性调查，但有时也用于经常性的连续调查。

3. 重点调查的适用范围

由于重点调查的局限性，当调查目的只要求了解基本情况、发展趋势，不要求全面数据，而总体中又确实存在着重点单位时，就可以采用这种调查方法。例如要了解全国煤碳的生产变化情况，只要对全国几个大型矿务局进行调查即可，虽然这些矿务局只占全部矿务局的一部分，但它们的产量在全国煤碳总产量中占有绝对的比重，作用是举足轻重的。对这些重点矿务局进行调查，就可以及时地了解全国煤碳生产的基本情况。

2.3.4 典型调查

1. 典型调查的概念

典型调查（Typical investigation）也是一种非全面调查，它是从众多的调查研究对象中，有意识地选择若干个具有代表性的典型单位进行深入、周密、系统的调查研究。进行典型调查的主要目的不在于取得社会经济现象的总体数值，而在于了解与有关数字相关的具体情况。

2. 典型调查的特点以及作用

典型调查是有意识地选取调查单位。与其它调查方式相比，典型调查单位的确定，更多地取决于调查者的主观意愿与判断。但调查单位也不是随意选取的，选择的典型单位在总体所要研究的特征中要最具有代表性，它们的数量标志表现最能反映总体各单位的一般水平。典型调查的目的在于掌握现象总体发展变化的规律和总结经验。搜集的资料更多地着眼于“深入”，是一种深入细致的调查，可用来研究某些专门问题。如从全面调查的统计资料中发现了一些问题，但对问题的面貌还不清晰，这时就可以深入若干典型单位，进行统计调查，具体分析问题的来龙去脉。在条件适合时，可利用典型单位的数字推算总体的数字，但只是近似值，误差无法计算。典型调查机动灵活，调查内容不局限于数量方面，主要在于了解与统计数字有关的具体的情况。

典型调查在特定的条件下一般用于对数据的质量检查，并了解与数字有关的具体情况。

3. 典型调查的类型选取方法

典型调查的首要问题是选择典型单位。第一种是一般的典型调查，即对个别典型单位的调查研究，在这种典型调查中，只需在总体中选出少数几个典型单位，通过对这几个典型单位的调查研究，说明事物的一般情况或事物发展的一般规律。如辽宁省企业调查队组织实施的《华夏集团启示录——本溪华夏集团成功改造国企超常发展的调查》，就是辽宁省企业调查队直接派人到华夏集团就国有企业超常发展这一问题而进行的典型调查。

第二种是具有统计特征的划类选点的典型调查，即将调查总体划分为若干个类，再从中选择若干个典型进行调查，以说明各类的情况。

典型调查虽选取单位不能排除主观性，推断总体只能是近似值，但选取单位数量少，取得资料快，调查效率高，特别适用于了解新情况、新问题。

2.3.5 抽样调查

1. 抽样调查的概念

抽样调查（Sampling investigation）又称样本调查，它是从调查对象总体中抽取一部分作为样本，通过对这部分样本的调查结果进行推算、估测、分析来推断总体调查对象的一种调查方法。所谓抽样，就是从调查对象的总体中，随机地抽选出一部分单位作为总体的代表，被抽出来的这部分单位就叫样本。抽样即抽取样本的过程。随机原则不等于随便原则，它是一种客观原则，在抽取中必须保证实现的原则，保证总体中每一个单位的中选或不中选不受任何主观因素的影响；必须保证各单位有相同的中选（不中选）的可能性。

2. 抽样调查的类型

抽样调查划分为两大类型：随机抽样与非随机抽样。所谓随机抽样又称为概率抽样法，它是根据调查对象总体中每个部分都有被同等选取为样本的可能，即每个个体调查对象都享有机会均等的原则，调查过程中被调查总体中的每一个个体自然存在、自然出现，在不受调查者主观意愿的影响下抽取样本的一种抽样方法。相反，非随机抽样方法则是调查者有意识地主观选择若干具有代表性的个体单位作为样本进行调查，并进而推测样本所代表的总体情况的抽样方法。常用的非随机抽样方法有重点调查与典型调查两种。很明显，随机抽样与非随机抽样有很大的区别，非随机抽样方法在抽样过程中渗入了调查者的主观选择与判断，而随机抽样方法抽取的样本具有更好的代表性。

3. 抽样调查的特点

随机性，即它的调查单位是按照随机原则抽取的，不包含人的主观意愿。而重点调查的重点单位是总体中客观存在的具有重点特征的单位；典型调查是根据调查任务和目的，有意识地在总体单位中选择的有代表性的单位。抽样调查的目的是从数量上推算总体。重点调查没有推算总体的任务，典型调查一般也不用于推算总体数量，抽样调查虽然调查的是部分，但它是为了推算总体数量而进行的调查。它是通过样本资料推算取得反映全面情况的统计资料，因此在一定意义上可以起到全面调查的作用。

4. 抽样调查的适用范围

对一些不可能进行全面调查的社会经济现象，可以用抽样调查方法取得全面资料。例如，对某些具有破坏性的产品质量检查，如轮胎的里程试验、灯泡的寿命检查等，必须用抽样调查方法；适用于一些不必要或难于进行全面调查而又必须取得总体数量的社会经济现象，如城乡居民家庭收支情况、森林蓄木量，可以用抽样调查方法取得资料。又如，在家庭联产承包责任制下各个农户的粮食产量难以采用全面调查的方法，个体工商户也难以要求他们填送报表或进行逐户调查，这种情况下便可以用抽样调查方法取得资料推算总体。

2.4 统计调查误差

2.4.1 统计调查误差的概念

统计调查误差（Statistics investigation error），就是调查结果所得的统计数字与调查总体实际数量之间的离差。例如，对某市的工业增加值进行调查的结果为 34 亿元，而该市工业增加值实际为 33 亿元，那么统计调查误差就是 1 亿元。

统计调查误差可分为登记性误差和代表性误差。登记性误差是由于错误登记事实而发生的误差，不管是全面调查或是非全面调查都会产生登记性误差。代表性误差，只有非全面调查中才有，全面调查不存在这类误差。非全面调查由于只对调查现象总体的一部分单位进行观察，并用这部分单位算出的指标来估计总体的指标，而这部分单位不能完全反映总体的性质，它同总体的实际指标会有一定的差别，这就发生了误差。

2.4.2 统计误差的分类

1. 按产生统计误差的性质分为空间误差、时间误差、方法误差和人为误差四种

空间误差是指统计调查范围所产生的误差，包括重复统计和遗漏调查单位、跨区域

统计等。时间误差是指统计调查对象因时期或时点界定不准确所产生的误差，如企业核算时间不能满足统计部门的报表制度要求而估报所产生的误差、延长或缩短时期产生的误差、时期错位产生的误差等。

方法误差是因使用特定的统计调查方法所产生的误差。如抽样调查中的代表性误差（抽样平均误差），它是指采用抽样调查方法中的随机样本（非全面单位）来推算总体所产生的误差的平均值，不是绝对的统计误差。对代表性误差可以根据组织方法和抽取样本的容量计算其平均误差，而且其可以通过扩大样本量或优化调查的组织方法来缩小。又如统计部门因人力、物力和财力等资源不足，致使报送渠道不畅通，统计调查不到位，推算方法不科学、不规范所产生的误差。

人为误差是指在统计设计、调查、整理汇总和推算等过程中因人为过错产生的误差。人为误差是统计误差中产生因素最多的一类，它又分为度量性误差、知识性误差、态度性误差和干扰性误差。度量性误差是指统计指标因计量或者从生产量到价值量换算所产生的误差；知识性误差是指统计人员因统计知识不够，对统计指标的涵义不理解或错误理解所产生的误差；态度性误差是指统计人员因对统计工作不负责而随意填报统计数据而产生的误差，包括乱报、漏填或不按规定的计量单位填报等；干扰性误差是指统计对象或统计部门受某种利益驱动而虚报、漏报或者捏造统计数据所形成的误差。

2. 统计误差按工作环节分为源头误差、中间环节误差和最终误差三种

源头误差是指起报单位或申报者所产生的误差；中间环节误差是指统计调查数据在逐级上报过程中所产生的误差，包括加工整理、汇总和推算等环节；最终误差是指下级各基层数据汇总数或规范的方法得到的推算数与最终使用数之间的差异值。按工作环节划分的统计误差类别是相对的，中间环节误差在不同的场合有可能是源头误差，也可能是最终误差。源头误差在有些场合也叫调查误差，或叫登记误差。

2.4.3 如何防止统计误差

统计设计中必须对登记误差有补救措施，为了取得准确的统计资料，必须采用各种措施，把登记性误差缩小到最低限度。因此要作好以下工作。①要正确制定统计调查方案，包括明确调查对象的范围，说明调查项目的具体含义和计算方法，选定合理的调查方法，以使调查人员或填报人员有一个统一的依据。②要切实抓好调查方案的实施工作，包括对统计人员的业务培训，提高统计人员的素质；搞好统计基础工作，建立健全计量工作，原始记录、统计台账和内部报表等制度，使统计资料的来源准确可靠；对调查资料加强审核工作，发现差错及时纠正。③为了防止弄虚作假所产生的登记误差，应从建立健全统计法制入手，教育统计人员严格执行统计法，坚持原则，同一切弄虚作假的行为作斗争，维护统计数字的真实性。

关于代表性误差的防止，用重点调查和典型调查结果估计总体，调查前应从多方面加以研究，并广泛征求有关方面的意见，使选出的调查单位具有较高的代表性。如是抽样调查则应严格遵守随机原则，保证足够的样本容量，选择适当的抽样调查方法，从而控制误差的范围。

大学生社会实践调查报告：如今大学生早就已经不是社会的“香饽饽”了，面对着每年的扩招、巨大的就业压力以及金融危机的袭来，越来越多的大学生想方设法地增强自己的社会实践能力。大学生利用课余时间找份兼职工作或在假期参与社会实践，这已经成为一股热潮。通过调查可以了解当代大学生对社会实践的看法以及透析大学生生活实践的情况，从而分析大学生社会实践所存在的问题，提出解决方法，使大学生能正确地对待社会实践。在实践中见真知，在以后实践中能更好地接触社会，实践自己的专业技能，寻求发展的机会。

请尝试撰写一份关于大学生社会实践的调查报告？

小　　结

统计调查就是根据统计研究的预定目的、要求和任务，运用各种科学的方法，有目的、有计划、有组织地向调查对象搜集各种原始资料以及次级资料的工作过程。对统计调查的基本要求是准确性、及时性、全面性和经济性。

按调查对象包括的范围划分为全面调查和非全面调查；按统计调查的组织形式分为统报表和专门调查；按调查登记的时间是否连续划分为经常性调查和一次性调查。

统计报表是按照国家统一规定的表格形式、统一规定的指标内容、统一规定的报送程序和报送时间，由填报单位自下而上逐级提供统计资料的一种统计调查方式。利用统计报表定期地取得全社会的国民经济与社会发展情况的基本统计资料，是国家取得调查资料的主要方法之一，它已形成一种制度即统计报表制度。

按报表内容和实施范围的不同，分为国家的、部门的和地方的统计报表。按报送周期长短的不同，统计报表分为日报、旬报、月报、季报、半年报和年报。按报送方式的不同，统计报表分为邮寄报表和电讯报表。电讯又分为电话、电报、传真、网络数据传送等。按填报单位的不同，报表可以分为基层报表和综合报表。基层报表是由基层单位填报的统计报表，综合报表则是由主管部门或同级部门填报、汇总的统计报表。

普查是指根据统计研究的特定目的和任务而专门组织的一次性、大规模的全面调查，主要用来收集某些不适宜用定期的全面调查报表收集的信息资料。重点调查是一种非全面调查，在调查对象中，只选择其中的一部分重点单位进行调查，用以掌握所研究现象总体的基本情况和基本趋势。典型调查也是一种非全面调查，它是从众多的调查研究对象中，有意识地选择若干个具有代表性的典型单位进行深入、周密、系统的调查研究。

统计调查误差，就是调查结果所得的统计数字与调查总体实际数量之间的离差。按产生统计误差的性质来分有：空间误差、时间误差、方法误差和人为误差四种。按工作环节来分有源头误差、中间环节误差和最终误差三种。统计设计中必须对登记误差有补救措施，为了取得准确的统计资料，必须采用各种措施，把登记性误差缩小到最低限度。

在统计调查工作正式开始之前，应当事先设计一个切实可行、周密细致的数据搜集方案，以此方案进行统计调查工作并顺利完成。数据搜集方案又称调查方案，它是指导整个调查过程的纲领性文件。有了统计方案，一切统计调查就会变得有条有理。

思考与练习题

一、单项选择题

1．统计调查按调查的组织形式划分，可分为（　　）。

A．全面调查

B．统计报表和专门调查

C．经常性调查和一次性调查

D．普查、重点调查、典型调查和抽样调查

2．连续调查与不连续调查的划分依据是（　　）。

A．调查的组织形式不同　　B．调查登记的时间是否连续

C．调查单位包括的范围是否全面　　D．调查资料的来源不同

3．统计调查是进行资料整理和分析的（　　）。

A．基础环节　　B．中间环节　　C．最终环节　　D．必要补充

4．调查几个重要铁路枢纽，就可以了解我国铁路货运量的基本情况和问题，这种调查属于（　　）。

A．普查　　B．重点调查　　C．典型调查　　D．抽样调查

5．某市工业企业 2008 年生产经营成果年报呈报时间规定在 2009 年 1 月 31 日，则调查期限为（　　）。

A．一日　　B．一个月　　C．一年　　D．一年零一个月

6．重点调查中重点单位是指（　　）。

A．标志总量在总体中占有很大比重的单位

B．具有重要意义或代表性的单位

C. 那些具有反映事物属性差异的品质标志的单位

D. 能用以推算总体标志总量的单位

7. 下列调查中，调查单位与填报单位一致的是（　　）。

A. 企业设备调查　　B. 人口普查

C. 农村耕地调查　　D. 工业企业现状调查

8. 在对总体现象进行分析的基础上，有意识地选择若干具有代表性的单位进行调查研究，这种调查方法是（　　）。

A. 抽样调查　B. 典型调查　C. 重点调查　D. 普查

9. 对一批商品进行质量检验，最适宜采用的方法是（　　）。

A. 全面调查　B. 抽样调查　C. 典型调查　D. 重点调查

10. 调查单位与填报单位的关系是（　　）。

A. 二者是一致的　　B. 二者有时是一致的

C. 二者没有关系　　D. 调查单位大于填报单位

11. 下述各项调查中属于全面调查的是（　　）。

A. 对某种连续生产的产品质量进行检验

B. 对某地区的工业企业设备进行普查

C. 对全国钢铁单位中的重点单位进行调查

D. 抽选部分地块进行农产量调查

12. 抽样调查的主要目的是（　　）。

A. 计算和控制抽样误差　　B. 推断总体总量

C. 对调查单位作深入研究　　D. 广泛运用数学方法

13. 抽样调查和重点调查都是非全面调查，二者的根本区别在于（　　）。

A. 灵活程度不同　　B. 组织方式不同

C. 作用不同　　D. 选取单位方式不同

14. 下列商务活动中不适合采用抽样调查采集数据的是（　　）。

A. 了解某种商品的知悉率　　B. 对自来水提价的反应

C. 对居民支持申奥的态度　　D. 对一种新产品上市的推广方式

15. 调查时限是指（　　）。

A. 调查资料所属的时间　　B. 调查工作登记的时间

C. 进行调查工作的期限　　D. 调查资料报送的时间

16. 2000 年 11 月 1 日零点的全国人口普查是（　　）。

A. 一次性调查和非全面调查　　B. 经常性调查和非全面调查

C. 一次性调查和全面调查　　D. 经常性调查和全面调查

二、多项选择题

1. 我国统计调查的方法有（ ）。
   A. 统计报表
   B. 普查
   C. 抽样调查
   D. 重点调查
   E. 典型调查
2. 抽样调查和重点调查的共同点有（ ）。
   A. 两者都是非全面调查
   B. 两者选取单位都不受主观因素的影响
   C. 两者都按随机原则选取单位
   D. 两者都按非随机原则选取单位
   E. 两者都可以用来推断总体指标
3. 普查是一种（ ）。
   A. 专门组织的调查
   B. 一次性调查
   C. 经常性调查
   D. 非全面调查
   E. 全面调查
4. 在工业设备普查中（ ）。
   A. 工业企业是调查对象
   B. 工业企业的全部设备是调查对象
   C. 每台设备是填报单位
   D. 每台设备是调查单位
   E. 每个工业企业是填报单位
5. 抽样调查方式的优越性表现在（ ）方面。
   A. 全面性
   B. 经济性
   C. 时效性
   D. 准确性
   E. 灵活性
6. 制定统计调查方案，应确定（ ）。
   A. 调查目的和调查对象
   B. 调查单位和填报单位
   C. 调查项目和调查表
   D. 调查资料的使用范围
   E. 调查的时间和期限
7. 重点调查的特点包括（ ）。
   A. 重点调查是一种非全面调查
   B. 重点单位需要随着所调查对象的改变而改变
   C. 其主要目的是要了解调查对象的基本情况
   D. 重点单位的某一主要标志值总量占总体标志总量的绝大比重
   E. 重点单位的选择带有主观因素

8．调查单位是（　　）。

A．需要调查的总体　　B．需要调查的总体单位负责人

C．调查项目的承担者　　D．负责报告调查结果的单位

E．调查对象所包含的具体单位

9．我国第四次人口普查的标准时间是 1990 年 7 月 1 日零时，下列情况应统计人口数的有（　　）。

A．1990 年 7 月 2 日出生的婴儿　　B．1990 年 6 月 29 日出生的婴儿

C．1990 年 6 月 29 日晚死亡的人　　D．1990 年 7 月 1 日 1 时死亡的人

E．1990 年 6 月 26 出生、7 月 1 日 6 时死亡的婴儿

10．按产生统计误差的性质分为（　　）。

A．空间误差　　B．时间误差

C．方法误差　　D．人为误差

E．源头误差

三、判断题

1．全面调查和非全面调查是根据调查结果所得到的资料是否全面来划分的。（　　）

2．对某市下岗职工生活状况进行调查，要求在一个月内报送调查结果。所规定的一个月时间是调查时间。（　　）

3．对我国主要粮食作物产区进行调查，以掌握全国主要粮食作物生长的基本情况，这种调查是重点调查。（　　）

4．典型调查既可以搜集数字资料，又可以搜集不能用数字反映的实际情况。（　　）

5．统计调查误差就是指由于错误判断事实或者错误登记事实而发生的误差。（　　）

6．重点调查与抽样调查的目的是一致的，即都是通过对部分单位的调查，来达到对总体数量特征的认识。（　　）

7．我国人口普查的总体单位和调查单位都是每一个人，而填报单位是户。（　　）

8．采用重点调查搜集资料时，选择的调查单位是标志值较大的单位。（　　）

9．与普查相比，抽样调查的范围小，组织方便，省时省力，所以调查项目可以多一些。（　　）

10．对调查资料进行准确性检查，既要检查调查资料的登记性误差，也要检查资料的代表性误差。（　　）

四、简答题

1．统计调查有哪些基本要求？

2. 统计调查方案包括哪些基本内容？

3. 调查问卷的基本结构包括哪些组成部分？调查问卷有哪些发放方式？

4. 抽样调查、重点调查和典型调查有哪些异同？

5. 如何理解随机抽样调查中的随机原则？

6. 什么是统计误差？统计误差如何分类？

第 3 章　统计资料整理

学习完本章后，你应该能够做到以下几点。

- 了解统计整理、统计分组的概念和内容。
- 认识统计整理在统计活动中的作用。
- 掌握统计整理的方法。
- 掌握统计分组的方法。
- 掌握次数分布表的编制。
- 熟悉统计表、统计图。

案例导入

现为了给新生制作校服，我校某班级（人数：30）对学生身高进行测量统计，得出数据如下（单位：厘米）。

160　165　155　170　175　160　165　165　155　160　160　165　170　160
160　165　175　175　160　175　160　165　160　175　170　175　165　165　165
160

思考：

1. 上述资料一般可以采用哪种方法取得更合适？
2. 身高为 170 厘米的有多少人？（一眼能看出来吗？）

从上面所采集到的原始资料中，我们无法一目了然地看出各层次身高的具体学生数，而且也无法看出上面的数据是否有遗漏。为了使这些分散的、不系统的数据呈现出系统化、条理化，我们就有必要采用科学的方法对这些原始资料进行整理，这也就是我们今天所要讲的统计整理。

通过上一章所学的各种调查方式取得了有关社会经济现象的第一手数据资料，完成了对统计数据的收集，那么是不是就可以直接进行分析得出结论了呢？其实不然。接下来的任务就是要对这些数据进行加工整理，并进一步绘制图表，使其显示出数据分布的特性，展示出资料的系统性、条理性，使我们比较容易地发现数据所包含的信息，为统计分析提供比较清晰的思路。

（资料来源：http://www.hnzjzx.cn/ReadNews.asp?NewsID=1142）

3.1　统计资料整理的基本理论

3.1.1　统计资料整理的意义

1. 统计资料整理的概念

统计资料整理又简称统计整理。它是根据统计研究的目的和任务，对统计调查所搜集到的基础资料（原始资料和次级资料即已经加工过的现成统计资料）按照一定标志进行科学的分组和汇总，使之条理化、系统化地从反映各个单位个别特征的资料转化为反映总体和各组数量特征的综合资料的过程。

2. 统计资料整理的意义

统计资料整理不是单纯的数字汇总，而是运用科学的方法，对调查资料进行分类和综合，从感性认识上升到理性认识。它是从对社会经济现象个体量的认识到社会经济现象总体量的认识的连接点，是统计调查的继续，是统计显示与分析的前提和基础，是整个统计工作和研究过程的中间环节，起着承前启后的作用。统计资料整理的质量直接影响着统计工作的成果。

统计整理是对调查资料进行科学加工，使之系统化，成为说明总体特征的综合资料。通过统计调查可以取得第一手资料，但这种资料只能反映总体各单位的具体情况，是分散的、零碎的、表面的，要说明总体情况、揭示出总体的内在特征，还需要对这些资料进行加工整理，使之系统化，以便通过综合指标对总体做出概括性的说明。

统计整理是统计调查的继续，又是统计分析的基础。统计调查所搜集到的资料只有通过科学的审核、分类、汇总等整理工作，才能使统计在认识社会的过程中实现由个别到全体、由特殊到一般、由现象到本质、由感性到理性的转化，才能从整体上反映出事物的数量特征。否则统计调查所得的资料再丰富、再完备，其作用也发挥不出来，统计调查就将徒劳无益，统计分析也将无法进行。

统计整理还是积累历史资料的必要手段。统计研究中经常要用到动态分析，这就需要有长期累积的历史资料。而根据积累资料的要求，对已有的统计资料进行筛选，以及按历史的口径对现有的统计资料重新调整、分类和汇总等，都必须通过统计整理工作来完成。统计资料整理的内容，根据研究目的设计整理汇总方案，根据汇总方案对各个调查项目的资料进行汇总。

3.1.2　统计资料整理的程序

统计资料整理是一项细致的、技术较强的理论分析与实践操作结合的周密工作，需要按照统计整理方案有计划、有组织地进行。因此，进行统计资料整理必须按以下步骤进行。

1）设计和编制统计资料的汇总方案。统计整理方案是整理工作的具体规划和指导性文件。其中应明确规定各种统计分组和各项汇总指标与指标体系，以及必要的汇总整理说明等，还要对汇总工作的组织计划作出安排。

2）对基础资料进行审核。为了保证统计资料的质量，在统计资料进行整理前，应该对统计调查材料的准确性、及时性、完整性进行严格的审核，看它们是准确、及时、完整，若发现问题及时纠正。汇总后须对其结果进行逻辑检查和技术性检查。

3）用一定的组织形式和方法对原始资料进行分组、汇总和计算。主要根据汇总的要求和工作条件选择适当的汇总组织形式和具体方法对原始资料进行整理、加工，以达到我们的目的。这一过程是统计整理工作的主要内容。

4）对整理好的资料进行再次审核、检查，改正在汇总过程中所发生的各种差错。

5）编制统计表、统计图，以简明扼要地表达社会经济现象在数量方面及内部的联系性。

6）统计资料的保管与积累。

3.2 统计分组

3.2.1 统计分组的含义

统计分组就是根据统计研究的目的和现象的性质与特点，将统计资料按照一定的标志划分为性质不同的若干组成部分的一种统计方法。例如，将某一班级的全体同学按照性别划分为男、女两个组；对某市 100 家大型零售商店按照零售额、职工人数进行分组等。

统计分组具有两个方面的含义：对总体而言，是“分”，即将同质总体区分为性质有别的不同组成部分；对总体单位而言，它是“组”，即将性质相同或相近的不同总体单位组合在一起，构成一个组。例如，要了解我国人口状况，只知道总人口数量是不够的，而应将人口总体按照年龄、性别、民族、城乡、文化程度等分组，才能进一步深入地了解我国人口总体的年龄结构、性别比例、民族构成等。

统计资料分组是对统计总体进行的一种定性分组，是统计认识客观事物的手段。通过对社会经济所涉及的方面进行重点的分组，达到对其一般及特殊性的认识，也就是对统计总体进行异质分解，对总体单位进行同质组合。

3.2.2 统计分组的作用

统计分组是一切统计研究的基础，应用于统计工作的全过程，是统计研究的基本方法之一。通过分组，可以把总体划分成若干个类别，说明现象的内部结构，揭示现象与现象之间的依存关系。

统计分组的作用主要有以下三方面。

1. 划分社会经济现象的类型

统计分组的根本作用在于区分现象的质。经济现象千差万别，性质各异，任何一批数据都存在着差异，在进行统计分组之前，这种差异处于无序状态，显现不出来，通过统计分组，反映出了统计总体的基本性质和特征。分组实际上就是按差异的大小进行分类，差异小的归为一组，差异大的归为不同的组。因此，统计分组的结果使组内的差异缩小，而组与组之间的差异扩大。所以说，统计分组的过程就是区别事物性质的过程。要了解各种社会经济现象的性质、特点及其相互关系，必须按某种标志把它们划分为性质不同的部分。例如，国民经济按行业分组，可以划分为20个行业门类：

①农、林、牧、渔业；②采矿业；③制造业；④电力、燃气及水的生产和供应业；⑤建筑业；⑥交通、运输、仓储及邮政业；⑦信息传输、计算机服务和软件业；⑧批发和零售业；⑨住宿和餐饮业；⑩金融业；⑪房地产业；⑫租赁和商务服务业；⑬科学研究、技术服务和地质勘探业；⑭水利、环境和公共设施管理；⑮居民服务和其他服务业；⑯教育；⑰卫生、社会保障和社会福利业；⑱文化、体育和娱乐业；⑲公共管理和社会组织；⑳国际组织。

通过分类，可以反映我国各行业的发展，为进一步研究其水平与结构提供了便利条件。又如，产业可以划分为第一产业、第二产业、第三产业；经济类型可以划分为国有、集体、民营、合营、个体、外资、中外合资等多种类型。

2. 反映现象的内部结构

统计往往对总体按某一标志进行分组，并计算总体内各组成部分占全体的比重，以说明各个组成部分在总体中的分布状况，反映现象的内部结构和结构变化，从而揭示现象的性质和发展变化的规律。

3. 分析现象之间的依存关系

社会经济现象不是孤立存在的，各现象之间存在广泛的联系和制约关系，一种现象的变化常是另一种现象变化的原因或结果。通过统计分组，可以揭示现象之间的依存关系。例如，施肥量与农作物产量之间、工人劳动生产率和产品成本之间、商品销售额与流通费用率之间，这些方面的依存关系，都可以利用分组法说明影响因素对结果因素的作用程度。

3.2.3 统计分组的方法

1. 统计分组标志的选择

在统计数据分组过程中，选择什么样的标志就会形成什么样的分组体系，且分组标志一经确定，就突出了总体在此标志下的性质差异，而掩盖了总体在其他标志下的差异。

所以，根据统计研究的目的，在对研究对象进行分析的基础上，应抓住具有本质性的区别及反映现象内在联系的标志来作为分组的标志。统计资料分组的标志可以是品质标志，也可以是数量标志。因此，统计分组的关键问题是正确地选择分组标志与划分各组界限。前者主要是指品质标志分组，后者主要是指数量标志分组。统计分组标志的选择需做到以下几点。

1）要选择能够反映事物本质或主要特征的标志。

2）应根据研究的目的与任务选择分组标志。

3）根据现象所处的历史条件的变化选择分组标志。

2. 统计分组的种类

（1）按照分组标志的性质不同，可分为品质标志分组和数量标志分组

1）按品质标志分组就是指按事物的品质特征将总体分为若干组。例如，人口按性别、文化程度、民族、籍贯等标志分组；企业按经济类型、轻重工业、隶属关系、企业规模等标志分组。

由于品质数据是用文字来表现的，每种表现即为一种类别，因此对品质型数据主要是做分类整理。例如，按所有制性质划分，我国的经济类型可以分为国有经济、集体经济、私营经济、个体经济、联营经济、股份制经济、外商投资经济、港、澳、台投资经济 8 组。按品质标志分组，分组界限明确后，分组方法比较简单。

2）数量标志分组就是用反映社会经济现象数量差异的数量标志作为分组标志，将总体各单位划分为若干个组。例如，地区经济按国内生产总值分组、企业按销售收入分组等。

由于数值型数据表现为具体的数值，因此对数值型数据主要是按照数值进行分组。例如，对学生成绩的分组，可以分为 60 分以下、60～70 分、70～80 分、80～90 分、90 分以上 5 个组。按数量标志分组，在选择分组标志后，还要合理确定各组的界限。因此，与按品质标志分组相比较为复杂。

统计中按数量标志分组的方法有单项式分组和组距式分组两种形式。

单项式分组就是把每一个变量值作为一组。这种分组方法通常只适合于离散变量且变量值较少的情况。采用的方法是首先将原始数据资料按变量值大小进行升序排列，然后将相同的变量值分为一组，最后将数据资料分成若干组。例如，大学生按其曾经使用过的手机数分组，可以分为 0 个、1 个、2 个、3 个及以上 4 个组。

【例 3-1】 某车间 40 个工人看管机床台数资料如下：

3 6 2 4 3 2 6 4 3 2 4 2 5 2 6 2 3 5 4 3　2 3 6 5 4 2 4 3 2 2 3 5 4 5 6 2 2 6 4 3

试对数据进行分组。

解： 由于机器台数属于离散型变量，因此使用单项式分组方法。

首先将原始资料按变量值升序排列如下：

2 2 2 2 2 2 2 2 2 2 2 2

3 3 3 3 3 3 3 3 3

4 4 4 4 4 4 4 4

5 5 5 5 5

6 6 6 6 6 6

然后将相同变量值分为一组，最后将资料分成若干组。本例分组变量值为 2、3、4、5、6。

组距式分组就是将全部变量值依次划分为若干区间，并将这一区间的变量值作为一组。这种分组方法通常只适合于连续变量或虽为离散变量但变量值较多的情况。组距式分组的关键问题是分组数目的确定和组距的确定。

在组距式分组中，如果各组的组距相等则称为等距分组；如果各组的组距不相等则称为不等距分组。例如，对学生成绩的分组可以分为 0～20 分、20～40 分、40～60 分、60～80 分、80～100 分 5 个组，这就是等距分组；而对人口年龄的分组可以分为 0～6 岁婴幼儿组、7～17 岁少年儿童组、18～59 岁中青年组、60 岁及以上老年组 4 个组，这就是不等距分组。

一般来说，当变量值的变动比较均匀时，宜采用等距分组，便于进行对比分析；当变量值的变动很不均匀，且变动幅度较大时，宜采用不等距分组。对于不等距分组的组数和组距的确定，必须结合现象的性质特点和统计研究的要求全面考虑。

下面重点介绍等距分组的基本步骤。

第一，数据排序。

将原始数据资料按变量值大小进行升序排列。

第二，分组数目的确定。

数据应分成多少组比较合适，通常与数据本身的特点和数据个数有关。由于分组的目的之一是为了观察数据分布的特征，因此组数的确定应以能够清楚地显示数据的分布特征和规律为原则。组数太少会使数据的分布过于集中，而组数太多又会使数据的分布过于分散，这样不便于观察数据分布的特征和规律。

具体做法是，首先根据数据个数，大体上确定所分组数。最好使每组所包含的数据个数平均不少于 4 个或 5 个。这里，向大家介绍一种确定组数的经验公式，仅供大家参考。这一公式是美国学者斯特吉斯（H.A.Sturges）创用的，称为斯特吉斯经验公式，即

$$K=1+3.322\lg N \quad (2.1)$$

式中，K 为组数；N 为总体中的个体数。对结果四舍五入取整后为理论分组数目。根据这一公式，可以得出表 3-1 的分组组数参考标准。

表 3-1　分组组数参考表

N	15～24	25～44	45～89	90～179	180～359
K	5	6	7	8	9

（2）按照分组标志的个数不同，可分为简单分组和复合分组

1）简单分组与平行分组体系：简单分组是指将社会经济总体按一个标志进行分组。

对同一总体选择两个或两个以上的标志分别进行简单分组，排列起来，即成为平行分组体系。

2）复合分组与复合分组体系：复合分组是指对同一个总体在同一张分组表上，把两个或两个以上标志层叠起来进行分组。例如，将人口先按“性别”分成男、女两组，然后在男性和女性两组中分别按照“文化程度”划分为“大学以上”“大学生”、“高中”、“初中”、“文盲”及“半文盲”。

由多个复合分组组成的体系就形成了复合分组体系。例如，为了认识我国高等院校在校学生的基本状况，可以同时选择学科、本科或专科、性别三个标志进行复合分组。

3. 分配数列

（1）分配数列的概念

分配数列是在统计分组的基础上，总体中的所有单位按其所属的组别归类整理，并且按照一定的顺序排列，形成总体单位数在各组分布的一系列数字，称为分配数列，又称次数分配或次数分布。

分配数列中，分布在各个组的总体单位数叫次数，又称频数。如果将分组标志序列与各组相对应的频率按照一定的顺序排列，就形成频率分布数列。分配数列有两个组成要求：一是分组；另一个是次数或比率。它根据分组标志的性质不同，可以分为品质数列与变量数列。

（2）分配数列的主要类型

1）钟形分布。钟形分布的特征是“两头小、中间大”，即靠近中间的变量值分布的次数多，靠近两端的变量值分布的次数少，如果将变量值与其对应的频数在直角坐标系中对应的点连接起来绘制成曲线图，宛如一口钟，所以又称钟形分布。如图 3-1 所示。

在自然或社会经济现象中，有许多次数分布是属于钟形分布的。例如，人体的体重、身高，学生的成绩，居民货币收入，单位面积的农产品产量，市场价格等现象都属于钟形分布。

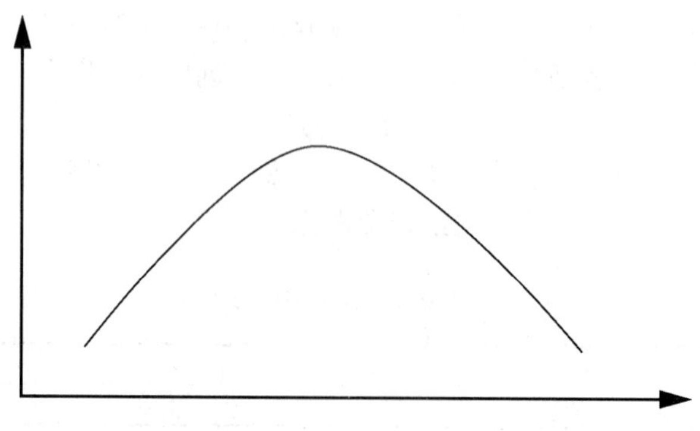

图 3-1 钟形频数分布示意图

2）U 形分布。U 形分布的特征是靠近中间的变量值分布的次数少，靠近两端的变量值分布的次数多，形成“两头大，中间小”的分布特征。将这种分布绘成曲线，像英文字母“U”的形状，故称 U 形分布，如图 3-2 所示。

例如，人口死亡率的分布，一般是婴幼儿死亡率和老年人死亡率均较高，而中年人死亡率最低，所以人口年龄分组的死亡率是呈 U 形分布的。另外，失业人口按年龄的分布等均呈 U 形分布。

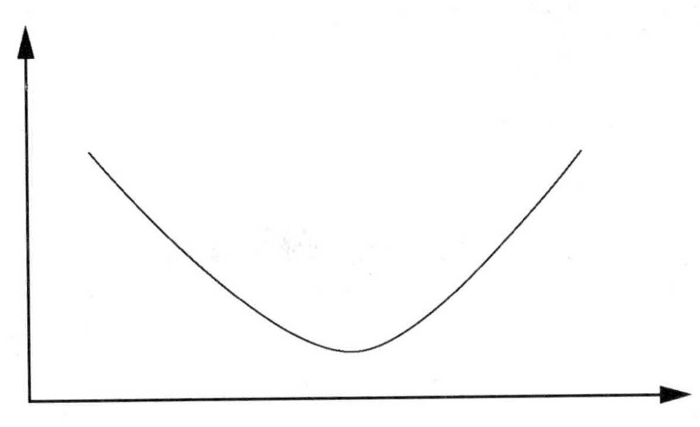

图 3-2　U 形频数分布示意图

3）J 形分布。J 形分布的特征是“一边小，一边大”，即大部分变量值集中在某一端分布，其有两种类型：正 J 形分布和反 J 形分布。

正 J 形分布是次数随着变量值的增大而增多。如投资额按利润率大小分布，一般是正 J 形分布，如图 3-3 所示。

反 J 形分布是次数随着变量值的增大而减小。如成年人数量按年龄大小分组，表现出年龄越高，人数越少，如图 3-4 所示。

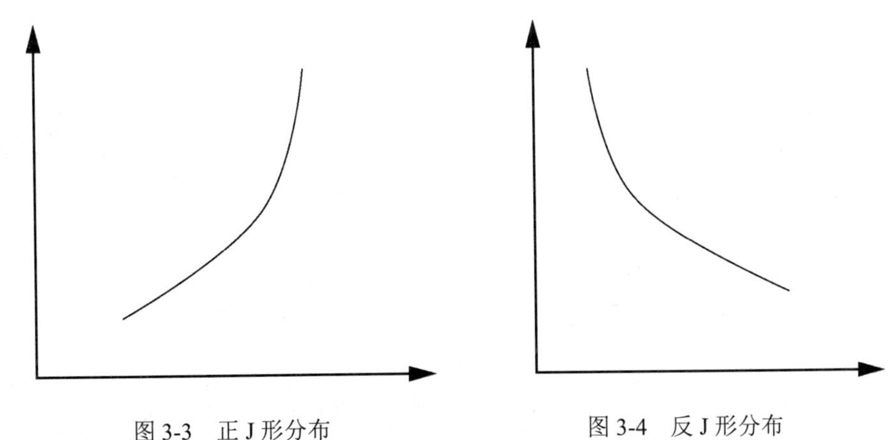

图 3-3　正 J 形分布　　图 3-4　反 J 形分布

（3）分配数列的种类

1）品质分布数列是按品质标志分组的数列，用来观察总体单位中不同属性的单位分布情况。如表 3-2 所示。

表 3-2 2000 年我国人口性别构成情况

人口性别分组	人口数/万人	占人口的比重/%
男	65 355	51.63
女	61 228	48.37
合计	126 583	100

品质数列的编制比较简单，但分组时要注意应包括分组标志的所有表现，不能有遗漏，各种表现相互独立，不得相融。

2）变量数列是将总体按数量标志分组，将分组后形成的各组变量值与该组中所分配的单位次数或频数，按照一定的顺序相对应排列所形成的分配数列，如表 3-3 所示。

表 3-3 某班级统计学成绩

考试分数	人数/人	频率/%
60 以下	2	20.0
60～70	7	30.0
70～80	11	27.0
80～90	12	17.0
90～100	8	5.0
合计	40	100.0

在组距式变量数列中，需要明确以下概念。

① 组限：在组距式变量数列中，每组区间两端的极值称组限。每一组的两个组限中，较大者叫上限，较小者叫下限，如果各组的组限都齐全，称为闭口组；组限不齐全，即最小组缺下限或最大组缺上限，称为开口组。

② 组距：为每组下限与上限之间的距离为组距，即

$$组距=上限-下限$$

组距式变量数列，有等距数列和不等距（异距）数列之分。

③ 组中值：

$$组中值=\frac{上限+下限}{2}$$

对于开口组组中值的计算方式可以利用如下公式。

$$无下限组的组中值=上限-\frac{邻组组距}{2}$$

$$无上限组的组中值=下限+\frac{邻组组距}{2}$$

4. 变量数列的编制

（1）单项式变量数列

可以直接将每一变量值作为一组，单项式变量数列的编制比较明确、容易，如表 3-4

所示。但是用连续变量分组来编制分配数列时，或者虽是离散变量，但数值很多、变化范围很大时，单项数列就不能适用，而应考虑采用组距数列的形式。

表 3-4 某工厂生产车间工人按日产量分布

日产量	工人数	比率/%
20	3	10.0
21	7	23.3
22	10	33.3
23	6	20.1
24	4	13.3
合计	30	100.0

（2）组距变量数列

以下举例说明：对某企业 30 个工人完成劳动定额的情况进行调查，某原始资料如下：

98 81 95 84 93 86 91 102 100 103

105 100 104 108 107 108 106 109 112 114

109 117 125 115 120 119 118 116 129 113

第一步：计算全距。将各变量值由小到大排序，确定某最大值，最小值，并计算全距。

变量的最大值是 129%，最小值是 81%。

$$全距=最大值-最小值=129\%-81\%=48\%$$

第二步：确定组数和组距。在等距分组时，组距与组数的关系是

$$组距=\frac{全距}{组数}$$

本例中根据一般将成绩分成优、良、中、及格和不及格的五档评分习惯，可以先确定组数为 5。在等距分组时，计算组距如下：

$$组距=\frac{48\%}{5}=9.6\%$$

为了符合习惯和计算方便，组距近似地取 10%。

第三步：确定组限。关于组限的确定，应注意如下几点。

1）最小组的下限（起点值）应低于最小变量值，最大组的上限(终点值)应高于最大变量值。

2）组限的确定应有利于表现出总体分布的特点，应反映出事物质的变化。

3）为了方便计算组限应尽可能取整数，最好是 5 或 10 的整倍数。

4）由于变量有连续型变量和离散型变量两种，其组限的确定方法是不同的。

第四步：编制频数（频率）分布表，如表 3-5 所示。

表 3-5　某企业劳动定额完成情况分布图

劳动定额完成程度/%	频数/人	频数/%
80～90	3	10.0
90～100	4	13.3
100～110	12	40.0
110～120	8	26.7
120～130	3	10.0
合计	30	100.0

第五步：计算累计频数和累计频率。

为了更详细地认识变量的分布特征，还可以计算累计频数和累计频率，编制累计频数和累计频率数列。累计频数和累计频率有向上累计频数（频率）和向下累计频数（频率）两种。

以变量值大小为依据，由变量值小的组向变量值大的组累计频数和频率，成为向上累计频数和向上累计频率。向上累计数的意义是：小于该组上限的各组的频数或频率之和；相反，由变量值大的组向变量值小的组累计各组的频数或频率，称为向下累计频数或向下累计频数。向下累计数的意义是：大于及等于该组下限的各组的频数或频率之和。根据某企业工人完成劳动定额的资料编制的向上累计频数（频率）和向下累计频数（频率）分布，如表 3-6 所示。

表 3-6　某企业工人完成劳动定额累计分布

劳动定额完成情况/%	频数/人	频率/%	向上累计		向下累计	
			频数/人	频率/%	频数/人	频率/%
80～90	3	10.0	3	10.0	30	100.0
90～100	4	13.3	7	23.3	27	90.0
100～110	12	40.0	19	63.3	23	76.7
110～120	8	26.7	27	90.0	11	36.7
120～130	3	10.0	30	100.0	3	10.0
合计	30	10.0	—	—	—	—

3.3　统　计　表

统计表和统计图是显示统计数据的两种方式。

人们常常要把工农业生产、科学技术和日常工作中所得到的相互关联的数据，按照一定的要求进行整理、归类，并按照一定的顺序把数据排列起来，并运用一定的形式将其展示出来，以利于保存和使用。统计表就是一种最主要的常用的形式。

所谓统计表就是以纵横交叉的线条绘制成的用来表现统计资料的一种表格。将统计调查所搜集到的原始数据资料经过汇总整理后，按一定的顺序填在表格内。统计表能把杂乱的数据有条理地组织在一张简明的表格内，正确使用统计表是做好统计分析的最基本的技能。

统计表的作用是：①用数量说明研究对象之间的相互关系；②用数量把研究对象之间的变化规律显著地表示出来；③用数量把研究对象之间的差别显著地表示出来。这样便于人们用来分析问题和研究问题。

3.3.1 统计表的结构

1. 统计表的基本结构

统计表的形式多种多样，根据使用者的要求和统计数据本身的特点，可以绘制形式多样的统计表。通常按项目的多少分为单式统计表和复式统计表两种。只对某一个项目的数据进行统计的表格，叫做单式统计表，也叫做简单统计表。统计项目在两个或两个以上的统计表格，叫做复式统计表。

统计表的结构一般由表头、行标题、列标题和数字资料、单位、制表日期等 6 部分组成。其中，表头应放在表的最上方，是指表的名称，它要能简单扼要地反映出统计表的主要内容。行标题和列标题通常安排在统计表的第一列和第一行，它所表示的是所研究问题的类别名称和变量名称。数字资料是指列在行标题与列标题的交叉处各空格内按要求填写的数字。单位是指表格里数据的计量单位。在数据单位相同，一般把单位放在表格的左上角。如果各项目的数据单位不同，可放在表格里注明。制表日期放在表的右上角，表明制表的时间。此外，各种统计表都应有“备考”或“附注”栏，以便必要时填入不属于表内各项的事实或说明，主要包括资料来源、指标的注释和必要的说明等内容。统计表的构成见表 3-7。

表 3-7 2006 年规模以上工业企业实现利润及其增长速度

指 标	利润总额/亿元	比上年增长/%
规模以上工业	18 784	31.0
其中：国有及国有控股企业	8072	27.0
其中：集体企业	561	29.5
股份制企业	10 073	32.3
外商及港澳台投资企业	5162	26.7
其中：私营企业	2948	43.6

（资料来源：共和国国家统计局，中华人民共和国 2006 年国民经济和社会发展统计公报）

2. 统计表的内容

从统计表的内容上看，统计表包括主词和宾词两个部分。主词也叫主词栏或主栏，是统计表的主体，即统计表所要说明的总体及其各组成部分，它可以是各个总体单位的名称或总体单位分组的排列，也可以是总体现象所属时间的排列。不管是什么排列，通常都表现为是横行的标题。宾词也叫宾词栏或宾栏，它是用来说明总体的各种统计指标，一般由纵栏的标题和指标值所组成。

统计表的内容构成一般如上所述，但是为了编排合理与阅读方便，也可以将主词与宾词的位置互换。

3.3.2 统计表的分类

根据主词是否分组和如何进行分组，统计表分为简单表、分组表和复合表。

1. 简单表

简单表是指主词未经任何分组的统计表。简单表只有罗列总体各单位名称的和按时间顺序将指标简单排列的两种。简单表按总体单位排列的，可以用来比较分析总体各单位的情况及其差别；按时间顺序排列的简单表可用来分析现象的动态。

2. 分组表

分组表是主词按某一个标志进行分组的统计表，也可以说简单分组形成分组表。

3. 复合表

复合表是对主词按两个或两个以上的标志重叠进行分组形成的统计表，也就是复合分组形成复合表。

以上三种统计表在说明和研究问题方面的作用，以及各自作用的特点和差别，与统计资料整理时所说的没有进行分组、进行了简单分组和复合分组之间的情况毫无二致。

3.3.3 统计表的设计

由于使用者的目的以及统计数据的特点不同，统计表的设计在形式和结构上会有较大的差异，但设计上的基本要求则是一致的。为了使统计表能科学地反映研究对象的本质和特点，充分发挥其说明和分析问题的作用，也为了标准化和美观，统计表的设计应符合科学、实用、简练、美观的要求。具体来说，设计统计表时要注意以下几点。

1. 统计表的名称即总标题要简明、确切

一要概括出统计表的基本内容，二要表明资料所属的时间和空间限制。

2. 要合理安排统计表的结构

行标题、列标题、数字资料的位置应安排合理。当然，由于强调的问题不同，行标题和列标题可以互换，但应使统计表的横竖长度比例适当，避免出现过高或过长的表格形式。

3. 表头设计

表头一般应包括表号、总标题和表中数据的单位等内容。总标题应简明确切地概括出统计表的内容，一般需要表明统计数据的时间、地点以及何种数据，即标题内容应满足要求。如果表中的全部数据都是同一计量单位，可放在表的右上角标明，若各指标的计量单位不同，则应放在每个指标后或单列出一列标明。

4. 表格设计

表中的上下两条横线一般用粗线，中间的要用细线，这样使人看起来清楚、醒目。通常情况下，统计表的左右两边不封口，列标题之间一般用竖线隔开，而行标题之间通常不必用横线隔开。总之，表中尽量少用横竖线。表中的数据一般是右对齐，有小数点时应以小数点对齐，而且小数点的位数应统一。对于没有数字的表格单元，一般用“—”表示，一张填好的统计表不应出现空白单元格。

5. 其他注意事项

在使用统计表时，必要时可在表的下方加上注释，特别要注明资料来源，以表示对他人劳动成果的尊重，并方便读者查阅使用。

3.4　统　计　图

统计图是根据经过整理的统计数字，运用几何图形或具体事物的形象等绘制的表现被研究现象的数量特征和数量关系的各种图形。可见统计图形同统计表一样，也是展示经过整理的统计资料的基本形式之一。与统计表相比，其有不精确、费工和篇幅大的缺点，但也有形象具体、直观生动、通俗易懂、立意鲜明的优点。因此，统计图在统计资料整理与分析中占有重要地位，并得到广泛的应用。

3.4.1　统计图的意义

统计图的意义有表示现象间的对比关系、揭露总体结构、检查计划的执行揭示现象间的依存关系、反映总体单位的分配情况、说明现象在空间上的分布情况。一般采用直角坐标系：横坐标用来表示事物的组别或自变量 x，纵坐标常用来表示事物出现的次数或因变量 y。也可采用角度坐标（如圆形图）、地理坐标（如地形图）等。按图尺的数字性质分类有实数图、累积数图、百分数图、对数图、指数图等。统计图的结构包括图名、图目（图中的标题）、图尺（坐标单位）、各种图线（基线、轮廓线、指导线等）、图注（图例说明、资料来源等）等。

3.4.2　统计图的种类

常用的统计图有条形图、圆形图、曲线图、散点图四种。绘制统计图的基本要求是目的明确、主题鲜明、通俗易懂、准确生动，让人看了爽心悦目。

1. 条形图

条形图是用相同宽度的条形的长短或高低来表示或比较统计指标大小的图形，又称直方图、柱状图、质量分布图。条形统计图可以清楚地表明各种数量的多少。条形图是统计资料分析中最常用的图形。按照排列方式的不同，可分为纵式条形图和横式条形图；按照分析作用的不同，可分为条形比较图和条形结构图。

条形统计图的特点如下。

1）能够使人们一眼看出各个数据的大小。

2）易于比较数据之间的差别。

条形图显示了各个项目之间的比较情况。纵轴表示分类，横轴表示值，它与柱形图的功能及特点相似，如图 3-5 和图 3-6 所示。

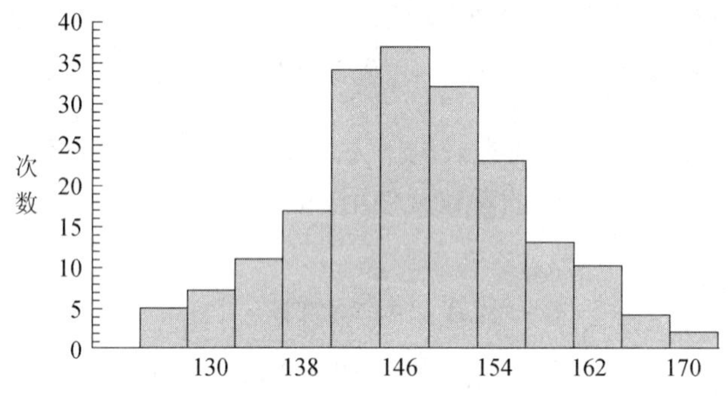

图 3-5　直方图

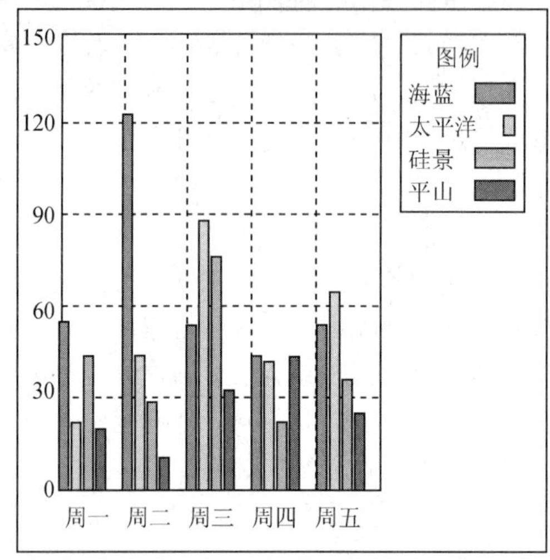

图 3-6　柱状图

条形图的绘制方法如下。

1）画轮廓线。即根据图纸的面积和指标值的大小用细线画出图心的范围。

2）绘制基线。对垂直条形图而言要以横坐标轴为基线，对水平条形图而言要以纵坐标轴为基线。

3）绘尺度线。垂直条形图的纵坐标为尺度线，水平条形图的横坐标为尺度线。尺度线与基线垂直，上面有尺度及单位，标注的各个间隔相等的点叫做比度点。尺度的下限一般是零，上限应略高于最高的直条，全部的尺度应以相等的距离代表相等的数量。根据尺度线，还可以绘出引导线，它是从各比度点引出来与基线平行的直线。其作用就是方便对图形进行观察和比较。为了清楚地说明问题，必要时还可以在每一条形的顶端标注它所代表的数值。

4）绘直条。各直条的宽度应相等，如是单式条形图，各直条的间隔应相等。如是复式条形图，各组直条之间的间隔也应相等。图中每一组代表不同指标的各直条应用不同的线纹或颜色相区分，而各组间的同类直条，则应用相同的线纹或颜色。对不同线纹和颜色所代表的指标，在图的适当位置绘制图例。

2. 圆形图

以一个圆的面积表示事物的总体，以扇形面积表示占总体的百分数的统计图，叫作扇形统计图、也叫作百分数比较图。扇形统计图可以比较清楚地反映部分与部分、部分与整体之间的数量关系，如图 3-7 和图 3-8 所示。

圆形统计图的特点如下。

1）用扇形的面积表示部分在总体中所占的百分比。

2）易于显示每组数据相对于总数的大小。

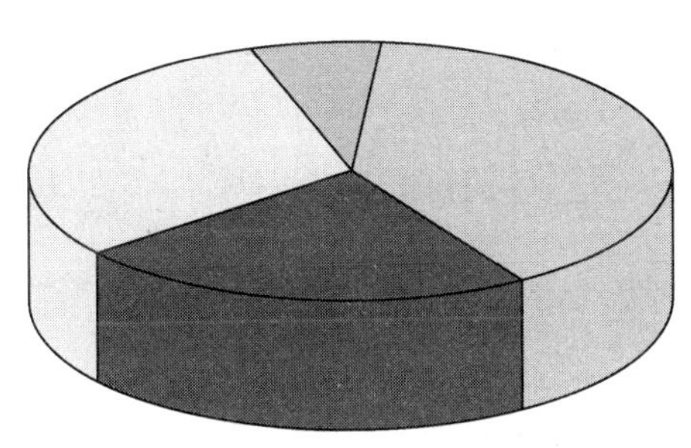

图 3-7　圆形图

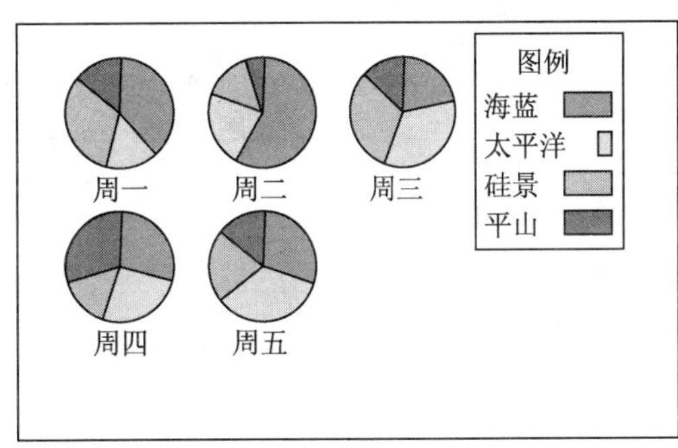

图 3-8　圆形图

3. 曲线图

以曲线的上升或下降来表示统计数量的增减变化的统计图，叫作曲线统计图。与条形统计图比较，曲线统计图不仅可以表示数量的多少，而且可以反映同一事物在不同时间里发展变化的情况。曲线图在生活中运用的非常普遍，虽然它不直接给出精确的数据，但只要掌握了一定的技巧，熟练运用“坐标法”也可以很快地确定某个具体的数据。

曲线统计图的特点：能够显示数据的变化趋势，反映事物的变化情况，如图 3-9 所示。

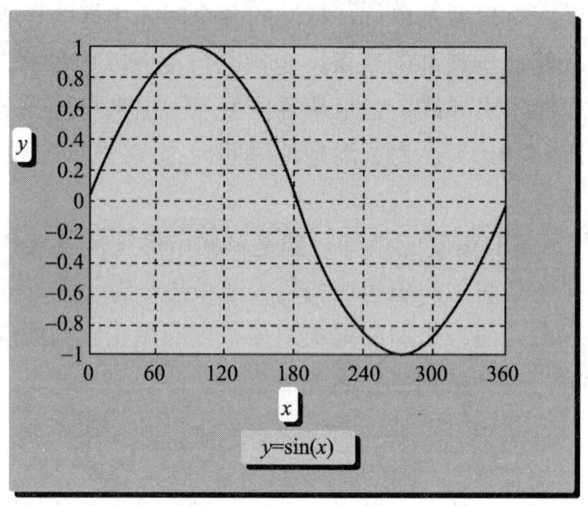

图 3-9 曲线图

4. 散点图

散点图的特点如下：

这类统计图中只有一些字母，字母所代表的意义都在题外，在答题前必须弄清这些字母代表的意义，在具体的答题过程中就可以脱离字母，较简便地得出答案，如图 3-10 所示。

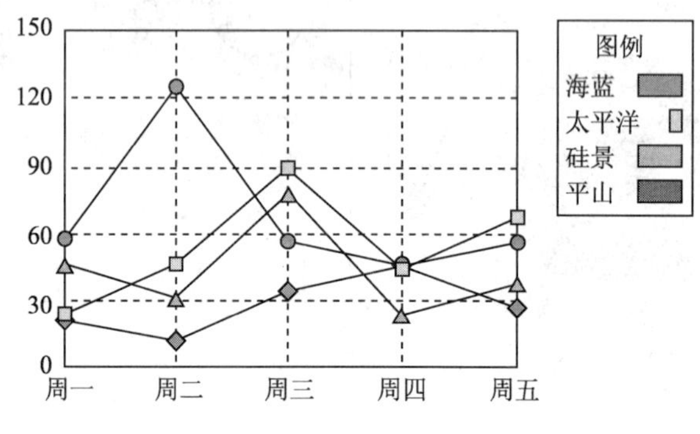

图 3-10 散点图

亚太地区 25 所知名商学院的有关情况

寻求工商管理专业较高的学历已是一种世界趋势。有调查表明，越来越多的亚洲人选择就读工商管理硕士（MBA）学位，将它当作通往成功的道路。近一年来，亚太地区的学院里申请 MBA 的人数增长了 30%。根据亚太地区的 74 所商学院的报道，1997 年共有 170 000 申请者竞争 1999 年的 11 000 个全日制 MBA 学位。

在整个亚太地区，成千上万的人对于暂时搁置自己的工作并花两年的时间来接受工商管理系统教育显示了日益增长的热情。这些工商管理课程十分繁重，包括经济学、金融学、市场营销学、行为科学、劳工关系学、决策论、运筹学、经济法等。下表是 Asia 公司提供的数据，显示了亚太地区 25 所知名商学院的情况。

商学院名称	录取名额	每系人数	本国学生学费/$	外国学生学费/$	年龄	国外学生比例/%	是否要求GMAT	是否要求英语测试	是否要求工作经验	起薪/$
墨尔本商学院	200	5	24 420	29 600	28	47	是	否	是	71 400
新南威尔士大学（悉尼）	228	4	19 993	32 582	29	28	是	否	是	65 200
印度管理学院(阿默达巴得)	392	5	4300	4300	22	0	否	否	否	7100
香港大学（中国，香港）	90	5	11 140	11 140	29	10	是	否	否	31 000
日本国际大学	126	4	33 060	33 060	28	60	是	是	否	87 000
亚洲管理学院（马尼拉）	389	5	7562	9000	25	50	是	否	是	22 800
印度管理学院（班加罗尔）	380	5	3935	16 000	23	1	是	否	否	7500
新加坡国立大学	147	6	6146	7170	29	51	是	是	是	43 300
印度管理学院（加尔格达）	463	8	2880	16 000	23	0	否	否	否	7400
澳大利亚国立大学(堪培拉)	42	2	20 300	20 300	30	80	是	是	是	46 600
南洋理工大学（新加坡）	50	5	8500	8500	32	20	是	否	是	49 300
昆士兰大学（布里斯本）	138	17	16 000	22 800	32	26	否	否	是	49 600
香港理工大学(中国，香港)	60	2	11 513	11 513	26	37	是	否	是	34 000
麦夸里商学院（悉尼）	12	8	17 172	19 778	34	27	否	否	是	60 100
Chulalongkorn 大学（曼谷）	200	7	17 355	17 355	25	6	是	否	是	17 600
Monash Mt.Eliza 商学院（墨尔本）	350	13	16 200	22 500	30	30	是	是	是	52 500
亚洲管理学院（曼谷）	300	10	18 200	18 200	29	90	否	是	是	25 000
阿德莱德大学	20	19	16 426	23 100	30	10	否	否	是	66 000
梅西大学（新西兰，北帕默斯顿）	30	15	13 106	21 625	37	35	否	是	是	41 400
墨尔本皇家工商学院	30	7	13 880	17 765	32	30	否	是	是	48 900
Jamnalal Bajaj 管理学院（孟买）	240	9	1000	1000	24	0	否	否	是	7000
柯廷理工学院（珀思）	98	15	9475	19 097	29	43	是	否	是	55 000
拉合尔管理科学院	70	14	11 250	26 300	23	2.5	否	否	否	7500
马来西亚 Sains 大学（槟城）	30	5	2260	2260	32	15	否	是	是	16 000
De La Salle 大学（马尼拉）	44	17	3300	3600	28	3.5	是	否	是	13 100

请同学们结合案例回答以下问题：

1．对案例中给出的资料进行合理的统计分组。

2．根据上述资料编制组距数列，计算频数、频率。

3．绘制次数分布直方图、折线图，说明数据分布的特征。

（资料来源：http://jpkc.gcp.edu.cn/tjxjpkc/coursedata/09/09_05/al/1.htm）

小　　结

统计资料整理在统计工作过程中发挥着承前启后的作用，统计整理最关键的环节是对搜集的原始资料，根据统计研究的目的，按照一定标志进行科学的分组和汇总。在此基础上，我们需要运用统计表和统计图等形式将数据直观地显示出来，使数据资料条理化、系统化，为统计分析奠定基础。本章的主要内容如下。

统计分组是统计整理的主要方法，进行统计分组应注意分组标志的选择及组限、组距的确定。

统计数据分组的作用主要有划分现象类型、反映事物结构和揭示事物之间的依存关系。

统计表和统计图是统计整理结果的表现形式，统计表是用纵横交叉的线条绘制的表格表达统计数据的一种形式，从形式上看，包括总标题、行标题、列标题和数字资料；从内容上看，包括主词和宾词两部分。统计表根据主词是否分组及分组程度分为简单表、分组表和复合表。应熟练掌握统计表和统计图的设计要求及技术要点。

通过本章学习，需要掌握对原始资料的整理方法，对数据的处理需要学会对数据分组。通常将复杂而繁多的数据按照某一标志进行分组可以达到对错误数据的剔除和纠正，使数据变得有条理，便于分析。

思考与练习题

一、单项选择题

1．统计整理主要是针对（　　）进行加工的过程。

A．综合统计数据　　B．历史数据资料

C．统计分析数据　　D．原始调查数据

2．统计分组就是根据统计研究的目的，按照一个或几个分组标志（　　）。

A．将总体分成性质相同的若干部分　　B．将总体分成性质不同的若干部分

C．将总体分成数量相同的若干部分　　D．将总体分成数量不同的若干部分

3．统计分组的作用是（　　）。

A．划分社会经济类型　　B．说明总体的基本情况

C．研究同质总体的结构　　D．说明总体单位的特征

4．对某一总体（　　）。

A．只能按一个标志分组

B．只能按一个指标分组

C．可以按多个标志分组

D．根据需要可以按一个标志分组，也可以按多个标志分组

5．组距、组限和组中值之间的关系是（ ）。

A．组距=（上限－下限）÷2 B．组中值=（上限+下限）÷2

C．组中值=（上限－下限）÷2 D．组限=组中值÷2

6．变量数列是（ ）。

A．按数量标志分组的数列 B．按品质标志分组的数列

C．按数量标志或质量分组的数列 D．组距式数列

7．如果数据分布很不均匀，则应编制（ ）。

A．开口组 B．闭口组 C．等距数列 D．不等距数列

8．某同学考试成绩为 80 分，应将其计入（ ）。

A．成绩为 80 分以下的人数中 B．成绩为 70～80 分的人数中

C．成绩为 80～90 分的人数中 D．根据具体情况来具体确定

9．对某班学生进行以下分组，这是（ ）。

分 组	人 数
按性别分组	
男生	30
女生	20
按年龄分组	
20 岁以下	38
20 岁以上	12

A．简单分组 B．平行分组体系

C．复合分组 D．复合分组体系

10．将统计表分为总标题、行标题、列标题和指标数值四部分是（ ）。

A．从表式结构看 B．从内容上看

C．从作用上看 D．从性质上看

二、多项选择题

1．统计分组的作用是（ ）。

A．反映总体的规模 B．说明总体单位的特征

C．区分社会经济现象的不同类型 D．研究总体的内部结构

E．分析现象间的依存关系

2．分组标志按其表现有（ ）。

A．数量标志 B．属性标志

C．品质标志 D．不变标志

E．可变标志

3．统计表从构成形式上看，一般包括（ ）。

A．总标题 B．行标题

C．列标题　　D．指标数值

E．调查单位

4．统计表按分组情况不同，可分为（　　）。

A．汇总表　　B．分组表

C．简单表　　D．分析表

E．复合表

5．变量数列可以分为（　　）。

A．单项数列　　B．组距数列

C．等距数列　　D．异距数列

E．连续数列

6．组距数列可以是（　　）。

A．等距数列　　B．异距数列

C．连续数列　　D．不连续数列

E．出现开口组

7．下列哪些分组是按品质标志分组（　　）。

A．工厂按产值计划完成程度分组　　B．学生按健康状况分组

C．企业按所有制形式分组　　D．人口按年龄分组

E．职工按文化程度分组

8．下面这个统计数列属于（　　）。

年龄分组/岁	人数/人
15～17	200
17～20	300
20～24	800
24～28	400
28～30	300
合计	2000

A．变量数列　　B．等距数列

C．异距数列　　D．连续数列

E．不连续数列

9．统计整理（　　）。

A．可以对原始资料整理　　B．可以对次级资料整理

C．是统计工作的第三个阶段　　D．关键是统计分组

E．中心是统计汇总

10．在组距数列中，组中值是（　　）。

A．上限和下限之间的中点数值　　B．用来代表各组标志值的平均水平

C．在开放式分组中无法确定　　D．组平均数

E．在开放式分组中,可以参照相邻组的组距来确定

三、判断题

1．统计资料整理是统计调查的前提，也是统计分析的结果，在整个统计工作中具有重要的作用。（　　）

2．统计分组实质上是在统计总体内部进行的一种定性分类。（　　）

3．无论是离散变量还是连续变量都可以编制单项数列。（　　）

4．对于任何形式的变量，都可以采用不重叠的组限。（　　）

5．分配数列也是动态数列。（　　）

四、计算题

1．某工业局所属各企业工人数如下：

555　506　220　735　338　420　332　369　416　548　422　547　567　288　447　484　417　731　483　560　343　312　623　798　631　621　587　294　489　445

试根据上述材料，要求：编制名称为“某工业局所属各企业工人数分布表”的变量分布数列，要求采用等距式分组，并编制向上累计和向下累计额数数列。

2．有一个班学生的考试成绩如下：

89　88　76　99　74　60　82　60　93　99　94　82　77　79　97　78　87　84　79　65　98　67　59　72　56　81　77　73　65　66　83　63　89　86　95　92　84　85　79　70

学校规定：60 分以下不及格、60～75 分为中、76～89 分为良、90～100 分为优。试把该班学生分为不及格、中、良、优四组，编制一张次数分布表。

第 4 章　总量指标和相对指标

学习完本章后，你应该能够做到以下几点。

- 了解总量指标、相对指标的概念、作用和分类。
- 掌握几种常用总量指标、相对指标的计算方法。
- 明确总量指标和相对指标之间的联系和区别。

2009 年，经初步核算，我国全年国内生产总值 335 353 亿元，按可比价格计算，比上年增长 8.7%。其中，第一产业增加值 35 477 亿元，增长 4.2%; 第二产业增加值 156 958 亿元，增长 9.5%; 第三产业增加值 142 918 亿元，增长 8.9%。

全国居民消费价格总水平比上年上涨 3.9%（见下表）。其中服务价格上涨 2.3%，商品零售价格上涨 2.8%，工业品出厂价格上涨 6.1%，原材料、燃料、动力购进价格上涨 11.4%，固定资产投资价格上涨 5.6%，农产品生产价格上涨 13.1%。

指　　标	全国/%	城市/%	农村/%
全国居民消费价格总水平	3.9	3.3	4.8
食品	9.9	9.1	11.5
其中：粮食	26.4	25.7	27.7
烟酒及用品	1.2	1.2	1.3
衣着	-1.5	-1.5	-1.6
家庭设备用品及服务	-1.4	-1.9	-0.3
医疗保健及个人用品	-0.3	-0.8	0.5
交通和通信	-1.5	-2.1	-0.2
娱乐、教育、文化用品及服务	1.3	0.8	2.1
居住	4.9	4.3	5.8

全年城镇新增就业人员 980 万人，比预期目标多 80 万人。全年有 510 万下岗人员实现了再就业。年末城镇登记失业率为 4.2%，比上年末下降 0.1 个百分点。

年末国家外汇储备达到 6 099 亿美元，比上年末增加 2067 亿美元。人民币汇率继续保持稳定，年末汇率 8.2765 元人民币兑 1 美元，比上年末上升 2 个基本点。

全年各项税收收入 25 718 亿元（不包括关税和农业税），比上年增加 5256 亿元，增长 25.7%。全国规模以上工业企业实现利润达 11 342 亿元，比上年增长 38.1%。

国民经济和社会发展中存在的主要问题是：农业基础还不稳固，保持粮食增产、农民增收的难度加大；在建和新开工项目较多，投资盲目扩张的冲动仍较强；能源、原材料价格上涨幅度较高；煤电油运供求关系紧张的矛盾仍然很突出；重特大安全生产事故时有发生；资源浪费、环境污染问题还比较严重；部分居民生活仍较困难。

（资料来源：http://www.stats.gov.cn/tjgb/ndtjgb/qgndtjgb/t20050228_402231854.htm）

经过统计调查和统计整理能够取得丰富的、系统化的统计资料，但是对这些资料还要进行深入的分析和研究，才能认识事物的本质和规律。统计分析和研究问题的基本手段就是各种统计指标。严格地说统计指标可以从不同的角度进行多种分类，但是，从它们形成的计算形式和与这些形式相呼应的作用差异的角度进行高度的抽象和概括，可以将其归纳为三种基本形式，即总量指标、相对指标和平均指标。统计习惯上将其总称为综合指标。本章介绍总量指标和相对指标。

4.1　总 量 指 标

4.1.1　总量指标的概念

总量指标又称绝对数，是反映一定时间、地点条件下社会经济现象发展的总规模和总水平的综合指标。它是统计指标体系中最基本的组成部分。如在某一时间上，一个国家或一个地区的人口数、企业数、商品流转额、牲畜存栏头数和一定时期内的国内生产总值、工资总额、产品产量等都是总量指标。总量指标是对统计调查的资料进行汇总得到的各项总计数字。所以说，在其它条件一定的情况下，总体范围越大，总量指标的数值也越大；总体范围越小，总量指标的数值也越小。

4.1.2　总量指标的作用

作为整个统计指标体系中的基本组成部分，总量指标在认识过程中的作用最为重要。总量指标的基本作用可以概括为以下三个方面。

1. 总量指标是认识社会经济现象的起点

总量指标是认识社会经济现象的起点，因为社会经济的基本情况首先是以总量的形式出现的，即总规模、总水平。例如，我国有 13 亿人口，960 万平方公里土地，19 亿亩的耕地，这些总量指标反映的是我国的基本国情。而人均耕地很少，只有一亩多，也是我国的基本国情，但它是根据耕地面积和人口总数这两个指标计算出来的。

2. 总量指标是计算相对指标和平均指标的基础

总量指标是计算相对指标和平均指标的基础，相对指标和平均指标都是在总量指标的基础上派生出来的。总量指标计算的结果正确与否，直接影响到相对指标和平均指标计算的结果。所以说，总量指标是最基本的统计指标。

3. 总量指标是实行社会和经济管理的根本数量依据

就因为社会经济基本情况总是先以总量指标的形式表现出来，也因为总量指标是计算相对指标和平均指标的基础，所以又自然派生了它的第三个作用，即总量指标是实行社会和经济管理的根本数量依据。社会和企业需要提高劳动生产率和资金利用率，但这并不是最终目标，最终目标是要丰富产品和高额利润。人均耕地只有一亩多，确实是我们的国情，然而，它只不过是把 13 亿人口和 19 亿亩耕地这两个总量指标所描述的国情进一步地具体化、鲜明化了，一点也没改变总量指标所反映的事实。

以上绝对指标的作用并不排斥相对指标和平均指标在社会和经济管理中的作用，它们在分析和研究问题时都有独特的技巧，也是别的指标根本不能代替的。

4.1.3 总量指标的种类

作为统计指标的一种具体表现形式，总量指标也可以根据需要从不同的角度进行多种分类。以下介绍几种常用的分类。

1. 按总量指标所反映的内容不同可划分为总体单位总量和总体标志总量，简称总量和标志总量

单位总量指总体内所有单位的总数，它说明总体本身规模的大小。例如，全国商业系统零售商店总数、全国高等学校总数、某地区工业企业总数等。

标志总量即总体中各单位标志值总和，它表明总体某一方面的数量特征。如全国工业总产值、某地区工业上缴利税总额等。一个特定总体内，只能存在一个单位总量，而可以同时并存多个标志总量，从而构成一个总量指标体系，例如某地区工业企业生产经营情况统计资料如表 4-1 所示。

表 4-1 某地区工业企业生产经营情况统计资料

经济类型	企业数	工人数	总产值/万元	实现利税/万元	年末固定资产原值/万元
全民	164	73 900	204 510	63 850	22 375
集体	160	75 800	197 585	59 780	22 398
其他	161	75 670	201 348	62 375	22 536
单位总量		标志总量			

总体单位总量和总体标志总量不是固定不变的，其随着研究目的和被研究对象的变化而变化。一个总量指标常常在一种情况下为总体标志总量，在另一种情况下则表现为总体单位总量。只有正确确定什么是总体单位，才能正确分辨单位总量和标志总量指标。

举例说明如下。

如考察某地区工业企业生产经营情况时，全部工业企业构成一个总体，其中每一个

企业为一个总体单位，将总体单位数汇总即全部企业数则构成了总体单位总量指标，可以反映总体规模的大小，而将各单位有关标志值汇总则成为反映总体各方面数量特征的标志总量，如工人数、总产值、实现利税、年末固定资产原值的汇总，构成标志总量指标，这样形成一套总量指标体系，用以全面地分析该地区工业企业的状况。当研究的目的是考察地区工业企业工人状况时，总体为全体工人，总体单位为每一个工人，全体工人总数构成单位总量指标，而每一个工人的劳动消耗量（如出勤工时、加班工时）、劳动成果（生产量）和劳动报酬（加工资、奖金等）又汇总构成劳动总工时、总产量和工资总额等标志总量指标。这也是一套完整的总量指标体系，用以对工人的状况做出系统、全面的评价。

如上例的调查目的改为调查了解全国工业企业职工的工资水平，那么，全国工业企业的职工人数就不再是总体标志总量，而成了总体单位总量。明确总体单位总量和总体标志总量之间的差别，对计算和区分相对指标和平均指标具有重要的意义。

2. 按总量指标所反映的时间状况不同可划分为时期指标和时点指标

时期指标是反映现象在一定时期内发展过程的总量指标。如工农业总产值、国内生产总值、人口出生数、商品销售额、产品产值、基本建设投资额等。时期指标具有三个特点：第一，时期指标无重复计算，可以累加，说明较长时期内现象发生的总量，如年产值是月产值的累计数，表示年内各月产值的总和；第二，时期指标数值的大小与时期长短成正比。在一般情况下，时期越长数值越大，如年产值必定大于年内某月产值，但有些现象如利润等若出现负数，则可能出现时期越长数值越小的情况；第三，时期指标的数值一般通过连续登记取得。

时点指标是反映现象在某一时点（瞬间）上所处状况的总量指标。如年末人口数、季末设备台数、月末商品库存数等。它的特点正好与时期指标相反：第一，时点指标数值不能累加，累加的数值会造成遗漏或重复计算；第二，时点指标数值与时点间隔长短没有直接关系，如年末设备台数并不一定比年内某月月末设备台数多；第三，时点指标的数值通过间断登记取得。

时期指标与时点指标最根本的区别，还在于各自反映的现象在时间规定性上的不同。弄清时期指标与时点指标的区别，对于计算总量指标动态数列的序时平均数是很重要的。

3. 按总量指标所采用计量单位不同可划分为实物指标、价值指标和劳动指标

（1）实物指标

实物指标是用实物单位计量的总量指标。实物单位是根据事物的属性和特点而采用的计量单位，主要有自然单位、度量衡单位和标准实物单位。

1）自然单位是按照被研究现象的自然状况来度量真数量的一种计量单位，如人口以“人”为单位，汽车以“辆”为单位，牲畜以“头”为单位等。

2）度量衡单位是按照统一的度量衡制度的规定来度量其数量的一种计量单位，如煤炭以“吨”为单位，棉布以“尺”或“米”为单位，运输里程以“千米”为单位等。度量单位的采用主要是由于有些现象无法采用自然单位来表明其数量，如粮食、钢铁等；另外有些实物如鸡蛋等，虽然也可以采用自然单位，但不如用度量衡单位准确方便。

3）标准实物单位是按照统一折算标准来度量被研究现象数量的一种计量单位，如将各种不同含量的化肥，用折纯法折合成含量 100%来计算其总量，将各种不同发热量的能源统一折合成 29.3 千焦/千克的标准煤单位计算其总量等。在统计中为了准确地反映某些事物的具体数量和相应的效能，还有一种复合单位，即将两种计量单位结合在一起以乘积表示事物的数量，如货物周转量就是用“吨/千米”来表示铁路货运工作量的。

实物指标的特点是能直接反映产品的使用价值或现象的具体内容，因而能真实确切地说明事物的规模和水平。掌握经济的基本情况，计划和管理各项工作任务，研究各种物资的消耗和库存，分析各种产品对居民需求的满足程度等，都要使用实物指标。实物指标还是计算价值指标的基础。

（2）价值指标

价值指标是用货币单位计量的总量指标。货币单位是用货币“元”来度量社会劳动成果或劳动消耗的计量单位，如国内生产总值、社会商品零售额、产品成本等，都是以“元”或扩大为“万元”、“亿元”来计量的。

价值指标从原则上说应是反映商品价值量的指标，而实际上是货币量的指标。因为价值量不能计算，只能通过价格来体现，而价格围绕价值波动并不等于价值，价格只是价值的一种货币表现。因此，价值指标又称货币指标。

价值指标的突出特点在于代表一定的社会必要劳动量，因而具有广泛的综合性和概括性。它能将不能直接相加的产品数量过渡到能够相加，用以综合说明具有不同使用价值的产品总量或商品销售量等的总规模或总水平。价值指标广泛应用于统计研究、计划管理和经济核算之中。价值指标也有其局限性，综合的价值量容易掩盖具体的物质内容，比较抽象。因此，在实际工作中，应注意把价值指标与实物指标结合起来使用，以便全面认识客观事物。

（3）劳动量指标

劳动量指标是用劳动量单位计量的总量指标。劳动量单位是用劳动时间表示的计量单位，如“工日”、“工时”等。工时是指一个职工做一个小时的工作，工日通常指一个职工做八小时的工作。

这种统计指标虽然不多，但常遇到。如工厂考核职工出勤情况，每天要登记出勤人数，把一个月的出勤人数汇总就不能用“人”来计量，而应用“工日”来计算。又如工厂实行计件工资制，要对每个零部件在每道工序上都规定劳动定额，假设某零件规定 1 小时生产 80 件，则每一件就是一定额工分，某工人一天生产 800 件，即生产的产品为 800 定额工分，即 10 个定额工时。 由于各企业的定额水平不同，劳动量指标不适宜在各企业间进行汇总，往往只限于企业内部的业务核算。

4.1.4　总量指标的计算

1. 直接计算法

它是对研究对象用直接的计数、点数和测量等方法，登记各单位的具体数值加以汇总，得到总量指标。如统计报表或普查中的总量资料，基本上都是用直接计算法计算出来的。

2. 间接推算法

它是采用社会经济现象之间的平衡关系、因果关系、比例关系，或利用非全面调查资料进行推算总量的方法。如利用样本资料推断某种农产品的产量，利用平衡关系推算某种商品的库存量等。

4.1.5　计算总量指标应注意的问题

总量指标是一个总和数。然而计算总量指标并不是简单的计数和汇总问题。为了保证总量指标的科学性，计算时必须做到以下几点。

1. 明确规定每项指标的含义和范围

正确统计总量指标的首要问题就是要对总量指标的概念、计算范围和计算方法做出严格明确的规定，这是计算总量指标的基础和前提。例如要计算国内生产总值、工业增加值等总量指标，首先应清楚这些指标的含义、性质，才能据以确定计算范围、计算方法。要解决好这个问题，必须正确理解被研究现象的性质、含义，同时要熟悉党的方针政策和统计制度的有关规定，才能统一计算口径，正确计算出它们的总量。

2. 注意现象的同质性

实物总量指标必须是同一经济内容，或者是同一使用价值的产品的集合，否则没有实际意义。同质性是由事物的性质或用途决定的。例如，我们可以简单地把各种煤炭如无烟煤、烟煤、褐煤等看作一类产品来计算它们的总量，但不能把煤炭与钢铁混合起来计算。

3. 正确确定每项指标的计量单位

计算任何总量指标，都要有统一的计量单位。计量单位不统一容易造成统计差错和混乱。具体核算总量指标时，究竟采用哪一种计量单位，要根据被研究现象的性质、特点以及统计研究的目的而定，同时要注意与国家统一规定的计量单位一致，以便汇总并保证统计资料的准确性。

4.2 相对指标

4.2.1 相对指标的概念

相对指标也称相对数，是由两个有联系的指标相对比而形成的新指标，又称统计相关数，它是社会经济现象中两个有关指标数值之比，用以反映经济现象间的发展程度、结构、强度、普遍程度或比例关系等数量对比关系。相对数有绝对数所不具有的优点：第一，相对数可以说明绝对数不能说明的问题；第二，相对数可以说明绝对数不能充分说明的问题。

4.2.2 相对指标的作用

在统计分析中，相对指标的作用主要表现在以下两个方面。

1. 反映社会经济现象

相对指标能明确反映社会经济现象间的联系及各种数量的对比关系，为正确评价社会经济活动的经济效益和经营管理提供客观的依据。

2. 为某些不能直接进行对比的数量找到对比的基础

计算相对指标可为某些不能直接进行对比的数量找到对比的基础，为考核企业的经营管理提供更有效的方法，举例说明如下。

要考察不同类型企业的生产经营情况，由于条件不同、产品不同，一般不能用总量指标直接对比，但如果计算相应的相对指标为对比依据，消除由于基数不同而带来的差别则可进行比较，从而能正确评价企业的经营管理状况。例如有两个企业，2008 年和2009 年的销售额（万元）如表 4-2 所示。

表 4-2 销 售 额

2008 年	2009 年			比 2008 年增长额	比 2008 年增长/%
	计划	实际	计划完成/%		
甲企业 50	60	70	116.67	20	40
乙企业 100	120	122	101.67	22	22

从表 4-2 可以看出，2009 年与 2008 年相比，甲企业销售额增长 20 万元，乙企业增长 22 万元，如果仅根据总量指标的大小来作评价，就容易错误地评价两个企业的经营状况。因为两个企业总量的基数不同，没有对比的基础。但在此基础上计算一系列相对指标则可对两个企业的情况作出正确的评价。从两个企业的计划完成指标看，虽然都完成了销售计划，但甲企业的情况明显好于乙企业。再从销售额增长幅度看，甲企

业增长率为 40%，乙企业仅为 22%，这样就可以对两企业的经营状况作出一个正确的评价。

4.2.3　相对指标的种类和计算方法

因研究的目的和任务不同，计算相对数时，相对比的指标的性质也不同，由此也产生了不同的相对指标。

1．计划完成程度相对指标

计划完成程度相对指标也叫计划完成程度指标、计划完成百分比，用来检查、监督计划的执行情况，它是现象或者是某一工作任务在某一段时间内的实际完成数与计划任务数之比，借以观察计划完成的程度。

其基本公式为

$$\text{计划完成程度相对指标}=\frac{\text{实际完成数}}{\text{计划数}}$$

计划完成程度相对指标的分子是根据实际完成情况进行统计而得的数据，分母是下达的计划指标。由于计划数是用来衡量计划完成情况的标准，所以该公式的分子和分母不得互换，而且公式的分子和分母的指标涵义、计算口径、计算方法、计量单位以及时间长短和空间范围等方面都要一致。公式的分子数值减分母数值则表示计划执行的绝对效果。

例如，某企业某年产品产量计划达到 500 吨，实际为 650 吨，则

$$\text{产量计划完成程度}(\%)=650\div500\times100\%=130\%$$

计算结果表明，该企业超额完成产量计划任务的 30%，实际产量比计划产量增加了 150 吨。

计划完成程度相对指标的几种不同的计算方法如下。

（1）计划任务数以绝对数形式出现时的计算方法

计划分为短期计划和长期计划，所以检查计划完成情况的方法也可以分为短期计划完成情况检查和长期（一般为 5 年）计划完成情况检查两种，它用来考察社会经济现象规模或水平的计划完成情况。

1）短期计划完成情况检查可以有两种不同算法表示其计划完成的不同方面。其一是计划数与实际数是同期的。其二是计划期中某一段实际累计数与全期计划数对比，用以说明计划执行的进度如何，为下阶段工作安排作准备。它的计算公式为

$$\text{计划完成程度}=\frac{\text{累计至本期止实际完成数}}{\text{全期计划数}}$$

2）长期计划完成情况检查。长期计划如 5 年计划，计划任务的规定有不同的方式，因而产生了两种不同的检查分析方法，一种叫累计法，一种叫水平法。

累计法：凡是计划指标是按计划期内各年的总和规定任务时，或者说是按计划全期（如 5 年）提出累计完成量任务时，就要求按累计法计算。如垦荒面积、基建投资额等，

计算时都应用整个计划期间实际完成的累计数与计划指标相比较，以检查计划完成的程度。

例如：某地区“十一五”计划规定 2006～2010 年的 5 年社会固定资产投资总额合计为 12 960 亿元，实际完成 19 476.75 亿元，则

$$\text{计划完成程度指标}=\frac{\text{5年计划期间累计完成数}}{\text{5年计划规定的累计数}}=\frac{19\,476.75}{12\,960}=1.5028\text{或}150.28\%$$

水平法：制定长期计划时，凡计划指标是以计划期末应达到的水平来下达的，就要求按水平法计算计划完成的程度。例如我国“十一五”计划规定粮食产量 2010 年达到年产 42 500 万吨的水平，实际执行结果是 2010 年达到 43 500 万吨，则

$$\text{计划完成程度指标}=\frac{\text{计划期末实际达到的水平}}{\text{计划规定期末应达到的水平}}=\frac{43\,500}{42\,500}=1.0235\text{或}102.35\%$$

即超额完成计划的 2.35%。

（2）计划任务数以相对数形式出现时的计算方法

例如，某企业计划规定劳动生产率比上年提高了 10%，实际提高 15%。在这种情况下，计划完成程度指标就不能直接用实际提高或降低百分之几除以计划提高或降低百分之几，而应当包括原有基数（以上年实际水平为 100%）在内，即恢复“为上年的百分数”，然后进行对比，这才符合计算计划完成程度指标的基本公式，才能得出正确的答案。我们以下面的公式来表达上述的内容。

$$\text{计划完成程度指标}=\frac{\dfrac{\text{本年实际水平}}{\text{上年实际水平}}}{\dfrac{\text{本年计划水平}}{\text{上年实际水平}}}=\frac{\text{实际为上年的百分数}}{\text{计划为上年的百分数}}=\frac{\text{本年实际水平}}{\text{本年计划水平}}$$

故劳动生产率计划完成程度为

$$\frac{100\%+15\%}{100\%+10\%}=\frac{115\%}{110\%}=104.5\%$$

计算结果表明，该劳动生产率提高计划超额完成 4.5%，或者说该企业劳动生产率计划完成 104.5%。

又如，某企业计划规定某产品单位成本降低 5%，实际降低了 7%，则成本降低计划完成指标为

$$\frac{100\%-7\%}{100\%-5\%}=\frac{93\%}{95\%}=97.9\%$$

计算结果表明，实际成本比计划任务降低了 2.1%。

2. 结构相对指标

结构相对指标也称结构相对数，就是在资料分组的基础上，以总体中的部分数值与总体全部数值相比较的结果。它是反映事物内部组成情况的相对指标。其计算公式为

$$\text{结构相对指标}=\frac{\text{各组（或部分）总量}}{\text{总体总量}}$$

结构相对指标通常根据总量指标来计算，分子和分母可以是总体单位总量，也可以是总体标志总量，不外乎是表明总体单位数的结构或总体标志值的结构，计算结果用百分数或小数表示，各组比重总和等于100%或1。

结构相对指标的作用如下。

1）通过结构相对指标可以反映总体的内部结构，说明事物的基本特征。

2）通过不同时期结构相对指标的变化，可以看出事物的发展变化过程及发展趋势。

3. 比较相对指标

比较相对指标用以说明某一同类现象在同一时间内不同空间条件下的数量对比关系，即不同单位的同类指标之比。计算比较相对指标时，分子、分母指标的含义、口径、计算范围和计量单位必须一致，其数值通常用百分数或倍数表示。

例如，某年上海市工业总产值为708.97亿元，北京市为1515.35亿元，天津市为635.22亿元，则北京市工业总产值为上海市的2.14倍（1515.35∶708.97），而上海市工业总产值又为天津市的1.12倍（708.97∶635.22）。

4. 比例相对指标

比例相对指标是总体内部不同部分数量对比的相对指标，用以分析总体范围内各个局部、各个分组之间的比例关系和协调平衡状态。其计算公式为

$$\text{比例相对指标}=\frac{\text{总体中某一部分数值}}{\text{总体中另一部分数值}}$$

比例相对指标计算结果通常用百分比来表示，还有以比较基数单位为1、100、1000时被比较单位数是多少的形式来表示。

5. 动态相对指标

动态相对指标又称发展速度，表示同类事物在不同时期的数量对比，它说明现象的发展变化情况。其基本计算公式为

$$\text{动态相对指标}=\frac{\text{报告期指标数值}}{\text{基期指标数值}}$$

6. 强度相对指标

强度相对指标是两个性质不同而有联系的总量指标之间的对比，它说明现象发展的强度、密度和普遍程度。强度相对指标计算公式为

$$\text{强度相对指标}=\frac{\text{某种现象总量指标数值}}{\text{另一有联系而性质不同的现象总量指标数值}}$$

如2007年我国国内生产总值为57 494.9亿元，全国年平均人口为120 485.5万人，则平均每人的国内生产总值为4772元。

强度相对指标以双重计量单位表示，是一种复名数，如人口密度单位是人/平方公里，

人均主要产品产量用吨/人。

由于强度相对指标是反映两个性质不同的指标间的对比关系，故其分子与分母有时可以互相转换，有正逆指标之分。如每千人拥有的零售商业机构个数，可转换为每个商业机构所服务的人数，前者为正指标，后者为逆指标。

例如，2009 年我国人口总数为 123 626 万人，医院病床数 290.3 万张，医生 198.5 万人，则 2009 年我国每万人拥有医院病床数为 290.3 ÷ 123 623=23.5 张/万人（正指标），每个医生服务人数为 123 623 ÷ 198.5=622.8 人（逆指标）。一般来说，正指标越大越好，逆指标越小越好。

7. 百分点

百分点是近年才经常使用的一种特殊的相对指标，它是百分率中一百个单位的一个单位。其作用是专门用来表明或测度现象不同时期百分率变动情况或同一时期不同地点的百分率差异情况。在描述不同时期或不同地区百分率变动程度差异时，用作计算百分率差异程度的两个百分比变动的方向必须一致，或者同增，或者同减，若有增有减则不能计算百分点。

4.2.4 计算相对指标应注意的问题

相对指标是对比分析的重要工具。要想充分发挥它的效能，在分析和研究过程中深刻地揭示被研究现象之间及其内部不同部分之间的本质联系及其规律性，在计算和使用相对指标时，必须注意以下问题。

1. 要正确选择对比的基数

对比基数也就是相对指标计算的分母，是我们分析和评价问题的标准和尺度。对其选择的科学性程度，制约和影响着相对指标的科学性程度。首先，要根据被研究现象的性质和特点，紧密结合分析研究的目的选择对比基数。其次，研究社会经济问题，对比基数要尽量反映一定历史阶段的政治经济特点。再次，要选择发展水平稳定的时期作对比基数。

2. 要注意相互比较的指标之间的可比性

相对指标是运用对比的方法揭示现象之间的联系程度，反映现象之间的差异程度。将不具有可比性的两个指标相对比，计算出来的结果必然歪曲事实，导致错误判断。要使分子、分母具有可比性必须做到四统一。第一，经济内容统一；第二，计算范围统一；第三，计算方法统一；第四，指标的所属时间统一。

不过对于可比性也不能机械地理解，应辨证地看指标的可比性，灵活地运用相对指标。既要防止过分强求可比性而不敢进行事物的对比分析，又不能忽视指标的可比性，盲目地进行对比分析。

3. 相对指标要与绝对指标结合运用

由于相对指标通常是由两个总量指标对比而得到的，在反映两个现象的数量关系时，将现象具体规模与水平抽象化了，掩盖了现象之间绝对量的差别。因此在统计分析时，需要将相对指标与绝对指标结合起来运用，才能得出较全面的结论。

4. 要把各种相对指标结合起来运用

为了全面分析和综合评价，在研究社会经济现象时，往往需要将各种相对指标结合起来才能全面说明现象所处的状态和水平。例如，为评价某企业的生产情况，可以计算计划完成程度相对数，说明其计划执行的情况；可以用报告期水平与下期水平或历史最好水平相比较计算动态相对数，说明其发展变动情况及与历史最好水平的差距；可以用本企业本期指标数值与同行业先进水平或平均水平对比，分析本企业所处的水平，寻找差距，采取措施，挖掘潜力；还可以计算结构相对数和强度相对数，分析总体的结构构成状况等。这样进行综合研究，才能获得有关企业生产情况的全面正确评价结论。

黄河家用电器厂前两年电扇市场占有率比较高。由于产品质量较好，价格相对较低，无需在销售中花费更多气力，就可得到较高的市场占有率。前两年销售总量在本省同行业销售总量中所占比例均为 8.3%。今年他们仍然沿用过去的销售方法，没有什么新的开拓，原以为还可以保持以前的市场占有率，但今年市场占有率下降为 4.3%，全厂经济效益急剧下降，从厂领导到职工，心中都十分焦急，希望找到原因，重振黄河电器厂的雄风。市场占有率下降，说明企业竞争能力减弱。本厂电扇市场占有率为何下降？有什么对策？厂领导责成统计科进行分析研究。

统计科经过研究认为，影响产品市场竞争能力的主要因素有产品质量、出厂价格、促销策略、售后服务等方面。所以统计科着重就电扇质量的主要指标——无故障工作时间、出厂价格、产品成本等方面，搜集了本企业和本省同行业年度报告及上年度的统计资料，进行整理和分析后，得到如下资料。

企业	无故障工作时间			成本			价格		
	上年度/小时	报告年度/小时	增减/%	上年度/元	本年度/元	增减/%	上年度/元	本年度/元	增减/%
本企业	27 420	39 700	44.8	220	245	11.4	245	270	10.2
同类企业	27 300	34 920	27.9	215	213	−0.9	250	248	−0.8
同类先进企业	37 200	41 150	10.6	217	216	−0.5	272	272	0

请同学们结合案例回答以下问题：

现在请你从以下几个方面进行分析。

1. 上年度本企业电扇无故障工作时间、价格与其他两类企业的比较。

2．今年本企业电扇无故障工作时间与其他两类企业的比较。

3．今年本企业出厂价格、无故障工作时间与其他两类企业的比较。

4．本企业单位产品成本与其他两类企业的比较。

（资料来源：http://dctj.gov.cn/tjjy/zzpx/200609260007.doc）

小 结

指标是反映社会经济现象总体数量方面特征的一种工具，为了更好揭示现象内部的真实状况需要通过综合指标来反映、综合指标具体又分为总量指标和相对指标，从绝对量和相对量角度综合全面地分析问题，使问题揭示的更全面、更科学。

总量指标和相对指标是在研究社会经济现象数量特征时最常用、最基本的统计指标，也是在社会经济生活中最常用的统计分析指标。在学习过程中要注意总量指标的分类及应用原则，注意掌握各种相对指标的计算方法和相互联系，尤其注意掌握结构相对指标与比例相对指标、强度相对指标和平均指标的区别，注意掌握计划完成相对数的计算。

组织结构是组织内的全体成员为实现组织目标，在管理工作中进行分工协作，通过职务、职责、职权及相互关系构成的结构体系。组织结构具体包括职能结构、层次结构、部门结构和职权结构等内容。

组织结构设计是指对一个组织的组织机构进行规划、构造、创新或再造，以便从组织的结构上确保组织目标的有效实现。组织结构设计应遵循目标可行、因事设职与因职用人相结合、分工合理、统一指挥、权责对等（相符）原则、精简效能原则、有效管理幅度等基本原则。

组织结构设计或组织工作的基本程序如下。

1）制定组织目标；

2）确定业务内容；

3）建立组织结构；

4）进行工作分析；

5）配备人员；

6）进行有机组合；

7）不断反馈、修正。

常见的组织结构的基本类型有直线制、职能制、直线职能制、职能部制、矩阵制、事业部制等形式。随着组织再造理论和学习型组织等理论的提出，一些组织尤其是企业的组织结构呈现出网络化、扁平化、灵活化、多元化、全球化等趋势，柔性组织、虚拟组织和无边界组织等新型组织结构类型也不断涌现出来。

非正式组织是未经正式筹划而在人们彼此交往的联系中自发形成的组织，具有自发性、内聚性和不稳定性等特征。非正式组织的存在一方面具有可以满足职工的需要、增强团队精神、促进组织成员的成长、帮助正式组织维护正常的活动秩序等积极作用，但另一方面又具有可能与正式组织产生冲突、束缚组织成员的发展、影响组织的变革等消极影响。因此，要正确对待非正式组织，允许存在，谋求吻合，通过积极引导、不断规范，充分发挥其积极作用。

思考与练习题

一、单项选择题

1．下面属于时期指标的有（　　）。

A．商场数量　　B．营业员人数　　C．商品价格　　D．商品销售量

2．某大学 10 个分院共有学生 5000 人、教师 300 人、设置专业 27 个。若每个分院为调查单位，则总体单位总数是（　　）。

A．分院数　　B．学生数　　C．教师数　　D．专业数

3．下面属于结构相对数的有（　　）。

A．人口出生率　　B．产值利润率　　C．恩格尔系数　　D．工农业产值比

4．用水平法检查长期计划完成程度，应规定（　　）。

A．计划期初应达到的水平　　B．计划期末应达到的水平

C．计划期中应达到的水平　　D．整个计划期应达到的水平

5．属于不同总体的不同性质指标对比的相对数是（　　）。

A．动态相对数　　B．比较相对数　　C．强度相对数　　D．比例相对数

6．数值可以直接相加的指标是（　　）。

A．绝对数　　B．相对数　　C．时点数　　D．时期数

7．对甲、乙两个工厂生产的饮料进行质检，不合格率分别为 6%和 10%，则饮料不合格品数量（　　）。

A．甲>乙　　B．甲<乙　　C．甲=乙　　D．无法判断

8．某商场计划 4 月份销售利润比 3 月份提高 2%，实际却下降了 3%，则销售利润计划完成程度为（　　）。

A．66.7%　　B．95.1%　　C．105.1%　　D．99.0%

二、多项选择题

1．绝对数的意义是（　　）。

A．反映事物的总规模　　B．反映事物总水平的增加或减少

C．必须有计量单位　　D．只能用全面调查得到

E．没有任何统计误差

2．时点数的特点是（　　）。

A．不同时间数值可以相加　　B．不同时间数值不可以相加

C．调查资料需连续登记　　D．数值与时期长短有关

E．数值只能间断登记

3．在相对数中，子项和母项可以互换位置的有（　　）。

A．结构相对数　　B．比例相对数
C．比较相对数　　D．动态相对数
E．计划完成相对数

4．比较相对数适用于（　　）。

A．计划水平与实际水平之比　　B．先进与落后之比
C．不同国家间之比　　D．不同时间状态之比
E．实际水平与标准水平之比

5．反映国民经济产业结构的相对数是（　　）。

A．国民生产总值　　B．第一、二、三产业产值之比
C．各产业增长速度　　D．各产业比上年增长量
E．各产业占的比重

6．据预测，若中国大陆 GDP 平均每年增长 7.5%，到 2009 年可达到 16 000 亿美元，占全球比重 4.1%，人均 GDP 1182 美元。该资料中用到的指标有（　　）。

A．绝对数　　B．动态相对数
C．比较相对数　　D．强度相对数
E．结构相对数

7．我国 GDP 每增长 1%，相当于人均增加收 70 多元；全国将增加 60～80 万个就业岗位。这里用到的指标有（　　）。

A．时期数　　B．时点数
C．平均数　　D．强度相对数
E．比较相对数

8．2008 年我国发行长期建设国债 1500 亿元；2001 年末，居民个人储蓄存款余额突破 75 000 亿元。这两个指标（　　）。

A．都是时期数　　B．都是时点数
C．都是绝对数　　D．前者是时点数，后者是时期数
E．前者是时期数，后者是时点数

9．2008 年末全国就业人员 73 025 万人，比上年末增加 940 万人。年末城镇登记失业率为 3.6%（　　）。

A．就业人数是时期数　　B．增加的就业人数是时期数
C．就业人数是时点数　　D．失业率是结构相对数
E．就业人数和增加人数都是绝对数

三、判断题

1．绝对数随着总体范围的扩大而增加。（　　）

2．绝对数随着时间范围的扩大而增加。（　　）

3．总体单位总数和总体标志值总数是不能转化的。（　　）

4．结构相对数的数值只能小于 1。（　　）

5．水平法和累计法的选择依据是计划指标。（　　）

6．计划完成相对数的数值大于 100%，就说明完成并超额完成了计划。（　　）

7．相对指标的可比性原则是指对比的两个指标的总体范围、时间范围、指标名称、计算方法等方面都要相同。（　　）

8．反映总体内部构成特征的指标只能是结构相对数。（　　）

9．相对数都是抽象值，可以进行广泛的比较。（　　）

10．经济现象发展速度越高说明经济实力越强。（　　）

四、计算题

1．某企业今年计划产值比去年增长 5%，实际计划完成 108%，问今年产值比去年增长多少?

2．某企业 2009 年某种产品单位成本为 800 元，2009 年计划规定比 2008 年下降 8%，实际下降了 6%。企业 2009 年产品销售计划为上年的 108%，2008～2009 年动态相对指标为 114%，试计算：

（1）该种产品 2009 年单位成本计划与实际的数值。

（2）2009 年单位成本计划完成程度。

（3）2009 年单位成本实际比计划多（或少）的百分点。

第 5 章　平均指标和变异指标

学习完本章后，你应该能够做到以下几点。

- 掌握数值平均数的分类及计算。
- 掌握位置平均数的分类及计算。
- 掌握分布的离散程度。
- 掌握分布的偏度与峰度。

案例导入

据国家统计局安徽调查总队对安徽省 3100 户农户抽样调查，2009 年上半年，安徽农民现金收入人均 2690.59 元，同比增加 245.26 元，增长 10.0%。其中，农民工资性收入人均 1225.79 元，家庭经营现金收入人均 1222.42 元，财产性收入人均 57.94 元，转移性收入人均 184.44 元。农民现金支出人均 2389.95 元，同比增加 272.61 元，增长 12.9%。其中，农民生产费用现金支出人均 554.87 元，食品消费现金支出人均 637.75 元，居住现金支出人均 379.25 元，家庭设备、用品及服务现金支出人均 100.08 元，文化教育、娱乐用品服务现金支出人均 120.96 元，生活服务性消费支出人均 464.44 元。

（资料来源：国家统计局 http://www.stats.gov.cn/was40/gjtjj_detail.jsp?channelid=5705&record=24）

经过统计调查和整理，可以得到反映社会经济现象的一系列指标，但要深入揭示现象的数量特征和数量关系，必须要借助一些分析指标和分析方法作进一步的静态分析和动态分析。本章主要介绍静态分析指标，静态分析指标是指同一时间内同类现象的汇总和推算、相关现象之间的分析对比而形成的一系列指标，包括平均指标和标志变异指标等。学习了以下内容后，相信你就可以了解这些经济现象的实际意义了。

5.1　数值平均数

平均数也称平均指标（Average index），是统计分析和一般经济分析中广泛运用的指标形式，在统计学中占有重要的地位。它将同质总体内各单位某一数量标志的差异抽象化，用以反映同类现象在具体条件下的一般水平。

5.1.1　统计平均数概述

平均指标是反映同质总体各单位某一数量标志值的集中趋势和一般水平的综合指标，它既可以反映同一时间同类现象的一般水平，也可以反映不同时间同类现象的一般水平。通常把前者称为静态平均数，后者称为动态平均数。本节仅介绍静态平均数，如商品的平均价格、员工的平均工资等。

统计平均数主要有以下四方面的特点。

1. 将数量差异抽象化

平均数反映总体的共性特征，说明总体的一般水平，如某公司的平均工资就是说明员工工资的一般状况，代表员工工资的一般水平。一般来说，只有数量标志才能求其平均数，品质标志是不能计算平均数的，但个别以数量大小来表示其变异的品质标志，如产品质量等级，则可利用自然等级来求其平均等级，以反映同类现象之间的质量差异。

2. 只能用于同类现象计算

计算平均数的各单位必须具有相同的性质，这是计算平均指标的前提。只有本质相同的现象计算平均数才能正确反映客观实际。如果把不同性质的个体混杂在一起，由此计算的平均数只会模糊事物的本质，甚至得出错误的结论。

3. 反映总体变量的集中趋势

从总体变量分布的特征看，多数现象的分布服从“两头小、中间大”的钟形分布，即不管用什么技术方法求其平均数，一般位于现象分布的中间，而不在两头。因此平均数是标志值集中趋势的测度数，是反映总体变量集中倾向的代表值。

4. 是总体各个单位标志值的代表值

由于总体各单位的标志值客观上存在差异，用一个总体单位的标志值不能代表总体某一数量特征的一般水平，而平均数抽象了总体各单位标志值的差异，因而也就成为各个标志值的最好代表值。

统计平均数所要说明的问题是总体中各单位标志值的代表性水平是多少，这种代表性水平可以是按照下述方式严格规定的所有单位标志值的一般水平(单位标志平均数)。

$$\text{平均指标}=\frac{\text{总体标志总量}}{\text{总体单位总量}}$$

统计平均数的作用主要表现在，可用于同类现象在不同空间条件下的对比、同一总体指标在不同时间的对比、现象间依存关系的分析和数量估算等，即它概括地表征同类现象间的基本数值特征，借以显示总体内变量的一般水平或分布的集中趋势，进行各种对比分析。

在社会经济统计中常用的平均指标有算术平均数、调和平均数、众数和中位数。算术平均数、调和平均数是根据总体内各单位的标志值计算求得的，称为数值平均数；众数和中位数是根据总体中某些标志值所处的位置来确定的，称为位置平均数。各种平均数的计算方法不同，含义、应用场合也有所不同，但它们都是总体各单位数量标志值一般水平的代表值。

5.1.2 算术平均数

1. 算术平均数的基本公式

算术平均数（Arithmetic average）是分析社会经济现象一般水平和典型特征的最基本的指标，是平均数中最常用的计算方法，一般不特别说明时，所称的“平均数”就是指算术平均数。算术平均数的定义公式为

$$\text{算术平均数}=\frac{\text{总体标志总量}}{\text{总体单位总量}}$$

上式中，分子与分母在经济内容上有着从属关系，即分子数值是各分母单位特征的总和，两者在总体范围上是一致的，这也是平均数和强度相对数的区别所在。社会经济现象中有许多研究总体，其标志总量等于各个体单位某一数量标志值的总和。例如，各职工工资的总和形成工资总额，各单位面积收获量的总和形成总收获量等。算术平均数的计算方法正好与这类社会经济现象的数量关系相适应，因此得到了广泛的应用。

计算算术平均数时，标志总量和单位总量必须属于同一总体，分子和分母所包含的口径必须一致。否则，计算出来的平均数指标便失去了科学性。算术平均数由于掌握的资料不同，可分为简单算术平均数和加权算术平均数两种。

2. 简单算术平均数

如果掌握的资料是总体各单位的标志值，而且没有经过分组，或虽分组但各组次数分配相等，则可用简单算术平均数法计算算术平均数。将总体的各个单位标志值简单相加，然后除以单位个数，求出的平均标志值，叫做简单算术平均数。其计算公式为

$$\bar{x}=\frac{x_1+x_2+\cdots+x_n}{n}=\frac{\sum x}{n}$$

式中，$\bar{x}$——算术平均数；

x_i——第 i 个单位的标志值，i=1，2，3，…，n；

n——总体单位数（或称变量值项数）；

$\sum$—— 求和符号。

【例 5-1】 某企业生产班的一个组有 5 名工人，其月工资分别为 700 元、750 元、800 元、850 元、900 元。试求这 5 名工人的月平均工资。

解：

$$\bar{x}=\frac{\sum x}{n}=\frac{700+750+800+850+900}{5}=\frac{4000}{5}=800\ （元）$$

3. 加权算术平均数

在掌握的资料是经过加工分组整理的单项数列或等距数列的情况下，先以各组单位数乘以该组标志值求取各组的标志总量，然后将各组标志总量相加求得总体的标志总量，最后用总体标志总量除以总体单位数求出的平均数，称为加权算术平均数。其计算公式为

$$\overline{x}=\frac{x_1f_1+x_2f_2+\cdots+x_nf_n}{f_1+f_2+\cdots+f_n}=\frac{\sum xf}{\sum f}$$

式中，x——各组标志值；

f——各组单位数或权数；

$\sum xf$——总体标志总量；

$\sum f$——总体单位总量。

【例 5-2】某工厂 160 名工人日加工零件产量资料如表 5-1 所示，计算该工厂每个工人的平均日产量。

表 5-1　某工厂生产情况统计

按日加工零件数分组 x/件	工人人数 f/人	每组加工零件数 xf
20	10	200
23	12	276
24	18	432
28	32	896
31	44	1364
38	18	684
40	18	720
53	8	424
合计	160	4996

解：根据表 5-1 的资料，该工厂每个工人的平均日产量为

$$\overline{x}=\frac{\sum xf}{\sum f}=\frac{4996}{160}=31.225\text{（件）}$$

从上述计算公式可看出，平均日产件数的大小，不仅取决于各组变量值（x）的大小，同时也取决于各组单位数（f），即各个变量值个数的多少。某组出现次数多，平均数受该组的影响就较大；反之，次数少，对平均数影响也小。在变量值既定的情况下，次数（f）对平均数大小起着权衡轻重的作用。所以，在统计上把次数称为权数。用加权方法计算的算术平均数叫做加权算术平均数。

变量数列的权数有两种形式：一种是以绝对数表示，称次数或频数；另一种是以比重表示，称频率或比率。同一总体资料，用这两种权数所计算的加权算术平均数完全相同。从本质上讲，以相对数表现的权数更能体现权数对平均数的影响作用。

权数采用频率的形式计算时，表现为$\bar{x}=\sum x\cdot\frac{f}{\sum f}$，用频率计算的公式和直接用次数计算的公式在内容上是相等的，即$\frac{\sum xf}{\sum f}=\sum x\cdot\frac{f}{\sum f}$，这里比重是结构相对数，即各组的总体单位数占全部总体单位数的比重，用$\frac{f}{\sum f}$表示。

【例 5-3】现结合表 5-1 的资料，以各组工人人数占全厂工人人数的比重（见表 5-2）为权数计算工人平均日产量。

表 5-2　某工厂生产情况统计

按日加工零件数分组/件	工人人数		总产量数比重（零件数乘以权数）
	绝对数/人	相对数/%	
x	f	$f/\sum f$	$xf/\sum f$
20	10	6.25	1.25
23	12	7.50	1.725
24	18	11.25	2.700
28	32	20.00	5.600
31	44	27.50	8.525
38	18	11.25	4.275
40	18	11.25	4.500
53	8	5.00	2.650
合计	160	100.00	31.225

解：根据表 5-2 的资料，该工厂每个工人的平均日产量为

$$\bar{x}=\sum x\cdot\frac{f}{\sum f}=31.225\text{（件）}$$

对于同一资料来说，采用绝对权数和采用比重权数，两者的计算结果是相同的。

值得一提的是，权数对计算平均指标起权衡轻重作用的条件是各组的权数不尽相同。

如果掌握的资料不是单项变量数列，而是组距变量数列，则计算算术平均数的方法与上述方法基本相同，所不同的只是要利用各组的组中值作为代表标志值进行计算。具体方法是先计算出组距列中各组的标志值，然后再计算加权算术平均数。

【例 5-4】某工厂某日工人日产量资料如表 5-3 所示，试计算该厂平均日产量。

解：根据表 5-3 的资料，用绝对权数计算该厂平均日产量为

$$\bar{x}=\frac{\sum xf}{\sum f}=\frac{13\,840}{300}=46.13\text{（件）}$$

用比重权数计算该厂平均日产量为

$$\bar{x}=\sum x\cdot\frac{f}{\sum f}=46.13\text{（件）}$$

表 5-3 某工厂生产情况统计

日产量/件	组中值 x/件	工人人数		各组总产量 xf/件	总产量数比重 $xf/\sum f$/%
		绝对数 f/人	相对数 $f/\sum f$/%		
20～30	25	42	14.00	1050	3.50
30～40	35	58	19.33	2030	6.77
40～50	45	80	26.67	3600	12.00
50～60	55	64	21.33	3520	11.73
60～70	65	56	18.67	3640	12.13
合计	—	300	100.00	13840	46.13

应该指出，这种计算方法具有一定的假定性，即假定各单位标志值在组内是均匀分布的，但实际上是不可能的。因此，用组中值计算的算术平均数带有近似值的性质。同时，根据组距数列计算算术平均数时，有时还会遇到开口组，在这种情况下，一般是假定该组组距与邻组组距相等来计算组中值。所以，开口组计算的算术平均数就更具有假定性。尽管如此，就整个数列观察，由于分组引起的各种正负因素会在一定程度上相互抵消，由此计算的平均数对总体仍然具有足够的代表性。

综上所述，加权算术平均数与简单算术平均数的不同之处在于简单算术平均数只受变量值大小一个因素的影响，而加权算术平均数要受变量值大小和次数多少两个因素的影响。可以推断，在加权算术平均数中，如果各组的次数相等，加权算术平均数可以向简单算术平均数转化。

5.1.3 调和平均数

调和平均数（Harmonic mean）又称“倒数平均数”，它是根据各标志值的倒数来计算的平均数。具体地说，调和平均数就是各个标志值倒数的算术平均数的倒数。但计算结果并非是算术平均数的倒数。调和平均数应用并不广泛，统计工作中往往把调和平均数的计算形式作为算术平均数的变形来使用。

调和平均数因掌握资料的形式不同分为简单调和平均数和加权调和平均数两种。

1. 简单调和平均数

如果掌握的资料是未分组的总体各单位标志值和标志总量，则用简单调和平均数法计算平均指标，其计算公式为

$$\bar{x}_{\mathrm{H}}=\frac{1}{\dfrac{\dfrac{1}{x_1}+\dfrac{1}{x_2}+\cdots+\dfrac{1}{x_n}}{n}}=\frac{n}{\dfrac{1}{x_1}+\dfrac{1}{x_2}+\cdots+\dfrac{1}{x_n}}=\frac{n}{\sum\dfrac{1}{x}}$$

式中，$\bar{x}_{\mathrm{H}}$——调和平均数；

n——标志总量；

其余符号的含义与前相同。

【例 5-5】某集贸市场苹果售价：早市每千克 2 元，中市每千克 1.5 元，晚市每千克 1 元，若早、中、晚各购买 1 元的苹果，求每千克的平均价格。

解：利用简单调和平均数的公式计算可得

$$\bar{x}_{\mathrm{H}}=\frac{1+1+1}{\frac{1}{2}+\frac{1}{1.5}+\frac{1}{1}}=\frac{3}{2.2}=1.36\text{（元）}$$

2. 加权调和平均数

如果掌握的资料是分组的标志值和各组的标志总量，未掌握各组的单位数，则用加权调和平均数法计算平均指标。其计算公式如下。

$$\bar{x}_{\mathrm{H}}=\frac{1}{\dfrac{\frac{1}{x_1}\times m_1+\frac{1}{x_2}\times m_2+\cdots+\frac{1}{x_n}\times m_n}{m_1+m_2+\cdots+m_n}}=\frac{m_1+m_2+\cdots+m_n}{\frac{m_1}{x_1}+\frac{m_2}{x_2}+\cdots+\frac{m_n}{x_n}}=\frac{\sum m}{\sum\frac{m}{x}}$$

式中，$\bar{x}_{\mathrm{H}}$——调和平均数；

m——各组的标志总量；

其余符号的含义与前相同。

【例 5-6】某糖果不同等级的价格及销售额资料如表 5-4 所示，试计算该糖果平均价格。

表 5-4　某糖果平均价格计算

等级	价格 x /（元/千克）	销售额 m /元	m/x
一级	4.00	80 000	20 000
二级	3.00	120 000	40 000
三级	2.00	60 000	30 000
合计	—	260 000	90 000

解：该糖果平均价格为

$$\bar{x}_{\mathrm{H}}=\frac{\sum m}{\sum\frac{m}{x}}=\frac{260\,000}{90\,000}=2.89\text{（元/千克）}$$

上例计算的加权调和平均数其变量值是以绝对数形式表现的，应用中还有以相对数或平均数形式表现的变量值。下面以相对数为例介绍加权调和平均数的计算。

【例 5-7】某集团所属的四个大型连锁超市费用率资料如表 5-5 所示，试计算该集团总的商品流通费用率。

表 5-5　某集团超市费用率计算

超市名称	流通费用率 x /%	费用总额 m /万元	m/x
甲	15	600	4 000
乙	12	1200	10 000
丙	10	2400	24 000
丁	8	3600	45 000
合计	—	7800	83 000

解：该集团的四个连锁超市的商品流通费用率为

$$\bar{x}_{\mathrm{H}}=\frac{\sum m}{\sum \frac{m}{x}}=\frac{7800}{83\,000}\times 100\%=9.40\%$$

从上述例题中可以看出，如何选用加权平均数的计算公式关键在于资料的掌握情况。如果掌握了各个标志值和各组的次数或比重，可以运用加权算术平均数的公式计算其平均指标；如果掌握了各组的变量值及其相应的标志总量，则可以运用加权调和平均数的公式计算其平均指标。

归纳起来，算术平均数与调和平均数在计算平均指标（单位标志平均数）时的不同适用场合可以反映在表 5-6 中。

表 5-6　算术平均数与调和平均数的应用条件比较

平均数形式		适用资料条件
算术平均数	加权	已知变量分布数列资料，即已知各组的代表变量值和频数（频率）
	简单	已知：①未分组原始资料；②分布数列对称或各组频数（频率）相等
调和平均数	加权	已知各组的代表变量值和标志总量
	简单	已知各组的代表变量值，且各组的标志总量恰好相等

5.1.4　几何平均数

几何平均数（Geometric mean）是计算平均比率和平均速度最适合的一种方法。几何平均数分为简单几何平均数和加权几何平均数两种。

1. 简单几何平均数

当掌握的资料是总体各单位的标志值时，直接将 n 个总体单位标志值连乘积起来开 n 次方，即得简单几何平均数。其计算公式为

$$\bar{x}_{\mathrm{G}}=\sqrt[n]{x_1\cdot x_2\cdot\cdots\cdot x_n}=\sqrt[n]{\Pi x}$$

式中，$\bar{x}_{\mathrm{G}}$ ——几何平均数；

x ——各项标志值；

n ——标志值的次数；

Π ——连乘的符号。

【例 5-8】某地区 2004～2008 年汽车产量环比发展速度分别为 108.0%、107.5%、108.3%、109.3%、109.5%，试计算其平均发展速度。

解：　$\bar{x}_{\mathrm{G}}=\sqrt[n]{\Pi x}=\sqrt[5]{108.0\%\times 107.5\%\times 108.3\%\times 109.3\%\times 109.5\%}=108.52\%$

在用几何平均数法计算平均数时，如果 n 大于 2，可采用对数法来计算。将几何平均数的公式两边同时取对数，可得

$$\log\bar{x}_{\mathrm{G}}=\frac{1}{n}(\log x_1+\log x_2+\cdots+\log x_{n-1}+\log x_n)=\frac{1}{n}\sum\log x$$

所以，几何平均数也称为对数平均数。

2. 加权几何平均数

当几何平均数的各变量值次数不同时，将这些不同次方的变量值连乘起来，再开次数之和次方，即得加权几何平均数。

$$\overline{x}_G = \sqrt[f_1+f_2+\cdots+f_n]{x_1^{f_1} \cdot x_2^{f_2} \cdot \cdots \cdot x_n^{f_n}} = \sqrt[\Sigma f]{\Pi x^f}$$

式中，$\sum f$ ——各标志值次数的总和。

【例 5-9】设某笔为期 10 年的投资按复利计算收益，第 1 至 3 年的年利率是 7%，第 4 至 6 年的年利率是 8%，第 7 至 9 年的年利率是 9%，第 10 年的年利率是 10%。问：10 年中年平均利率是多少？

解：10 年中平均本利率为

$$\overline{x}_G = \sqrt[\Sigma f]{\Pi x^f} = \sqrt[3+3+3+1]{1.07^3 \times 1.08^3 \times 1.09^3 \times 1.1} = 1.082$$

10 年中年平均利率为 $\overline{x}_G$ －1＝1.082－1＝0.082，即 8.2%。

几何平均数在统计上更多地用于计算平均发展速度，进行时间数列分析，或者用于计算平均指数。有关问题将在后面章节中专门介绍。

5.2 位置平均数

与“数值平均数”不同，位置平均数（location average）通常不是对统计数列中的所有各项数据进行计算的结果，而是根据总体中处于特殊位置上的个别单位或部分单位的标志值来确定的代表值。因此，统计总体或统计数列中某些数据的变动，不一定会影响到位置平均数的水平，尽管如此，位置平均数对于整个总体仍然具有非常直观的代表性。常用的位置平均数有众数和中位数等。

5.2.1 众数

众数（Mode）是总体中出现次数最多或最普遍的标志值，它能直观地说明客观现象分配中的集中趋势。由于众数在现象总体中出现次数最多，在实际经济工作中，有时要利用众数代替算术平均数来说明社会经济现象的一般水平。例如，为了掌握集市上某商品价格水平，不必全面登记该商品的贸易量和贸易额去求平均价格，只用该市场上最普遍的成交价格就可以了。如市场上某商品最多成交量价格为每公斤 10 元，那么这 10 元即可代表这种商品价格的一般水平。

如果总体中出现次数最多的标志值不是一个，而是两个，那么，合起来就是复众数。

由众数的定义可看出众数存在的条件就是总体单位数较多，各标志值的次数分布有明显的集中趋势。如果总体单位数很少，尽管次数分配较集中，也无所谓总数。

由于确定和计算众数的资料有单项数列和组距数列两种，因此，其计算方法也有两种。

1. 单项数列确定众数的方法

这种方法比较简单，在单项数列中，只要观察总体的次数分布就可以看出，出现次数最多的那个标志值就是众数。

【例 5-10】某商店各种规格羊毛衫销售资料如表 5-7 所示，试确定羊毛衫规格的一般水平。

表 5-7　羊毛衫销售量统计情况

羊毛衫规格/cm	销售量/件	比重/%
80	60	3
85	110	5.5
90	250	12.5
95	300	15
100	600	30
105	350	17.5
110	200	10
115	80	4
120	50	2.5
合计	2000	100

解：从表中可以直接看出，100cm 的羊毛衫销售量最多，为 600 件，占销售总量的 30%，因此 100cm 这一规格就是众数。

2. 组距数列确定众数的方法

在组距数列条件下确定众数比较复杂，一般是先以次数最多的组来确定众数所在区间，然后再用比例插值法推算众数的近似值。其确定公式为

下限公式

$$M_0 = L + \frac{\Delta_1}{\Delta_1 + \Delta_2} \times d$$

上限公式

$$M_0 = U - \frac{\Delta_2}{\Delta_1 + \Delta_2} \times d$$

式中，M_0——众数；

L——众数组下限；

U——众数组上限；

Δ_1——众数组次数与其前一组次数之差；

Δ_2——众数组次数与其后一组次数之差；

d——众数组组距。

众数的下限公式和上限公式是等价的，用两个公式计算的结果完全相同，但一般采

用下限公式。

【例 5-11】某县农民家庭按人均纯收入额分组资料如表 5-8 所示，求众数。

表 5-8 某县农民家庭人均纯收入情况

按人均纯收入额分组/元	农户数/户
1000 以下	50
1000～2000	100
2000～3000	220
3000～4000	250
4000～5000	210
5000 以上	170
合计	1000

解：根据以上资料确定众数，首先确定中数组。从表 5-8 中可以看出，人均纯收入额 3000~4000 元组户数最多，故该组为众数组。

其中，$L=3000$，$U=4000$，$d=1000$，$\Delta_1=250-220=30$，$\Delta_2=250-210=40$

其次用公式计算众数的近似值：

下限公式

$$M_0=L+\frac{\Delta_1}{\Delta_1+\Delta_2}\times d=3000+\frac{30}{30+40}\times 1000=3428.57\text{（元）}$$

上限公式

$$M_0=U-\frac{\Delta_2}{\Delta_1+\Delta_2}\times d=4000-\frac{40}{30+40}\times 1000=3428.57\text{（元）}$$

计算结果表明，无论用下限公式还是用上限公式，结果是相同的，即某县农民家庭人均纯收入额的众数为 3428.57 元。

从众数的计算中可以看出，众数有以下几个特点：

1）众数是一个位置平均数，它只考虑总体分布中最频繁出现的变量值，而不受极端值和开口组数列的影响，从而增强了对变量数列一般水平的代表性。

2）众数是一个不容易确定的平均指标，当分布数列没有明显的集中趋势或趋于均匀分布时，则无众数可言；当分布数列是不等距分组时，众数的位置也不好确定。

5.2.2 中位数

中位数（Median）和前面计算的几种平均数不同，它是一种按其在数列中的特殊位置而决定的平均数。把总体中各单位的标志值按大小顺序排列，处于数列中点位置的标志值就是中位数。中位数的概念表明，数列中有一半单位的标志值小于中位数，另一半单位的标志值大于中位数，而且比它小的标志值个数等于比它大的标志值个数。它与众数一样，也是位置平均数，同样不受数列中极端变量值的影响。在总体标志值差异很大的情况下，中位数具有较强的代表性。在许多场合，可用中位数来表示现象的一般水平。

例如，人口年龄中位数，可表示人口总体年龄的一般水平；集贸市场上某种商品价格的中位数，可代表该种商品的价格水平。

确定中位数的方法根据使用资料的不同，主要有三种情况。

1. 根据未分组资料确定中位数的方法

根据未分组的资料确定中位数，首先把各单位的标志值按大小顺序加以排列，然后用下列公式确定中位数的位置。

$$\text{中位数的位置}=\frac{n+1}{2}$$

式中，n——变量值的项数。

确定中点位置后确定中位数，当变量值的项数为奇数时，中点位置所对应的变量值即为中位数。当变量值的项数为偶数时，则中点位置的前、后两个变量值的简单算术平均数即为中位数。

例如，某工厂某组有 5 名工人，年龄（岁）分别为 31、33、35、37、39，则中点位置为$\frac{n+1}{2}=\frac{5+1}{2}=3$，中位数为第三个工人的年龄 35 岁。如果有 6 名工人，年龄（岁）分别为 31、33、35、37、38、39，则中点位置为$\frac{n+1}{2}=\frac{6+1}{2}=3.5$，中位数为第三个工人和第四个工人年龄的简单算术平均数 36（岁）。

2. 根据单项数列确定中位数的方法

根据单项式分组资料确定中位数的方法比较简单：①求中位数位置=$\frac{\sum f}{2}$（$\sum f$ 为总体单位数之和）；②计算各组的向上（或向下）累计次数；③根据中位数位置找出中位数。

【例 5-12】某车间工人日产某产品如表 5-9 所示，试计算工人日产量的中位数。

表 5-9　某车间工人日产某产品中位数计算数据资料

按日产产品数分组/件	工人数/人	向上累计次数	向下累计次数
30	3	3	30
32	6	9	27
34	9	18	21
36	7	25	12
38	5	30	5
合计	30	—	—

解：

$$\text{中位数位置}=\frac{\sum f}{2}=\frac{30}{2}=15$$

这说明中位数在累计次数 15 的那一组（从向上累计和向下累计均可看出），即日产量 34 件为中位数。

3. 根据组距数列确定中位数的方法

根据组距数列确定中位数，首先找出中位数所在组，即累计次数达到 $\frac{\sum f}{2}$ 的那一组即为中位数所在组，然后再用比例插值法确定中位数的值。其计算公式为

下限公式（向上累计时用） $$M_e = L + \frac{\frac{\sum f}{2} - S_{m-1}}{f_m} \times d$$

上限公式（向下累计时用） $$M_e = U - \frac{\frac{\sum f}{2} - S_{m+1}}{f_m} \times d$$

式中，M_e——中位数；

L——中位数组的下限；

U——中位数组的上限；

f_m——中位数组的次数；

$\sum f$——总次数；

S_{m-1}——中位数组前各组的累计次数；

S_{m+1}——中位数组后各组的累计次数；

d——中位数组的组距。

在实际运用中，下限公式和上限公式是等价的，用两个公式计算的结果完全相同，无论选用哪一个均可。

【例 5-13】根据表 5-8 的资料结合表 5-10 中数据来确定中位数。

表 5-10 某县农民家庭人均纯收入情况

按人均纯收入额分组/元	农户数/户	累计次数	
		向上累计	向下累计
1000 以下	50	50	1000
1000～2000	100	150	950
2000～3000	220	370	850
3000～4000	250	620	630
4000～5000	210	830	380
5000 以上	170	1000	170
合计	1000	—	—

解：据表中资料计算：中点位置 $= \frac{\sum f}{2} = \frac{1000}{2} = 500$，第四组为中位数组。

式中，$L = 3000$，$U = 4000$，$d = 1000$，$f_m = 250$，$S_{m-1} = 370$，$S_{m+1} = 380$

按下限公式计算为

$$M_e = L + \frac{\frac{\sum f}{2} - S_{m-1}}{f_m} d = 3000 + \frac{\frac{1000}{2} - 370}{250} \times 1000 = 3520 \text{（元）}$$

同理，用上限公式进行计算，二者的结果是相同的，即某县农民家庭人均纯收入额的中位数为 3520 元。

由此可见，中位数有以下特点：

1）与众数一样，它也是一种位置平均数，不受极端值及开口组的影响，具有稳定性；

2）在组距数列中，中位数只是一个近似值，它是在假定中位数所在组组内的标志值是均匀分布的情况下推导出来的；

3）对某些不具有数学特点或不能用数字测定的现象，可用中位数求其一般水平。

算术平均数、调和平均数属于数值平均数，众数和中位数属于位置平均数。由于调和平均数是算术平均数的变形，同一资料计算的结果相同。就算术平均数、众数和中位数观察，这三者之间的关系与总体分布的特征有关，可以分为以下三种表现情况。

1）当总体分布呈对称状态时，三者相重合，即 $M_0 = M_e = \bar{x}$。

2）当总体分布呈右偏状态时，$M_0 < M_e < \bar{x}$。

3）当总体分布呈左偏状态时，$\bar{x} < M_e < M_0$。

5.2.3 其他分位数

上面的中位数作为分布数列中处于中等水平的代表值，能够将全部总体单位按标志值的大小等分为两个部分，因此，中位数也称为“1/2 分位数”或“二分位数”。类似地，我们还可以定义出其他的分位数，如四分位数、八分位数、十分位数和百分位数等。

一般地，称能够将全部总体单位按标志值大小等分为 k 个部分的数值为“k 分位数”。显然，这样的 k 分位数共有 $k-1$ 个。确定各种分位数旨在进一步把握总体的分布范围和内部结构。与中位数和众数一样，这些分位数也反映总体分布的位置特征。尽管它们一般并不表明分布的集中趋势（也即本身不属于位置平均数），但却可以作为考察分布集中趋势和变异状况的有效工具，尤其是在强调“稳健性”和“耐抗性”的现代探索性数据分析中，分位数这一工具获得了许多重要运用。由于其它分位数与四分位数的计算原理是共通的，所以此处仅以四分位数（Q）为例详细介绍。

四分位数是能够将全部总体单位按标志值大小等分为四部分的三个数值，分别记为 Q_1、Q_2 和 Q_3。第一个四分位数 Q_1 也叫做“1/4 分位数” 或“下四分位数”；第二个四分位数 Q_2 就是中位数；第三个四分位数 Q_3 也叫做“3/4 分位数” 或“上四分位数”。

在总体所有 n 个单位的标志值都已经按大小顺序排列的情况下，三个四分位数的位次分别如下。

$$Q_1 \text{的位次} = \frac{n+1}{4}$$

$$Q_2\text{的位次}=\frac{2(n+1)}{4}=\frac{n+1}{2}$$

$$Q_3\text{的位次}=\frac{3(n+1)}{4}$$

如果$n+1$恰好为4的倍数，则按上面公式计算出来的位次都是整数，这时，各个位次上的标志值就是相应的四分位数，即有

$$Q_1=x_{\frac{n+1}{4}}，\quad Q_2=x_{\frac{n+1}{2}}=M_e，\quad Q_3=x_{\frac{3(n+1)}{4}}$$

如果$n+1$不是4的倍数，则按上面公式计算出来的四分位数位次就可能带有小数(即是一个带分数)，这时，有关的四分位数就应该是与该带分数相邻的两个整数位次上的标志值的某种加权算术平均数，权数的大小则取决于两个整数位次与四分位数位次（带分数）距离的远近，距离越近权数越大，距离越远权数越小。

例如，当给定总体单位数$n=50$时，容易确定

$$Q_1\text{的位次}=51\div 4=12.75$$

$$Q_2\text{的位次}=51\div 2=25.5$$

$$Q_3\text{的位次}=3\times 51\div 4=38.25$$

这时，三个四分位数就应该分别为

$$Q_1=0.25x_{12}+0.75x_{13}=x_{12}+0.75\times(x_{13}-x_{12})$$

$$Q_2=0.5x_{25}+0.5x_{26}=x_{25}+0.5(x_{26}-x_{25})$$

$$Q_3=0.75x_{38}+0.25x_{39}=x_{38}+0.25(x_{39}-x_{38})$$

在实际运用中，由于标志值数列中的相邻变量值常常相同，因而并非一定要通过计算才能得到有关的四分位数。

以上的方法适用于总体未分组的资料和单项式变量数列。对于组距式变量数列，计算四分位数的基本原理与中位数相类似，这里也需要分两步进行。

1）从变量数列的累计频数栏中找出第$\frac{\sum f}{4}$、第$\frac{\sum f}{2}$、第$\frac{3\sum f}{4}$个单位所在的组，即三个四分位数所在的组，这些组的上、下限分别规定了三个四分位数可能的取值范围。

2）假定在三个四分位数所在的组中，有关各单位是均匀分布的，则可利用下面的公式计算四分位数的近似值（为简单计算，这里仅给出下限公式）。

$$Q_1=L_{Q_1}+\frac{\frac{\sum f}{4}-S_{Q_1-1}}{f_{Q_1}}\times d_{Q_1}$$

$$Q_2=L_{Q_2}+\frac{\frac{\sum f}{2}-S_{Q_2-1}}{f_{Q_2}}\times d_{Q_2}=M_e$$

$$Q_3=L_{Q_3}\frac{\frac{3\sum f}{4}-S_{Q_3-1}}{f_{Q_3}}\times d_{Q_3}$$

式中，$S_{Q_i-1}(i=1,2,3)$——到第 i 个四分位数所在组的前面一组为止的向上累计频数；

d_{Q_i}——第 i 个四分位数所在组的组距。

在四分位数的基础上，逐次地对半等分总体的各个部分，就得到八分位数、十六分位数、三十二分位数等。其他分位数与四分位数的计算原理是共通的，故此处从略。

应该注意的是，在实际运用分位数时，分位的程度越高、分位数的个数越多，它所要求的资料项数（总体单位数）也越多。对于少数几项资料运用较高程度的分位数是没有什么实际分析意义的。只有当总体单位数很多时，这种计算的必要性才会适当体现出来。

5.2.4　平均指标的应用原则

为了保证平均指标的科学性，使之正确地反映社会经济现象的本质及其规律性，计算和应用平均指标时必须遵循以下几个原则。

1. 同质性是计算平均指标的前提条件和原则

同质性就是现象总体的各个单位在被平均的标志值上具有同质性。各单位之间的差别，仅仅表现在数量上，被平均的只是量的差别。如果各单位在类型上是异质的，特别是从社会关系来说存在着根本差别，这样的平均数不仅不能说明事物的本质和规律性，反而会歪曲事实，掩盖真相，抹煞现象之间的本质差别，它只能是“虚构的”平均数。在计算和应用平均指标分析现象时，最常见的错误是违背同质性原则，即把不同质的事物当做同质总体求平均数。

2. 平均指标应与分组法相结合，用组平均数补充说明总平均数

根据同质总体计算的平均数，可以正确地反映客观实际情况。但是，仅仅根据总平均数往往不能深入地说明客观现象变化的原因。这时由于总体虽然具有同质性，但总体内部的各个部分，往往存在很大的差别。为了反映总体内部各个组成部分的差别，以深入说明客观事物的内部特征，只计算总平均数是不够的，必须应用统计分组法，按照一定的标志，将总体划分为若干部分，计算组平均数，用组平均数补充说明总平均数。

例如，某企业 2008 年和 2009 年工人人数及月工资情况如表 5-11 所示。

表 5-11　某企业 2008 年和 2009 年工人人数及月工资情况

工人工资等级	2008 年			2009 年		
	工人人数/人	工资总额/元	平均工资/元	工人人数/人	工资总额/元	平均工资/元
一	200	50 000	250	1000	255 000	255
二	350	91 000	260	550	145 750	265
三	450	121 500	270	450	123 750	275
合计	1000	262 500	262.5	2000	524 500	262.25

从这个资料中，可以看出 2009 年每个级别的工人人数、工资总额、平均工资均比

2008 年提高了，但总平均工资却下降了。其原因就在于工人人数结构发生了变动。工资级别低的组，工人人数比重由 20%上升为 50%，而工资级别高的组，工人人数比重由 45%下降为 22.5%，由于工人人数结构这个权数的变化使总平均工资下降。可见，只分析总平均数是不够的，它掩盖了总体内部的某些特征，只有用组平均数来补充，才能对社会经济现象的水平作出正确、全面的评价。

3. 应用分配数列补充说明总平均数

平均数只是说明现象的共性，即一般水平，却把总体各单位数量标志值的差异给抽象化了，掩盖了总体各单位的差异及其分配情况。为了比较深入地说明问题，在利用平均数对社会经济现象进行分析时，还要结合原来的分配数列，分析平均数在原数列中所处的位置，以及各单位标志值在平均数上下的分配情况。

5.3 分布的离散程度

离散趋势的测度，在统计学中也称为标志变异指标（Symbol variation index），是反映总体各单位标志值之间差异大小的综合指标，又称为标志变动度。与平均指标一样，标志变异指标也是统计分析和一般经济分析中广泛运用的指标形式。

5.3.1 标志变异指标概述

标志变异指标是与平均指标相联系的一种分析指标，就如同一枚硬币的两个不同的侧面，两者的分析作用互不相同。平均指标可以综合反映某一数量标志的一般水平，却把各单位之间的差异抽象掉了，但同质总体中各单位标志值的差异是客观存在的。为了全面认识被研究对象，就用平均指标来说明分配数列中变量值的集中趋势，用标志变异指标说明变量值的离中趋势。所以，在统计研究中，经常把平均指标和标志变异指标结合起来应用。标志变异指标在统计分析中的作用是多方面的，主要集中体现如下。

1. 标志变异指标可以衡量平均指标代表性的大小

平均指标作为某一数量标志值的代表值，其代表性的大小与总体内各个标志值的分散程度有密切关系。平均指标的代表性与标志变异指标的关系是，总体的标志变异指标愈大，平均指标的代表性愈小；反之，标志变异指标愈小，平均指标的代表性愈大。

例如，某车间有两个生产小组，各有 8 名工人，生产相同的零件，每人的日产量（件）资料如下。

甲组：30　40　50　60　70　80　110　120

乙组：67　68　69　70　70　71　72　73

经过计算，这两个小组的平均日产量均为 70 件，但各组工人日产量的差别程度不同，甲组比乙组离散程度大，即标志变异指标大，其平均数代表性则比乙组小。

2. 标志变异指标可用于研究社会经济活动现象的稳定性和均衡性

标志变异指标是反映生产过程的节奏性或其他经济活动过程的均衡性，衡量经济管理工作质量的一个重要指标。如在研究工业企业生产计划完成程度时，利用标志变异指标，可以测定计划执行过程中的节奏性。如果各期计划完成程度相差很大，说明变异程度大，计划执行得时松时紧。再如一项新的粮食品种、产品、工艺或设计，必须具有稳定的质量、性能，这样才宜于推广。

3. 标志变异指标可提供确定抽样数目和计算抽样误差的依据

这部分内容将在抽样推断中详述。

分布的离散程度可以从不同角度，运用不同的标志变异指标进行考察。常见的标志变异指标有极差、分位差、平均差、方差和标准差等，其中标准差是最为重要的标志变异指标。

5.3.2 极差和分位差

1. 极差

极差又称全距（Full distance），是总体各单位中最大指标值与最小指标值之差。计算极差是测定标志变异程度最简单的方法，根据极差的大小能说明标志值变动范围的大小，一般用 R 表示。其计算公式为

$$\text{极差} = \text{最大指标值} - \text{最小指标值}$$

即

$$R = X_{\max} - X_{\min}$$

如前例中，

甲组日产量：$R = 120 - 30 = 80$（件）

乙组日产量：$R = 73 - 67 = 6$（件）

从 R 的计算也可看出甲组日产量的离散程度比较大，甲组日产量平均数的代表性比乙组小。

对于组距数列，极差就是最高组的上限与最低组的下限之差（开口组则按邻组组距确定出假设下限或上限）。其计算公式为

$$\text{极差} = \text{最高组上限} - \text{最低组下限}$$

例如，某车间工人人数及工人日产量情况如表 5-12 所示。

$$\text{全距}\ R = 90 - 40 = 50\ （件）$$

极差表明标志值相差的幅度，能准确地描述标志值变动的范围，并可以粗略地反映总体标志变异的程度，说明平均数的代表性大小。用极差来说明标志变异程度比较简便，意义清楚，易于了解。但极差只涉及极大和极小两个标志值，不是根据全部标志值计算的，容易受极端值的影响，不能充分说明各个标志值的具体变动情况，所以在应用时有

较大的局限性。为此，还需要适当运用其他的变异指标。

表 5-12　某车间工人人数及工人日产量情况

日产量/件	工人人数/人
40～50	120
50～60	360
60～70	960
70～80	540
80～90	40
合计	2020

2. 分位差

分位差是对极差指标的一种改进，或者说就是从变量数列中剔除了一部分极端值之后重新计算的类似于极差的指标。常用的分位差有四分位差、八分位差、十分位差、十六分位差、三十二分位差以及百分位差等。这里仅以四分位差为例加以说明。

四分位差是根据四分位数计算的。首先把变量各单位标志值从小到大排序，再将数列四等分，处于四分位点位次的标志值就是四分位数，记作Q_1、Q_2、Q_3。第一个四分位数Q_1（也称下四分位数）反映了有四分之一的标志值小于Q_1，第二个四分位数Q_2即为中位数M_e，第三个四分位数Q_3（也称上四分位数）反映了有四分之一的标志值大于Q_3，而有一半的数据介于Q_1与Q_3之间。

四分位差的计算公式为

$$\text{四分位差}=\frac{Q_3-Q_1}{2}$$

其意义是去掉数列中四分之一最小的部分和四分之一最大的部分，即去掉小于Q_1和大于Q_3的标志值，再根据中间50%的部分来测定四分之一全距为多少。

四分位差反映了中间50%数据的离散程度，其数值越小，中间的数据越集中；数值越大，中间的数据越分散。此外，四分位差是以中位数为中心点，而中位数处于数据的中间位置，因此四分位差在一定程度上也说明了中位数对一组数据的代表程度。

四分位差的计算步骤是先寻找四分位数，然后根据四分位差的计算公式计算。

四分位差是对极差指标的一种改进。与极差相比，四分位差因不受极值的影响，在反映数据的离散程度方面比极差准确，具有较高的稳定性；同时，对于存在开口的组距数列，不能计算极差，但可以计算四分位差。但是，它和极差的计算方法一样，也是只由两个标志值确定的，不能充分利用数列的全部信息，也无法反映标志值的一般变动。

其他的分位差，如八分位差、十分位差、十六分位差、三十二分位差以及百分位差等，也可以排除少数极端值对分布变异范围的异常影响，且分位的程度越高，分位差所排除的极端值的比例就越小。实际分析时，需要根据具体情况和要求有选择地运用。

5.3.3 平均差

平均差（Average deviation）是总体各单位的标志值与其平均数的离差绝对值的算

术平均数，它能够反映总体各单位标志值的变动程度。但由于总体中各单位的标志值与其算术平均数的离差值的和恒等于零，即为$\sum(x-\bar{x})=0$，故对离差取绝对值计算。平均差与极差不同之处，在于它考虑了总体中各单位标志值的变动影响。平均差一般用 A.D 表示。由于掌握资料的不同，平均差的计算分为以下两种情况。

1. 简单平均法

在资料未分组的条件下，可采用简单平均法计算平均差。其计算公式为

$$\text{A.D}=\frac{\sum|x-\bar{x}|}{n}$$

例如，以表 5-13 中的两组工人日产量资料为例，计算两组的平均差。

表 5-13　两组工人日产量平均差计算

甲组		乙组	
日产量 x /件	离差绝对值$\lvert x-\bar{x}\rvert$	日产量 x /件	离差绝对值$\lvert x-\bar{x}\rvert$
30	40	67	3
40	30	68	2
50	20	69	1
60	10	70	0
70	0	70	0
80	10	71	1
110	40	72	2
120	50	73	3
合计	200	合计	12

从表中可看出，甲组：$\text{A.D}=\frac{\sum|x-\bar{x}|}{n}=\frac{200}{8}=25$（件）

乙组：$\text{A.D}=\frac{\sum|x-\bar{x}|}{n}=\frac{12}{8}=1.5$（件）

计算结果表明，两组的平均数相同时，甲组的平均差大于乙组的平均差，甲组平均数代表性低于乙组。

2. 加权平均法

在资料分组的条件下，可采用加权平均法计算平均差。其计算公式为

$$\text{A.D}=\frac{\sum|x-\bar{x}|f}{\sum f}$$

根据单项数列计算平均差时，与根据未分组的资料比只需要再多考虑一下权数f这个因素，而根据组距数列计算平均差时，除多考虑权数因素外，还要以各组变量值的组中值为各组的具体变量值。

例如，以表 5-14 中的某车间工人人数及工人日产量情况为例，计算其平均差。

表 5-14　某车间工人人数及工人日产量情况平均差计算

日产量/件	组中值 x	工人人数 f	$\lvert x-\bar{x}\rvert$	$\lvert x-\bar{x}\rvert f$
40～50	45	120	20.1	2412
50～60	55	360	10.1	3636
60～70	65	960	0.1	96
70～80	75	540	9.9	5346
80～90	85	40	19.9	796
合计	—	2020	—	12 286

从表中可看出：

$$\bar{x}=\frac{\sum xf}{\sum f}=\frac{131\,500}{2020}=65.1\text{（件）}$$

$$\text{A.D}=\frac{\sum \lvert x-\bar{x}\rvert f}{\sum f}=\frac{12\,286}{2020}=6.08\text{（件）}$$

平均差是从全部变量值中计算出来的，它能全面地反映总体分布的差异程度。但是，它采用绝对值的方式来消除离差的正负号，不便于代数运算，所以在实际工作中，一般应用较少。

5.3.4　方差和标准差

1. *方差*

平均差对离差采用绝对值，避免了正负离差求和时互相抵消的问题，但绝对值不便于代数运算，而方差（Variance）和标准差可弥补这一不足。

方差的公式为

$$\sigma^2=\frac{\sum(x-\bar{x})^2}{n}$$

式中，σ^2——方差；

x——变量值；

$\bar{x}$——算术平均数；

n——总体单位数。

2. *标准差*

将方差开平方，得到的即为标准差（Standard deviation），这是为了使变异量单位同数据单位一致。标准差也称为均方差，是总体各单位标志值与其算术平均数的离差平方和的算术平均数的平方根，通常记为σ。标准差是测定标志变异程度最常用、最主要的指标。标准差的意义与平均差基本相同，但标准差采用了平方的方法来消除正、负离差的影响，考虑了总体中各单位标志值的变动影响，更符合数学的运算要求。所以说，标准差不仅具有平均差的优点，而且还弥补了平均差的不足，标准差计算结果稍大于平均差，这对于进行抽样估计、提高保证程度具有一定的意义。所以，它是综合反映标志变异程度最合理的指标，在实际工作中得到了极为广泛的应用。

由于掌握资料的不同，标准差的计算分为以下两种情况。

（1）简单平均法

在资料未分组的条件下，可采用简单平均法计算标准差。其计算公式为

$$\sigma=\sqrt{\frac{\sum(x-\bar{x})^2}{n}}$$

例如，以表 5-15 中的两组工人日产量资料为例，计算两组的标准差。

表 5-15　两组工人日产量标准差计算

甲组			乙组		
日产量 x/件	$(x-\bar{x})$	$(x-\bar{x})^2$	日产量 x/件	$(x-\bar{x})$	$(x-\bar{x})^2$
30	−40	1600	67	−3	9
40	−30	900	68	−2	4
50	−20	400	69	−1	1
60	−10	100	70	0	0
70	0	0	70	0	0
80	10	100	71	1	1
110	40	1600	72	2	4
120	50	2500	73	3	9
合计	—	7200	合计	—	28

从表中可看出，甲组日产量的标准差为：$\sigma=\sqrt{\frac{\sum(x-\bar{x})^2}{n}}=\sqrt{\frac{7200}{8}}=30$（件）

乙组日产量的标准差为：$\sigma=\sqrt{\frac{\sum(x-\bar{x})^2}{n}}=\sqrt{\frac{28}{8}}=1.87$（件）

计算结果表明甲组标准差高于乙组，其平均数的代表性低于乙组。

（2）加权平均法

在资料分组的条件下，可采用加权平均法计算标准差。其计算公式为

$$\sigma=\sqrt{\frac{\sum(x-\bar{x})^2 f}{\sum f}}$$

式中，x——各组组中值；

f——各组次数；

$\bar{x}$——加权算术平均数。

例如，以表 5-16 中的某车间工人人数及工人日产量情况为例，计算其标准差。

表 5-16 某车间工人人数及工人日产量情况标准差计算

日产量/件	组中值 x	工人人数 f	$(x-\bar{x})$	$(x-\bar{x})^2$	$(x-\bar{x})^2 f$
40～50	45	120	−20.1	404.01	48 481.2
50～60	55	360	−10.1	102.01	36 723.6
60～70	65	960	−0.1	0.01	9.6
70～80	75	540	9.9	98.01	52 925.4
80～90	85	40	19.9	396.01	15 840.4
合计	—	2020	—	—	153 980.2

工人日产量标准差为

$$\sigma=\sqrt{\frac{\sum(x-\bar{x})^2 f}{\sum f}}=\sqrt{\frac{153\ 980.2}{2020}}=8.73\text{（件）}$$

3. 交替标志的平均数和标准差

交替标志又叫是非标志。总体中的所有单位，如按某一标志分组，其中一部分具有某种特征，而另一部分不具有该种特征，它们在总体中会交替出现，则称此标志为交替标志。例如，将全部产品分为合格品与非合格品两组，将全部人口分为男性和女性两组等。

交替标志不是数量标志，而是品质标志，它的表现只有两种："是"与"非"，或"有"与"无"，要测定其平均数和标准差，需将标志表现性质上的差异转化为数量表现的差异。通常以 1 表示总体中具有某种性质的单位的标志值；以 0 表示总体中不具有该种性质的单位的标志值。例如，将"男"的标志值定为 1，则"女"的标志值就为 0。通过这种转化，即可计算交替标志的平均数和标准差。

对于交替标志，测定标准差时其原理与前述的内容一致，但在计算的表现形式上有所区别。设总体单位数为 N，具有某种特征的单位数为 N_1，不具有该种特征的单位数为 N_0，若再假设具有某种特征的单位数占总体单位数的比重为 $p\left(p=\frac{N_1}{N}\right)$，不具有该种特征的单位数占总体单位数的比重为 $q\left(q=\frac{N_0}{N}\right)$，则有：

$$N=N_1+N_0 \qquad p+q=\frac{N_1}{N}+\frac{N_0}{N}=1$$

$$p=1-q\text{ 或 }q=1-p$$

交替标志平均数和标准差的计算如下（见表 5-17）。

交替标志的算术平均数为

$$\bar{x}=\frac{\sum xf}{\sum f}=\frac{1\times p+0\times q}{p+q}=\frac{p}{1}=p$$

交替标志的标准差为

$$\sigma=\sqrt{\frac{\sum(x-\bar{x})^2 f}{\sum f}}=\sqrt{\frac{(1-p)^2 p+(0-p)^2 q}{p+q}}$$

$$=\sqrt{\frac{q^2 p+p^2 q}{1}}=\sqrt{pq(q+p)}=\sqrt{pq}=\sqrt{p(1-p)}$$

表 5-17　交替标志平均数和标准差的计算

交替标志值 x	总体单位数比重 f	xf	$(x-\bar{x})$	$(x-\bar{x})^2$	$(x-\bar{x})^2 f$
1	p	p	$1-p$	$(1-p)^2$	$(1-p)^2 p$
0	q	0	$0-p$	$(0-p)^2$	$(0-p)^2 q$
合　计	1	p	—	—	$(1-p)^2 p+(0-p)^2 q$

由上面的计算可见，交替标志的平均数就是具有某种特征的单位数所占的比重（也叫成数）。交替标志的标准差就是具有某种标志的单位数所占的比重和不具有该种特征的单位数所占比重乘积的平方根。这两个特征值在抽样分析中将会用到。

【例 5-14】某机械铸造车间日生产 10 000 个零件，不合格品 200 个，试求该批零件的平均合格率及其标准差。

解：　平均合格率：$p=\frac{10\ 000-200}{10\ 000}=0.98=98\%$

标准差：$\sigma=\sqrt{p(1-p)}=\sqrt{0.98\times(1-0.98)}=0.14=14\%$

5.3.5　离散系数

离散系数（Dispersion coefficient）又称标志变动系数。它是反映标志变异程度的相对指标。离散系数越小，标志变异程度就越小，平均数代表性也就越大；反之，标志变异程度就大，平均数代表性也就小。

前述各种标志变异指标都是有计量单位的，它们都是用绝对数反映标志变异程度大小的，所以指标值的大小不仅取决于各标志值之间离差的大小，而且与原有标志值水平的大小有关。因此为了对比不同水平的数列之间的标志变异程度，就要计算反映标志变异程度的相对指标，即离散系数。

离散系数是用各个变异指标与数列的平均水平相比（极差系数除外）所得的百分比。主要有极差系数$\left(\frac{x_{max}}{x_{min}}\right)$、平均差系数、标准差系数等。在实际工作中，标准差系数的应用最为普遍。标准差系数一般用 V_σ 表示，其计算公式为

$$V_\sigma=\frac{\sigma}{\bar{x}}\times 100\%$$

【例 5-15】有甲、乙两个学习小组，平均成绩及标准差如表 5-18 所示，试求两组标准差系数。

表 5-18 两个学习小组平均成绩及标准差计算

组 别	平均成绩/分	标准差/分
甲	75.0	10.210
乙	80.4	11.254

解：由表中资料可得，甲组标准差系数：$V_\sigma = \frac{\sigma}{\bar{x}} \times 100\% = \frac{10.210}{75} \times 100\% = 13.61\%$

乙组标准差系数：$V_\sigma = \frac{\sigma}{\bar{x}} \times 100\% = \frac{11.254}{80.4} \times 100\% = 13.99\%$

计算结果表明，标准差系数乙组高于甲组，所以甲组平均数代表性高于乙组。

5.4 分布的偏度与峰度

集中趋势和离散趋势是变量数列分布的两个重要特征，但要全面了解变量数列分布的特点，我们还需要知道数列分布的形状是否对称、偏斜程度以及分布的扁平程度等。偏度和峰度就是从分布形状上对分布特征做进一步的描述。

5.4.1 偏度

偏度（Skewness）是用来反映变量数列分布偏斜程度的指标。变量数列的单峰钟形分布有对称分布和非对称分布两种，非对称分布也即为偏态分布，具体包括右偏分布和左偏分布。

可以利用平均数、中位数、众数的位置关系来大致判断变量数列分布是否对称。变量数列对称分布的一个基本特征是平均数、中位数、众数合而为一，即 $\bar{x} = M_e = M_0$。在偏态分布的情况下，三者是彼此分离的，$\bar{x}$、M_0 分居两边，M_e 介于两者之间，且有近似的关系：$M_0 - M_e = 2(M_e - \bar{x})$。若众数在左边，平均数在右边，即 $\bar{x} > M_e > M_0$，则称为右偏分布；若众数在右边，平均数在左边，即 $\bar{x} < M_e < M_0$，则称为左偏分布，如图 5-1 所示。

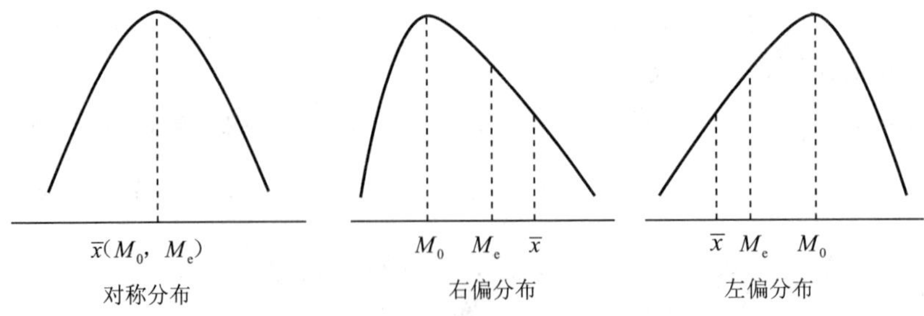

图 5-1 三种偏态分布曲线

为了准确地测定分布的偏斜程度和进行比较分析，需要计算偏度系数。偏度系数的计算方法通常有两种。

1. Pearson 偏度系数

Pearson 偏度系数是以标准差为度量单位计算的众数与算术平均数的离差，用 SK 表示。

$$SK=\frac{\bar{x}-M_0}{\sigma}$$

SK 是无量纲的系数，通常取值在-3～+3 之间。其绝对值大，表明偏斜程度大；反之，则表明偏斜程度小。

当 $\bar{x}=M_0$，（$\bar{x}-M_0$）$=0$，$SK=0$ 时，分布为对称分布；

当 $\bar{x}>M_0$，（$\bar{x}-M_0$）>0，$SK>0$ 时，分布呈右偏态，也称为正偏态；

当 $\bar{x}<M_0$，（$\bar{x}-M_0$）<0，$SK<0$ 时，分布呈左偏态，也称为负偏态。

2. 动差法

动差又称为“矩”，“矩”的概念原是物理学中表示力与力臂对重心关系的术语，这个关系与统计学中变量与权数对平均数的关系在性质上很相似，故可用“矩”来描述频数分布的性质。取变量中的 A 值为中心点时，定义变量 x 关于 A 的 K 阶矩为

$$M=\frac{\sum(x-A)^K}{n}\text{（未分组资料）或}M=\frac{\sum(x-A)^K f}{\sum f}\text{（分组资料）}$$

当 $A=0$ 时，即变量以原点为中心，M 称为原点 K 阶矩。如取 K 为 1，2，3 时，便有：

一阶原点矩 $M_1=\frac{\sum x}{n}$（未分组资料）或者 $M_1=\frac{\sum xf}{\sum f}$（分组资料），即算术平均数；

二阶原点矩 $M_2=\frac{\sum x^2}{n}$（未分组资料）或者 $M_2=\frac{\sum x^2 f}{\sum f}$（分组资料）；

三阶原点矩 $M_3=\frac{\sum x^3}{n}$（未分组资料）或者 $M_3=\frac{\sum x^3 f}{\sum f}$（分组资料）。

当 $A=\bar{x}$ 时，即变量以算术平均数为中心，M 称为 K 阶中心矩，用 m_K 表示。如取 K 为 1，2，3 时，便有：

一阶中心矩 $m_1=\frac{\sum(x-\bar{x})}{n}=0$（未分组资料）或者 $m_1=\frac{\sum(x-\bar{x})f}{\sum f}=0$（分组资料）；

二阶中心矩 $m_2=\frac{\sum(x-\bar{x})^2}{n}$（未分组资料）或者 $m_2=\frac{\sum(x-\bar{x})^2 f}{\sum f}$（分组资料），即为方差 σ^2；

三阶中心矩 $m_3=\frac{\sum(x-\bar{x})^3}{n}$（未分组资料）或者 $m_3=\frac{\sum(x-\bar{x})^3 f}{\sum f}$（分组资料）。

中心矩计算比原点矩繁杂，一般可以按照中心矩各项展开后得到的原点矩来计算。例如，三阶中心矩展开后为：$m_3 = M_3 - 3M_2M_1 + 2M_1^3$。

统计上采用三阶中心矩来计算偏度系数，是因为中心矩本身可以通过高于平均数的离差之和与低于平均数的离差之和的比较来显示分布的对称性与非对称性。显然，当高于平均数的离差之和与低于平均数的离差之和相等时，全部离差之和等于 0，分布为对称分布；当这两种离差之和不相等时，经正、负相互抵消之后，结果便可显示出分布的偏斜程度。由于一阶中心矩恒为 0，且偶数阶（即 $K=2$，4，6 等）时，任何离差经过平方后都为正值，没有正负消减，所以这两种中心矩都不能用于测定偏度，唯独奇次阶的中心矩能满足正负离差和的比较，其中又以三阶中心矩最为简单，故常用 m_3 与 σ^3 比较的相对数来测定偏度。这种方法计算的偏度系数即为 α。

$$\alpha = \frac{m_3}{\sigma^3} \quad （m_3 \text{ 为三阶中心矩}）$$

从偏度系数的公式可以得出如下几点。

$\alpha = 0$，说明高于平均数的变量次数与低于平均数的变量次数相等，分布呈对称。

$\alpha < 0$，说明高于平均数的变量次数比低于平均数的变量次数更多，分布呈负（左）偏态；α 值越小，负偏程度愈高。

$\alpha > 0$，说明低于平均数的变量次数比高于平均数的变量次数更多，分布呈正（右）偏态；α 值越大，正偏程度愈高。

【例 5-16】利用表 5-19 的某车间工人人数及工人日产量情况的组距资料来说明分组数据偏度系数的计算过程。（注：为了计算方便，这里的 f 取做频率，而不是频数）

表 5-19　某车间工人人数及工人日产量情况计算

日产量/件	组中值	工人人数	f	$(x-\bar{x})$	$(x-\bar{x})^2 f$	$(x-\bar{x})^3 f$	$(x-\bar{x})^4 f$
50～60	55	24	0.08	−24.8	49.2032	−1220.239 36	30 261.936 128
60～70	65	48	0.16	−14.8	35.0464	−518.686 72	7676.563 456
70～80	75	105	0.35	−4.8	8.064	−38.7072	185.794 56
80～90	85	60	0.20	5.2	5.408	28.1216	146.232 32
90～100	95	27	0.09	15.2	20.7936	316.062 72	4804.153 344
100～110	105	21	0.07	25.2	44.4528	1120.210 56	28 229.306 112
110～120	115	12	0.04	35.2	49.5616	1744.568 32	61 408.804 864
120～130	125	3	0.01	45.2	20.4304	923.45408	41 740.124 416
合计	—	300	1	0	232.96	2354.784	174 452.9

解：根据表中数据，可得

$$\bar{x}=79.8，M_0=75.6$$

$$\sigma = \sqrt{\frac{\sum (x-\bar{x})^2 f}{\sum f}} = 15.26，\sigma^3 = 3553.56，\sigma^4 = 54\,227.32$$

$$m_3=\frac{\sum(x-\overline{x})^3 f}{\sum f}=2354.784,\quad m_4=\frac{\sum(x-\overline{x})^4 f}{\sum f}=174\ 452.9$$

$$SK=\frac{\overline{x}-M_0}{\sigma}=\frac{79.8-75.6}{15.26}=0.275$$

$$\alpha=\frac{m_3}{\sigma^3}=\frac{2354.784}{3553.56}=0.663$$

偏度系数 α 和偏度系数 SK 计算方法不同，因此，根据同一资料计算的结果也不相同。由计算出的偏度系数可知，该车间的 300 名工人日产量的次数分布呈右偏分布，偏斜程度不大。这说明 300 名工人中低于日平均产量的工人数要多于高于日平均产量的工人数。

5.4.2　峰度

在社会经济现象中，许多变量数列的曲线与正态分布的曲线相比，其顶部的形态会有所不同，而这种差异通常具有重要的社会经济意义。峰度（Kurtosis）就是用来反映变量数列曲线顶端尖峭或扁平程度的指标，它是统计学中描述次数分布的另一种特征指标。

测定分布的峰度可用标准差的四次方除以四阶中心矩的方法来计算。峰度系数记为 β。

$$\beta=\frac{m_4}{\sigma^4}$$

式中，m_4 为四阶中心矩；$m_4=\frac{\sum(x-\overline{x})^4}{n}$（未分组资料）或 $m_4=\frac{\sum(x-\overline{x})^4 f}{\sum f}$（分组资料）。

σ 为标准差，$\sigma=\sqrt{\frac{\sum(x-\overline{x})^2}{n}}$（未分组资料）或 $\sigma=\sqrt{\frac{\sum(x-\overline{x})^2 f}{\sum f}}$（分组资料）。

一般来说，当 $\beta=3$ 时，变量数列的曲线为正态曲线（如图 5-2 中曲线 b）；

当 $\beta>3$ 时，为尖顶曲线（如图 5-2 中曲线 c），表明变量数列的次数比较集中于众数的位置，使得次数分布曲线的顶部较正态分布曲线更为陡峭，且 β 越大，顶部尖峭程度越高；

当 $\beta<3$ 时，为平顶曲线（如图 5-2 中曲线 a），表明变量数列的次数在众数附近比较分散，使得次数分布曲线的峰顶较正态分布曲线更为平滑，且 β 越小，顶部就更趋平坦；

当 $\beta=1.8$ 时，变量数列的曲线呈矩形分布；

当 $\beta<1.8$ 时，变量数列的曲线就呈 U 形分布。

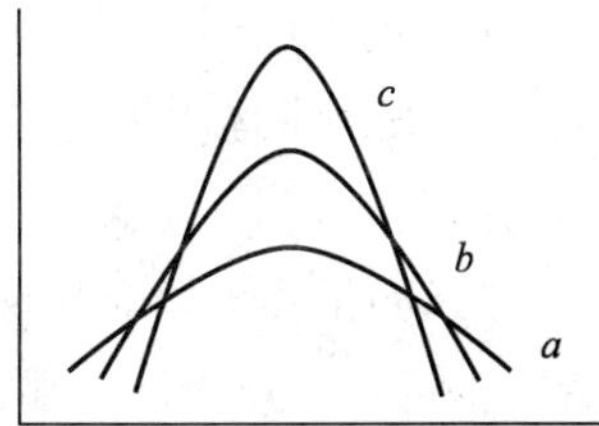

图 5-2　不同峰度的分布曲线

需注意的是统计软件中计算的峰度系数 β 值，是在此基础上再减去 3 后的值。

使用表 5-19 中的计算结果，由峰度系数公式可得某车间工人日产量的组距资料的峰度系数：

$$\beta=\frac{m_4}{\sigma^4}=\frac{174\,452.9}{54\,227.32}=3.217$$

由计算出的峰度系数可知，该车间的 300 名工人日产量的次数分布曲线的顶部较正态分布曲线稍微陡峭。这说明，这 300 名工人的日产量在 75.6 件附近比较集中。

2009 上半年全国城镇单位在岗职工平均工资 14 638 元，与去年同期的 12 964 元相比，增加了 1674 元，增长 12.9%，同比增幅回落 5.1 个百分点。今年上半年平均工资增幅为 2001 年以来最低，说明城镇单位在岗职工平均工资的增长在一定程度上受到了金融危机的影响。但由于工资增长的相对刚性，造成了工资增长并不像其他经济指标那样迅速下降。另一方面，在金融危机中，处于工资低端的岗位和企业减少，而处于工资高端的岗位和企业变化较小，也是造成平均工资数据仍然上升的一个原因。平均工资最高的是金融业，平均工资为 30603 元，是全国平均水平的 2.1 倍；其次是信息传输、计算机服务和软件业，平均工资为 27 730 元，是全国平均水平的 1.9 倍；科学研究、技术服务和地质勘查业居第三位，平均工资为 23 248 元，是全国平均水平的 1.6 倍。上半年，平均工资最低的三个行业是住宿和餐饮业、建筑业以及水利、环境和公共设施管理业，其平均工资分别为 9885 元、10 349 元和 11 661 元，分别只为全国平均水平的 67.5%、70.7%和 79.7%。最高与最低行业平均工资之比为 3.1∶1。

现行工资统计制度存在缺欠，主要原因是统计范围过窄。国家统计局也正从以下几方面进行研究：能否发布按岗位和职业分组的工资统计数据；发布“工资水平中位数”或者“工资水平众数”，更便于公众理解平均工资及其变化情况，但是如果要计算中位数或众数，就需要对每一个个人的工资收入进行排序或归类。国家统计局现行工资统计制度还无法做到这几点。

（资料来源：国家统计局 http://www.stats.gov.cn/tjfx/fxbg/t20090807_402577703.html）

请同学们结合案例回答以下问题：

1．案例中运用了哪些静态分析指标说明 2009 上半年全国城镇单位在岗职工平均工资的情况？

2．如果实现发布按岗位和职业分组的工资统计数据、发布“工资水平中位数”或者“工资水平众数”，那么这些分析指标将如何说明工资水平的现实意义？

3．除了文中所涉及的分析指标外，还可以使用哪些指标说明工资差异等情况？

小　　结

平均数也称平均指标，是统计分析和一般经济分析中广泛运用的指标形式，在统计学中占有重要的地位。它将同质总体内各单位某一数量标志的差异抽象化，用以反映同类现象在具体条件下的一般水平。平均指标既可以反映同一时间同类现象的一般水平，也可以反映不同时间同类现象的一般水平，通常把前者称为静态平均数，后者称为动态平均数。平均指标按计算方法不同，可分为算术平均数、调和平均数、众数和中位数四种。前两种为数值平均数，后两种为位置平均数。

算术平均数有简单算术平均数和加权算术平均数之分。前者在未分组的条件下运用，后者在分组条件下运用，因为在变量值既定的情况下，次数对平均数的大小起着权衡轻重的作用，所以把次数称为权数。以各组次数与总次数对比计算的频率是权数的另一种形式。调和平均数有简单调和平均数和加权调和平均数之分，其权数为变量数列中各组的标志总量。通常把加权调和平均数看作是加权算术平均数的变形。众数是总体中出现次数最多的变量值。中位数是在顺序排列的变量数列中，居于中间位置的变量值。各种平均指标的应用原则是在同质总体中计算和应用平均数，用组平均数补充说明总平均数，用分配数列补充说明平均数。

标志变异指标是反映总体各单位标志值之间差异大小的综合指标。变异指标一般有极差、分位差、平均差、标准差和离散系数等几种，其中前四种有与平均指标相同的计量单位，后一种是以百分数表示的相对指标。标准差是最为常用的标志变异指标。

交替标志是用“是”与“非”或“有”与“无”表现的品质标志。其标准差计算原理与一般的标准差相同，但计算形式有所区别。交替标志的平均数就是交替标志中具有某种特征的单位数在总体中所占的比重（也叫成数），其标准差就是具有某种标志的单位数所占的比重和不具有该种特征的单位数所占比重乘积的平方根。

思考与练习题

一、单项选择题

1. 各观察值均加（或减）同一数后（　　）。

   A. 均数不变，标准差改变　　B. 均数改变，标准差不变

   C. 两者均不变　　D. 两者均改变

2. 各观察值同乘以一个不等于 0 的常数后，（　　）不变。

   A. 算术均数　　B. 标准差

   C. 几何均数　　D. 中位数

3．在组距数列中，如果每组的次数都增加 10 个单位，而各组的组中值不变，则均值（　　）。

A．不变　　B．上升
C．增加 10 个单位　　D．无法判断其增减

4．在比较两组数据的离散程度时，不能直接比较它们的方差，因为两组数据的（　　）。

A．标准差不同　　B．方差不同
C．数据个数不同　　D．计量单位不同

5．以下指标中（　　）可用来描述统计资料的离散程度。

A．算术平均数　　B．几何平均数
C．中位数　　D．标准差

6．一组变量的标准差将（　　）。

A．随变量值的个数 n 的增大而增大　B．随变量值的个数 n 的增加而减小
C．随变量值之间的变异增大而增大　D．随系统误差的减小而减小

7．权数对算术平均数的影响作用，实际上取决于（　　）。

A．各组标志值占总体标志总量比重的大小
B．标志值本身的大小
C．作为权数的各组单位数占总体单位数比中的大小
D．标志值数量的多少

8．某地调查 20 岁女大学生 100 名，身高标准差为 4.09cm，体重标准差为 4.10kg，比较两者的变异程度，结果（　　）。

A．体重变异度大
B．身高变异度较大
C．两者变异度相同
D．由于单位不同，两者标准差不能直接比较

9．为了用标准差比较分析两个同类总体平均指标的代表性，其基本的前提条件是（　　）。

A．两个总体的平均数应相等　　B．两个总体的单位数应相等
C．两个总体的标准差应相等　　D．两个总体的离差之和应相等

10．（　　）分布的资料，均数等于中位数。

A．对称　　B．左偏态　　C．右偏态　　D．偏态

11．偏态分布宜用（　　）描述其分布的集中趋势。

A．算术均数　　B．标准差
C．中位数　　D．四分位数间距

12．在离散程度的测度中，最容易受到极端值影响的是（　　）。

A．极差　　B．四分位数　　C．方差　　D．标准差

13．如果分布是左偏的，则（ ）。

A．众数 > 平均值 > 中位数 B．平均值 > 众数 > 中位数

C．众数 > 中位数 > 平均值 D．平均值 > 中位数 > 众数

14．对数据对称性的测度是（ ）。

A．偏度 B．峰度 C．离散系数 D．标准差

15．当峰度系数 > 3 时，变量数列的曲线形状为（ ）。

A．平顶曲线 B．尖顶曲线

C．矩形分布 D．呈 U 形分布

二、多项选择题

1．社会经济统计中常用的平均指标有（ ）。

A．算术平均数 B．调和平均数

C．几何平均数 D．众数

E．中位数

2．数值平均数包括（ ）等指标。

A．算术平均数 B．调和平均数

C．几何平均数 D．众数

E．中位数

3．下列关于众数的说法，（ ）是正确的。

A．众数是位置平均数 B．众数不受极端值的影响

C．众数受开口组数列的影响 D．当分布数列趋于均匀分布时则无众数

4．下列说法中正确的是（ ）。

A．在未分组的条件下可运用简单算术平均数

B．在分组条件下可运用加权算术平均数

C．在未分组的条件下可运用加权算术平均数

D．在分组条件下可运用简单算术平均数

5．在（ ）条件下加权算数平均数等于简单算术平均数。

A．各组次数相等 B．各组次数都为 1

C．变量数列为组距数列 D．各组变量值不等

E．各组次数占总次数的比重相等

6．在各种平均指标中，不受极端值影响的平均指标是（ ）。

A．算术平均数 B．调和平均数

C．中位数 D．众数

E．几何平均数

7．中位数描述集中位置时，下面选项中正确的是（ ）。

A．适合于偏态分布资料 B．适合于分布不明的资料

C．不适合等比资料　　D．分布末端无确定值时，只能用中位数

8．关于标准差，正确的选项有（　　）。

A．反映全部观察值的离散程度　　B．度量了一组数据偏离平均数的大小

C．反映了均数代表性的好坏　　D．不会小于算术平均数

9．下列说法中正确的是（　　）。

A．离散系数越大，平均数的代表性越好

B．离散系数越大，平均数的代表性越差

C．标准差越大，平均数的代表性越好

D．标准差越大，平均数的代表性越差

10．以下关于偏度系数的说法中，正确的选项有（　　）。

A．偏度系数等于零，分布呈对称

B．偏度系数不为零，分布呈非对称

C．偏度系数大于零，分布呈负偏态

D．偏度系数小于零，分布呈负偏态

三、判断题

1．平均指标只能用于同类现象的计算。（　　）

2．均数总是大于中位数。（　　）

3．均数总是比标准差大。（　　）

4．样本均数大时，标准差也一定会大。（　　）

5．中位数不受极端值及开口组的影响，具有稳定性。（　　）

6．在离散程度的测度中，最容易受到极端值影响的是标准差。（　　）

7．计算方差所依据的中心数据是均值。（　　）

8．偏度系数小于零时，分布呈正偏态，且值越小，正偏程度越高。（　　）

9．峰度系数等于 1.8 时，变量数列的曲线呈矩形分布。（　　）

10．当总体分布呈右偏状态时，$\bar{x} < M_e < M_0$。（　　）

四、计算题

1．有两组变量值如下，试计算它们的算术平均数及标准差，并进行比较。

甲组：8　15　23　37　46　57

乙组：5　18　20　40　42　61

2．抽样调查某地 2000 个 3 口之家的居民户，得其生活费用支出资料如表 5-20 所示，试计算居民户月平均生活费支出。

表 5-20　2000 户居民生活支出及平均数计算表

月生活费支出/元	组中值 x /元	户数 f /户	各组生活费支出 xf /元
600 以下	500	180	90 000
600～800	700	350	245 000
800～1000	900	900	810 000
1000～1200	1100	520	572 000
1200 以上	1300	50	65 000
合　计	—	2000	1 782 000

3．已知某公司各企业产值计划完成程度及实际完成数如表 5-21 所示，试利用加权调和平均数计算全公司计划完成程度（即各企业平均计划完成程度）。

表 5-21　某公司所属企业产值计划完成情况及平均数计算表

计划完成程度/%	组中值 /%	企业数 /个	实际完成数 m/万元	计划任务数 m/x /万元
90～100	95	6	95	100
100～110	105	10	840	800
110～120	115	4	115	100
合　计	—	20	1050	1000

4．两组学生的统计学原理考试成绩（单位为分）如下，求两组学生统计学原理考试成绩的平均差，并计算标准差。

A 组：68　72　78　84　88　90　$\bar{x}_A = 80$

B 组：60　76　80　83　85　96　$\bar{x}_B = 80$

5．甲、乙两个工厂工人的劳动生产率资料如表 5-22 所示。试计算两个工厂工人劳动生产率标准差系数，并对结果进行说明。

表 5-22　工人劳动生产率及标准差资料

工厂名称	工人劳动生产率 $\bar{x}$ /元	标准差 σ /元
甲	32 000	1200
乙	16 000	800

第6章　时间序列分析

学习完本章后，你应该能够做到以下几点。

- 理解时间序列的编制。
- 掌握时间序列水平指标的分类及计算。
- 掌握时间序列速度指标的分类及计算。
- 掌握时间序列的分解分析。

案例导入

2009 上半年全国城镇居民家庭人均总收入 9667 元，其中，人均可支配收入 8856 元，比去年同期增长 9.8%，增速较上年同期回落 4.6 个百分点，是近六年来同期增长幅度最低的一年，这反映了金融危机对城镇居民收入的冲击。其中工资性收入增长较快，城镇居民家庭人均工资性收入 6394 元，增长 11.1%，比去年同期增加了 641 元，月人均增加 107 元。工资性收入是城镇居民收入的主要部分，占总收入的 66.1%，拉动总收入增长了 7.4 个百分点。其次是转移性收入快速增长，城镇居民家庭人均转移性收入 2273 元，增长 16.0%，比去年同期增加了 313 元，月人均增加 52 元。其占总收入的比重比去年同期上升了 0.9 个百分点，占总收入的比重为 23.5%，拉动总收入增长了 3.6 个百分点。

（资料来源：国家统计局 http://www.stats.gov.cn/tjfx/fxbg/t20090807_402577697.html）

任何社会经济现象都要一个产生与发展的过程，要正确、全面的认识社会经济现象不仅要从静态上揭示研究对象在具体时间、地点、条件下的数量特征和数量关系，而且要从动态上运用动态水平分析方法研究其发展的状态，认识其发展的趋势和规律性，为预测未来、规划发展提供依据。想要了解以上的一些经济指标是怎样计算出来的，并且它们的意义何在，学习过本章之后相信你就会明白了。

6.1　时间序列的编制

经济现象总是随着时间的推移而变化，因此统计分析不仅要从静态角度分析现象的数量特征，而且要对社会现象的数量方面在不同时间上表现出来的各个具体数值作对比分析。在统计学上，这种分析方法常称作时间序列分析。

6.1.1　时间序列的概念

时间序列（Time series）又称时间数列或动态序列，是将反映某个社会经济现象在各个时期或时点上的指标数值，按时间顺序排列起来所形成的一种统计序列，是研究现象发展变化的趋势和规律以及对未来状态进行科学预测的重要依据。如将我国 2001 年至 2005 年的国内生产总值、人口等指标按照时间顺序排列，就形成了表 6-1 所示的时间序列。

表 6-1　我国 2001 年至 2006 年国内生产总值及人口时间序列

年　份	2001	2002	2003	2004	2005
国内生产总值/亿元	109 655	120 333	135 823	159 878	182 321
国内生产总值环比发展速度/%	—	109.74	112.87	117.71	114.04
国内生产总值定基发展速度/%	—	109.74	123.86	145.80	166.27
年末总人口/万人	127 627	128 453	129 227	129 988	130 756

上述序列表明，时间序列有两个构成要素：一个是资料所属的时间，另一是各时间上相应的统计指标。

时间序列对于现象发展动态分析具有十分重要的意义，其主要作用可概括为以下几个方面。

1）时间序列可以反映现象发展变化的过程和历史情况。

2）利用时间序列计算动态分析指标，可以反映现象发展变化的方向、速度、趋势和规律。

3）利用时间序列对现象发展变化趋势与规律的分析，可以进行动态预测。

4）将多个时间序列纳入同一模型中研究，可以揭示现象之间相互联系的程度及动态演变的关系。

6.1.2　时间序列的种类

按时间序列指标表现形式的不同，可以把时间序列分为绝对数时间序列、相对数时间序列和平均数时间序列三种，其中，绝对数时间序列是最基本的序列，相对数时间序列和平均数时间序列是派生序列。

1. 绝对数时间序列

把一系列同类的总量指标按时间先后顺序排列起来所形成的时间序列称为绝对数时间序列（Absolute time series）。它可以反映现象总量的发展变化过程和趋势。按照指标所反映的社会经济现象所属的时间不同，绝对数时间序列又分为时期序列和时点序列两种。

（1）时期序列

在绝对数时间序列中，如果各项指标都是反映某种现象在一段时期内发展过程的总量，这种绝对数时间序列就称为时期序列。如表 6-1 中的国内生产总值就是时期序列。时期序列具有以下特点。

1）序列中的每个指标数值是通过连续不断登记的方式取得的。

2）序列中的每个指标数值大小与其所属时期长短有直接相关。一般来说，指标所属时期越长，指标值越大；反之，指标值越小。

3）序列中的每个指标可以直接相加。由于序列中的每项指标都是反映现象在一定时间内的累计总量，因而相加后可以表明现象在更长发展过程中的累计总量。例如，对以日产值编制的时间序列，可以进行每月累计，编制成以月为时间单位的时间序列。

（2）时点序列

在绝对数时间序列中，如果各项指标都是反映某种现象在某一时点上（瞬间）所处的数量水平，这种绝对数时间序列就称为时点序列。如表 6-1 中的我国年末人口时间序列就是时点序列。与时期序列比较而言，时点序列具有以下特点。

1）时点序列中的指标数值是通过间断性调查登记取得的。

2）时点序列中各指标数值的大小，与间隔长短没有直接关系。这里“间隔”是指相邻两个时点之间的时间长度。数据的大小受事物本身增减变化的影响，而不受时点间隔长短的影响。

3）时点序列中各项指标数据不能直接相加。由于时点序列的各项数据都是事物在某一时点上所达到的水平，几个指标相加后会有大量的重复计算，无法表明现象的实际规模和水平。所以，相加后的数据没有任何实际意义。

2. 相对数时间序列

相对数时间序列（Relative time series）是将反映某种现象数量对比关系的一系列相对数，按照时间的先后顺序排列所形成的时间序列。相对数时间序列可以反映现象之间相互联系关系变化的过程和规律。表 6-1 中国内生产总值发展速度序列就是相对数时间序列。相对数时间序列是由两个绝对数时间序列对比计算而产生的。如国内生产总值发展速度时间序列就是由报告期和基期的国内生产总值两个时期数值对比而派生的。在相对数时间序列中，各个指标数值是不能相加的。

3. 平均数时间序列

平均数时间序列（Average time series）是将反映某种现象一般水平的一系列统计平均数，按时间先后顺序排列而形成的时间序列，用以反映事物一般水平的变化过程和发展趋势。在平均数时间序列中，各个指标数值是不能相加的。如表 6-2 中的某地城市居民人均文化生活费用支出序列就是一个平均数时间序列，它反映某地城市居民人均文化生活费用的一般水平快速提高的发展过程。

表 6-2 某地城市居民人均文化生活费用支出

年 份	2003	2004	2005	2006	2007
城市居民人均文化生活费用支出/元	153.2	217.6	298.7	367.5	418.4

6.1.3 时间序列的编制原则

编制时间序列的目的是对客观现象进行动态对比分析，以认识现象的发展变化过程和规律性。这就要求时间序列中各项指标要具有可比性，而要做到可比，编制时间序列必须遵循一定的原则，这些原则可以概括为以下四个方面。

1. 时间长度应当一致

时间长度一致对于时期序列而言就是要求序列中各项指标所属的时期长短应当一致，对于时点序列而言就是要求序列各指标间的间隔时间长短应尽可能一致。一般情况下，都应遵循一致性原则，但在特殊情况下也可编制时期或间隔不等的时间序列。

2. 总体范围应当一致

时间序列中各项指标所属的总体范围必须一致。这里所谓总体范围主要指地区的行政区划范围或部门的隶属关系范围。如果总体范围前后发生了的变化，那么序列中的数据就不能前后直接比较，必须经过调整统一后才能进行比较分析。

3. 指标内容应当一致

时间序列中的每项指标都反映着某一特定的现象内容。在一个时间序列中，每项指标的涵义和内容必须严格一致，否则，它就无法反映特定现象的发展趋势和规律。如果用一个前后指标性质不一致的时间序列进行动态对比分析，就会形成错误的结论。

4. 计算方法应当一致

由于同一种统计指标的计算方法、计算价格和计量单位有多种，为了使序列中各项指标具有可比性，在同一个时间序列中的所有指标应采用同一种计算方法、计算价格、计量单位。例如，年平均人数的计算可以用年初和年末人数进行简单平均求得，也可用年初和各个月末人数进行序时平均求得。如果编制年平均人数时间序列，各年平均人数的计算，只能根据研究目的要求选用其中的一种方法。

6.2 时间序列的水平指标

时间序列描述了现象的发展过程和结果，但它还不能直接反映现象各期的增减数量、变动速度和规律性，为深刻揭示现象的这些特征，需计算一系列的动态分析指标，如发展水平、平均发展水平、增长量、平均增长量、发展速度、平均发展速度、增长速度、平均增长速度等。其中前四种称为时间序列的水平指标，后四种称为时间序列的速度指标。此节主要介绍时间序列的水平指标。

6.2.1 发展水平

发展水平（Development level）是时间序列中各具体时间条件下的数值，反映事物的发展变化在一定时期内或时点上所达到的水平。发展水平是计算其他所有动态分析指标的基础，用符号 a 表示。

发展水平可以表现为统计绝对数，称为绝对水平；也可以表现为统计相对数，称为相对水平；还可以表现为统计平均数，称为平均水平。

根据发展水平在时间序列中的位置不同，发展水平有最初水平、中间水平和最末水平三种。在同一个时间序列中，最早出现的发展水平称为最初水平，用符号 a_0 表示；最晚出现的发展水平称为最末水平，用符号 a_n 表示；其余所有中间时间的发展水平称为中间水平，用符号 a_1， a_2，…， a_{n-1} 表示。

在对时间序列中的发展水平进行比较分析时，通常将要分析研究的那个时期的发展水平称为报告期水平，将作为比较基础时期的发展水平称为基期水平。如表 6-3 所示。

表 6-3 某地区家用空调生产量

年 份	2001	2002	2003	2004	2005	2006	2007
家用空调产量/万台	12	14	18	23	29	36	45

表 6-3 中 2001 年家用空调产量 12 万台是最初水平（a_0），2007 年 45 万台是最末水平（a_n），其余年份是中间水平。2001 年产量是基期水平，2007 年产量是报告期水平，而中间水平既可以是报告期水平，又可以是基期水平，它随研究的时间和目的而定。

6.2.2 平均发展水平

将时间序列中各个发展水平加以平均而得到的平均数称为平均发展水平，用以反映现象在一段时间内发展变化所达到的一般水平。平均发展水平又称序时平均数或动态平均数。它与一般平均数有相同的一面，又有明显的区别。相同的是，两者都是将现象的个别数量差异抽象化，概括地反映现象的一般水平。区别是：

1）平均发展水平是同一现象在不同时期的发展水平的平均，从动态上说明其在某一段时间内发展的一般水平，它是根据时间序列来计算的；而一般平均数是同质总体内各单位标志值的平均，从静态上说明其在具体历史条件下的一般水平，它是根据变量序列来计算的。

2）平均发展水平是对同一现象不同时间上数值差异的抽象化，而一般平均数是对同一时间总体某一数量标志值差异的抽象化。此外，平均发展水平还可以解决时间序列中的某些可比性问题。

平均发展水平可以根据任何一种时间序列计算，但从计算方法上讲，根据绝对数时间序列计算平均发展水平是最基本的方法。

1. 根据绝对数时间序列计算平均发展水平

由于绝对数时间序列有时期序列和时点序列之分，它们各具有不同性质，因而其平均发展水平的计算方法也是不同的。

（1）时期序列平均发展水平的计算

根据时期序列计算平均发展水平，一般直接采用简单算术平均法计算。由于序列中各项指标数值相加等于全部时期的总量，因此，可直接将序列中的各时期指标值相加，再除以相应的时期数即得平均发展水平。其计算公式为

$$\overline{a}=\frac{a_1+a_2+\cdots+a_n}{n}=\frac{\sum a}{n}$$

式中，$\overline{a}$——平均发展水平；

a_1，a_2，…，a_n——各时期的发展水平；

n——时期项数（发展水平的个数）。

【例 6-1】根据表 6-1 的资料，计算我国 2001 年至 2005 年平均每年国内生产总值。

解：

$$\overline{a}=\frac{\sum a}{n}=\frac{109\ 655+120\ 333+135\ 823+159\ 878+182\ 321}{5}$$

$$=\frac{708\ 010}{5}=141\ 602\text{（亿元）}$$

即我国 2001 年至 2005 年平均每年国内生产总值为 141 602 亿元。

（2）时点序列平均发展水平的计算

由于不可能连续登记现象发展过程中每一时点上的数值，时点序列平均发展水平只能根据间隔一段时间登记一次的时点资料来进行计算。时点序列按掌握的资料不同又区分为连续时点序列和间断时点序列，两种序列均有间隔不等和间隔相等两种类型。因此，时点序列平均发展水平就有了以下四种计算公式。

1）连续时点序列计算平均发展水平。连续时点序列是将逐日登记的时点资料按照时间先后顺序排列而形成的时间序列。总的来说，根据连续时点序列计算平均发展水平就是将各个时点的数据相加再除以时点数，采用算术平均法计算。它有两种情况：一是序列中各项指标为逐日登记又逐日排列的；二是时点数值发生变动就进行登记，序列中各项指标并非逐日登记逐日排列的。前者间隔相等，后者间隔不等。

① 间隔相等的连续时点序列的平均发展水平计算公式为

$$\overline{a}=\frac{\sum a}{n}$$

【例 6-2】某企业七月上旬每天的职工人数如表 6-4 所示，计算该企业七月上旬每天的平均职工人数。

表 6-4 某企业 4 月上旬职工人数统计

日期	1	2	3	4	5	6	7	8	9	10
职工人数	220	250	280	262	262	258	258	266	272	272

解：该企业日平均人数为

$$\overline{a}=\frac{\sum a}{n}=\frac{220+250+280+262+262+258+258+266+272+272}{10}=260\text{（人）}$$

② 间隔不相等的连续时点序列的平均发展水平计算公式为

$$\overline{a}=\frac{\sum af}{\sum f}$$

式中，f 表示时间间隔，即以时间间隔作权数，用加权算术平均法计算平均发展水平。

【例 6-3】某企业 8 月份的产品库存量如表 6-5 所示，计算该企业 8 月份的平均库存量。

表 6-5 某企业 8 月份库存量统计

日期	1～7 日	8～13 日	14～21 日	22～25 日	26～31 日
库存量/吨	46	53	46	56	53

解：该企业日平均库存量为

$$\overline{a}=\frac{\sum af}{\sum f}=\frac{46\times7+53\times6+46\times8+56\times4+53\times6}{7+6+8+4+6}=\frac{1550}{31}=50\text{（吨）}$$

2）间断时点序列计算平均发展水平。间断时点序列指的是间隔一段时间对现象在某一时点上所表现的状况进行一次性登记，并将登记数据按照时间先后顺序排列所形成的时间序列。

在实际统计工作中，要统计每一个时点上数字显然是一项相当繁杂的工作，为方便起见，通常只能每隔一定的时间统计一次，时点一般定在期初或期末（如月初、月末、年初、年末等），这样每次统计间隔相等；或者是仅当现象的数量发生变动时进行统计，这样每次统计间隔就不相等。下面分别介绍间隔相等与间隔不等的时间序列平均发展水平的计算。

① 计算等间隔时点序列的平均发展水平分两个步骤，首先计算各个间隔期内的平均水平，然后再将各间隔期平均水平进行平均，求得全序列平均发展水平。其计算公式为

$$\overline{a}=\frac{\frac{a_1+a_2}{2}+\frac{a_2+a_3}{2}+\cdots\frac{a_{n-1}+a_n}{2}}{n-1}$$

$$=\frac{\frac{a_1}{2}+a_2+a_3+\cdots+a_{n-1}+\frac{a_n}{2}}{n-1}$$

上述公式表明，等间隔时点序列的平均发展水平是“序列指标之和，首尾两项各半，项数减 1 去除”，故又称为“首末折半法”。利用这种方法计算平均发展水平有假定前提，即假定现象在相邻两时点之间的发展变化是均匀的。

【例 6-4】某企业 8 月到 11 月的库存资料如表 6-6 所示。

表 6-6　某企业 8 月到 11 月库存量统计

日　期	8 月 1 日	9 月 1 日	10 月 1 日	11 月 1 日
库存量/吨	36	54	62	78

解：

$$\bar{a}=\frac{\frac{a_1}{2}+a_2+a_3+\cdots+a_{n-1}+\frac{a_n}{2}}{n-1}=\frac{\frac{36}{2}+54+62+\frac{78}{2}}{4-1}=57.7\ （吨）$$

② 计算不等间隔时点序列的平均发展水平时，要先求出各间隔期内的平均水平，然后用各间隔期的时间长度作权数，对各间隔期的平均水平进行加权平均求得全序列的平均发展水平。其计算公式如下。

$$\bar{a}=\frac{\left(\frac{a_0+a_1}{2}\right)f_1+\left(\frac{a_1+a_2}{2}\right)f_2+\cdots+\left(\frac{a_{n-1}+a_n}{2}\right)f_n}{f_1+f_2+\cdots+f_n}=\frac{\sum_{i=1}^{n}\left(\frac{a_{i-1}+a_i}{2}\right)f_i}{\sum_{i=1}^{n}f_i}$$

式中，f_i（i=1，2，3，…，$n-1$）代表各时点的间隔长度，其余符号与前相同。

上式是在掌握期末时点资料不全的情况下运用的，以时间间隔长度为权数，用加权算术平均法计算平均发展水平。

【例 6-5】某大型超市 2009 年某商品库存资料如表 6-7 所示，计算该大型超市的年均库存量。

表 6-7　某大型超市 2009 年某商品库存资料

时　间	1 月初	3 月初	7 月初	10 月初	12 月末
库存量/件	1200	900	600	1900	700

解： $\bar{a}=\frac{\sum_{i=1}^{n}\left(\frac{a_{i-1}+a_i}{2}\right)f_i}{\sum_{i=1}^{n}f_i}$

$$=\frac{\left(\frac{1200+900}{2}\right)\times 2+\left(\frac{900+600}{2}\right)\times 4+\left(\frac{600+1900}{2}\right)\times 3+\left(\frac{1900+700}{2}\right)\times 3}{2+4+3+3}$$

=1062.5（件）

即该商场 2009 年该商品年均库存量 1062.5 件。

2. 根据相对数时间序列计算平均发展水平

根据相对数时间序列计算平均发展水平时，不能用相对数时间序列的各个指标数值直接相加除以项数来求得，而应先分别计算出构成相对数时间序列分子和分母的两个绝对序列的平均发展水平，然后将这两个平均发展水平相除求得平均发展水平。

若设相对数时间序列的各项指标为 $a_i=\frac{b_i}{c_i}$，则相对数时间序列平均发展水平的计算公式为

$$\bar{a}=\frac{\bar{b}}{\bar{c}}$$

式中，$\bar{a}$ ——相对数时间序列的平均发展水平；

$\bar{b}$ ——分子序列的平均发展水平；

$\bar{c}$ ——分母序列的平均发展水平。

计算时，应先分析对比的分子和分母是时期序列还是时点数，以及是哪一种时点数，然后再按照前面所述的相应公式计算。具体有以下三种情形。

1）分子和分母均为时期数时，其计算公式为

$$\bar{a}=\frac{\bar{b}}{\bar{c}}=\frac{\sum b}{n}\div\frac{\sum c}{n}=\frac{\sum b}{\sum c}$$

【例 6-6】某企业某产品一月到三月的产量计划及完成情况如表 6-8 所示，计算第一季度该产品产量计划平均完成的程度。

表 6-8 某企业某产品产量计划完成情况

月 份	一月	二月	三月
A 实际产量/吨	450	580	720
B 计划产量/吨	400	500	700
C 计划完成/%	112.5	116	102.9

解：企业第一季度该产品产量计划平均完成程度为

$$\bar{a}=\frac{\sum b}{\sum c}=\frac{450+580+720}{400+500+700}=1.093\ 75 \text{ 或 } 109.375\%$$

2）分子和分母均为时点序列时，其计算公式为

$$\bar{a}=\frac{\bar{b}}{\bar{c}}=\frac{\dfrac{\dfrac{b_1}{2}+b_2+\cdots+\dfrac{b_n}{2}}{n-1}}{\dfrac{\dfrac{c_1}{2}+c_2+\cdots+\dfrac{c_n}{2}}{n-1}}=\frac{\dfrac{b_1}{2}+b_2+\cdots+\dfrac{b_n}{2}}{\dfrac{c_1}{2}+c_2+\cdots+\dfrac{c_n}{2}}$$

【例 6-7】某地区 2005 年至 2009 年从业人数如表 6-9 所示，求该地区 2005 年至 2009 年间第三产业从业人员占全部从业人员数的平均比重。

表 6-9　某地区 2005 年至 2009 年从业人数

年　份	2005	2006	2007	2008	2009
第三产业从业人员数/百人	15 456	16 851	17 901	18 375	18 679
全部从业人员数/百人	67 199	67 947	68 850	69 600	69 957
第三产业人员数所占比重/%	23.0	24.8	26.0	26.4	26.7

解：该地区 2005 年至 2009 年间第三产业从业人员平均比重为

$$\bar{a}=\frac{\frac{b_1}{2}+b_2+\cdots+\frac{b_n}{2}}{\frac{c_1}{2}+c_2+\cdots+\frac{c_n}{2}}=\frac{\frac{15\ 456}{2}+16\ 851+17\ 901+18\ 375+\frac{18\ 679}{2}}{\frac{67\ 199}{2}+67\ 947+68\ 850+69\ 600+\frac{69\ 957}{2}}=25.53\%$$

3）分子和分母为不同性质的序列时，即一个为时期序列，另一个为时点序列，应根据序列性质选用适当的方法，先分别计算出分子序列和分母序列的平均发展水平，然后再将两个平均发展水平对比以求得相对数时间序列的平均发展水平。具体计算则同前的相应情况。

3. 根据平均数时间序列计算平均发展水平

平均数时间序列有静态序列和动态序列两种。静态平均数时间序列是由总体标志总量时间序列和总体单位总数时间序列的对应项相对比而形成的时间序列。其计算平均发展水平的方法与相对数时间序列平均发展水平的计算方法一样，先分别对分子序列和分母序列计算平均数，再将两个动态平均数对比计算平均数时间序列的平均发展水平。

动态平均数时间序列是由各时期的平均发展水平按时间顺序排列而形成的时间序列。若间隔期相等，采用简单算术平均数方法计算动态平均数时间序列的平均发展水平；若间隔期不等，则要以间隔期长度为权数，采用加权算术平均数方法计算动态平均数时间序列的平均发展水平。

【例 6-8】某企业某年上半年商品流转资料如表 6-10 所示，试求该企业上半年各月的平均流转次数。

表 6-10　某企业上半年商品流转统计

月　份	1 月	2 月	3 月	4 月	5 月	6 月
商品销售额/万元	200	300	240	250	280	320
平均库存额/万元	100	100	120	125	110	140
商品流转次数	2.0	3.0	2.0	2.0	2.5	2.3

解：该企业上半年各月的平均流转次数为

$$\bar{a}=\frac{\bar{b}}{\bar{c}}=\frac{(200+300+240+250+280+320)\div 6}{(100+100+120+125+110+140)\div 6}=\frac{265}{115.8}=2.29\text{（次）}$$

6.2.3 增长量和平均增长量

1. 增长量

增长量（Increase volume）是说明社会经济现象在一定时期内所增长的绝对数量。它是报告期水平与基期水平之差，反映报告期比基期增长的水平。其计算公式为

$$\text{增长量}=\text{报告期水平}-\text{基期水平}$$

若报告期水平与基期水平之差为正数，则表明现象发展呈增长（正增长）状态，若报告期水平与基期水平之差为负数，则表明现象发展呈下降（负增长）状态。

由于基期的选择不同，增长量可分为逐期增长量和累计增长量两种。逐期增长量是报告期水平与前一期水平之差，表明现象逐期增长的数量大小。累计增长量是报告期水平与历史上某一固定基期的水平之差，表明现象经过较长一段时间发展的总增长数量。这两个指标可用公式表示为

逐期增长量： a_1-a_0， a_2-a_1， …， a_n-a_{n-1}

累计增长量： a_1-a_0， a_2-a_0， …， a_n-a_0

逐期增长量与累计增长量的关系是逐期增长量之和等于相应时期的累计增长量，即

$$(a_1-a_0)+(a_2-a_1)+\cdots+(a_n-a_{n-1})=a_n-a_0$$

在实际工作中，经常计算年距增长指标，它是报告期水平与上年同期水平之差。用公式表示为

$$\text{年距增长量}=\text{报告期发展水平}-\text{上年同期发展水平}$$

【例 6-9】 某零件加工工厂 2008 年第一季度的零件产量为 12 万件，2009 年第一季度的零件产量为 18 万件，试计算年距增长量。

解：年距增长量=报告期发展水平－上年同期发展水平=18－12=6（万件）

这说明 2009 年第一季度的零件产量比上年同期增产 6 万件。

计算年距增长量可以消除季节变动的影响，表明报告期水平较上年同期水平增加（或减少）的绝对数量。

2. 平均增长量

平均增长量（Average increase volume）是说明社会经济现象在一定时期内平均每期增长的数量，从广义上说，它也是一种平均发展水平，即是逐期增长量时间序列的序时平均数，反映现象平均发展水平。其计算公式为

$$\text{平均增长量}=\frac{\text{逐期增长量之和}}{\text{逐期增长量个数}}=\frac{\text{累计增长量}}{\text{时间序列项数}-1}$$

6.3　时间序列的速度指标

时间序列的速度指标主要有发展速度、增长速度、平均发展速度和平均增长速度。这四种指标具有密切联系，其中发展速度是基本的速度分析指标。

6.3.1　发展速度

发展速度（Development speed）是现象在两个不同时期发展水平的比值，用以表明现象发展变化的相对程度。其基本计算公式为

$$发展速度=\frac{报告期水平}{基期水平}\times 100\%$$

显然，发展速度就是动态相对数，它通常用百分数表示。发展速度的取值可以大于100%、等于 100%或小于 100%，但不会是负值。

由于基期的确定方法不同，发展速度有两种，即环比发展速度和定基发展速度。

环比发展速度是用报告期水平与前一期水平之比计算的发展速度，它用来说明报告期水平已经发展到了前一时期水平的百分比（或多少倍），反映现象逐期发展的程度。如果单位时期为一年，这个指标也可以叫做“年速度”。其计算公式为

$$环比发展速度=\frac{a_i}{a_{i-1}}，\quad i=1，2，3，\cdots，n$$

式中，a_i——报告期水平；

a_{i-1}——报告期前一期水平。

定基发展速度是用报告期水平与某一固定时期水平（通常是最初水平）之比计算的发展速度，它用来说明报告期水平已经发展到了固定时期水平的百分比（或多少倍），反映现象在较长一段时期内总的发展程度，又称“总速度”，用符号 R 表示。其计算公式为

$$定基发展速度R=\frac{a_i}{a_0}，\quad i=1, 2, 3, \cdots，n$$

式中，a_i——报告期水平；

a_0——最初水平，这里以最初水平为固定基期水平。

【例 6-10】根据表 6-1 资料，计算我国 2001 年至 2005 年国内生产总值的环比发展速度和定基发展速度。

解：　2002 年的环比发展速度 = 120 333 ÷ 109 655 = 1.0974 或 109.74%

2005 年的环比发展速度 = 1823321 ÷ 159 878 = 1.1404 或 114.04%

其余各年的环比发展速度和定基发展速度计算方法相同，不再赘述，各项指标计算结果如表 6-1 所示。

定基发展速度与环比发展速度之间存在如下关系。

1）环比发展速度的连乘积等于相应时期的定基发展速度（总速度），即

$$\frac{a_1}{a_0}\times\frac{a_2}{a_1}\times\frac{a_3}{a_2}\times\cdots\times\frac{a_n}{a_{n-1}}=\frac{a_n}{a_0}$$

2）相邻两期定基发展速度之商（后一定基速度除以前一定基速度）等于后一期的环比发展速度，即

$$\frac{a_n}{a_0}\div\frac{a_{n-1}}{a_0}=\frac{a_n}{a_{n-1}}$$

另外，在实际工作中，为了消除季节变动的影响，还常计算年距发展速度，用以说明本期发展水平与上年同期发展水平相比所达到的相对程度。计算公式为

$$年距发展速度=\frac{报告期发展水平}{上年同期发展水平}$$

【例 6-11】某零件加工工厂 2008 年第一季度的零件产量为 12 万件，2009 年第一季度的零件产量为 18 万件，试计算年距发展速度。

解：

$$年距发展速度=\frac{报告期发展水平}{上年同期发展水平}=\frac{18}{12}=150\%$$

这说明 2009 年第一季度的零件产量已达到上年同期产量水平的 150%。

6.3.2 增长速度

增长速度（Increase speed）是增长量与基期水平的比值，用以反映现象报告期水平比基期水平的增长程度，其基本计算公式为

$$增长速度=\frac{增长量}{基期水平}\times 100\%$$

将“增长量=报告期水平－基期水平”代入上式，可得增长速度与发展速度的关系式为

$$增长速度=发展速度-1（或 100\%）$$

增长速度一般用百分数表示，增长速度大于 0，表明现象的发展是增长的，增长速度小于 0，表明现象的发展是下降（负增长）的。由于基期的确定方法不同，增长速度的具体计算方法也有两种，即环比增长速度和定基增长速度。

环比增长速度是报告期逐期增长量与前一期发展水平之比，用以反映现象逐期增长的程度，其计算公式为

$$环比增长速度=\frac{逐期增长量}{前一期水平}\times 100\%=环比发展速度-1$$

定基增长速度是报告期累计增长量与固定基期水平之比，用以反映现象在较长一段时期内总的增长程度，其计算公式为

$$定基增长速度=\frac{累计增长量}{固定基期水平}\times 100\%=定基发展速度-1$$

$$定基增长速度=定基发展速度-1（或 100\%）$$

例如，根据表 6-1 资料计算各年的逐期增长量、累计增长量、环比增长速度和定基增长速度，计算结果如表 6-11 所示。

表 6-11　我国国内生产总值增长情况统计

年　份		2001	2002	2003	2004	2005
国内生产总值/亿元		109 655	120 333	135 823	159 878	182 321
增长量	逐期	—	10 678	15 490	24 055	22 443
	累计	—	10 678	26 168	50 223	72 666
增长速度/%	环比	—	9.74	12.87	17.71	14.04
	定基	—	9.74	23.86	45.80	66.27

计算和应用增长速度时要注意两个问题。

第一，环比增长速度和定基增长速度之间没有直接的换算关系，如果两者之间要换算，需要通过发展速度进行换算。如把各期环比增长速度全部加 1，变成环比发展速度，将所有环比发展速度连乘，得到定基发展速度，再将定基发展速度减去 1，就得到了定基增长速度，即

$$\text{定基增长速度}=\text{定基发展速度}-1\text{（或 }100\%\text{）}$$

$$\text{环比增长速度}=\text{环比发展速度}-1\text{（或 }100\%\text{）}$$

由此可见，发展速度大于 1，则增长速度为正值，说明社会经济现象增长的程度使用“增加了”表示；反之，发展速度小于 1，则增长速度为负值，说明社会经济现象降低的程度使用“降低了”表示。

第二，当报告期水平和基期水平表明的是不同方向的数据时，不宜计算增长速度。如某公司基期利润为–2 万元（亏损），报告期利润为+6 万元（盈利），若套用上述公式计算增长速度，则计算结果为

$$\text{增长速度}=\frac{6-(-2)}{-2}=-4\text{（倍）。}$$

这显然与实际情况不相符，对这种情况一般只用文字表达，而不计算增长速度。

在实际工作中，也常计算年距增长速度，用于说明年距增长量与上年同期发展水平对比所达到的相对增长速度。其计算公式为

$$\text{年距增长速度}=\frac{\text{年距增长量}}{\text{上年同期发展水平}}$$

即

$$\text{年距增长速度}=\text{年距发展速度}-1\text{（或 }100\%\text{）}$$

【例 6-12】根据例 6-11 的资料及结果，试计算年距增长速度。

解：

$$\text{年距增长速度}=\text{年距发展速度}-1=150\%-1=50\%$$

计算结果表明，2006 年第一季度的零件产量比上年同期产量水平增长了的 50%。

在统计实践中，通常把速度指标与水平指标相结合，运用增长 1%的绝对值（即前期水平/100）来说明问题。

6.3.3 平均发展速度和平均增长速度

平均发展速度（Average development speed）是各个时期的环比发展速度的序时平均数，用以反映现象在较长一段时期内逐期平均发展变化的程度；平均增长速度（Average increase speed）是各期环比增长速度的平均水平，用以反映现象在较长一段时期内逐期递增的相对程度，又称递增率或递减率。

平均发展速度和平均增长速度之间存在以下关系：

平均增长速度＝平均发展速度－1（或100%）

平均发展速度大于“1”，平均增长速度就为正值，表示某种现象在一个较长时期内逐期平均递增的程度，这个指标也叫做“平均递增速度”或“平均递增率”；反之，平均发展速度小于“1”，平均增长速度为负值，表示某种现象在一个较长时期内逐期平均递减的程度，这个指标也叫做“平均递减速度”或“平均递减率”。

平均发展速度是根据环比发展速度时间序列计算的，但是平均增长速度不是直接根据环比增长速度时间序列计算的，而是在计算出平均发展速度之后，通过上述关系式换算得到的。因此，我们在这里着重介绍平均发展速度的计算方法。

由于我们考察事物发展变化的侧重点不同，计算平均发展速度的方法也不同。实际工作中，常用的方法有几何平均法和累计法（方程法）。

1. 几何平均法

计算平均发展速度时，在实践中，如果用水平法制定长期计划，则要求用几何平均法计算其平均发展速度，按此平均发展速度发展，可以保证在最后一年达到规定的 a_n 水平，所以几何平均法又称“水平法”，其特点是：从最初水平 a_0 出发，每期按平均发展速度发展，经过 n 期后，达到最末水平 a_n。水平法计算平均发展速度的公式有如下三个。

1）$\bar{x}=\sqrt[n]{x_1\cdot x_2\cdot x_3\cdot\cdots\cdot x_n}=\sqrt[n]{\prod x}$

2）$\bar{x}=\sqrt[n]{\dfrac{a_n}{a_0}}$

3）$\bar{x}=\sqrt[n]{R}$

式中，$\bar{x}$ ——平均发展速度；

x_1，x_2，…，x_n ——各期环比发展速度；

n ——环比发展速度项数；

$\prod$ ——连乘符号；

a_n ——最末水平；

a_0 ——最初水平；

R ——总发展速度。

计算平均发展速度时，根据掌握的资料可选用以上任何一个公式。如果掌握了各期环比发展速度，可用第一个公式计算；如果掌握了最初水平和最末水平，可用第二个公式进行计算；如果掌握了总速度，则可用第三个公式进行计算。三个公式的计算结果是一致的。

【例 6-13】某企业增加值 2004 年为 200 万元，2009 年为 320.64 万元，试计算平均发展速度和平均增长速度。

解： 平均发展速度为：$\bar{x}=\sqrt[n]{\dfrac{a_n}{a_0}}=\sqrt[5]{\dfrac{320.64}{200}}\approx 109.9\%$

平均增长速度为：平均发展速度 $-1=109.9\%-1=9.9\%$

计算结果表明，该企业增加值平均发展速度和平均增长速度分别为 109.9%和 9.9%。

【例 6-14】某企业 2005 年实现利润 864 万元，计划到 2010 年利润达到 987 万元，问：该企业以平均每年多大的速度递增才能实现目标?

解：

$$\bar{x}=\sqrt[n]{\frac{a_n}{a_0}}=\sqrt[5]{\frac{987}{864}}\approx 102.7\%$$

平均增长速度 $=102.7\%-1=2.7\%$

即该企业以每年 2.7%的递增速度发展，到 2010 年就可以达到预期目标。

这里有必要指出，用几何平均法计算的平均发展速度只取决于 a_0 和 a_n 的大小，各个中间水平的变化、波动对其没有影响。所以，为提高平均发展速度的代表性，在计算时应注意 a_0 和 a_n 是否受特殊因素的影响，以及中间各期发展水平是否存在增减变化或阶段性波动。必要时，应以分阶段平均发展速度来补充说明总平均发展速度。

2. 累计法（方程法）

在实践中，如果长期计划按累计法制定，则要求用方程法计算平均发展速度，按此平均发展速度发展，可以保证计划期内各期发展水平累计达到计划规定的总数，所以方程法也称累计法。即从最初水平 a_0 出发，各期按平均发展速度 $\bar{x}$ 计算发展水平，则计算的各期发展水平累计总和应与实际所具有的各期发展水平的累计总和相等。列出方程式再求解，便得出平均发展速度，其计算公式为

$$a_0\bar{x}+a_0\bar{x}^2+a_0\bar{x}^3+\cdots+a_0\bar{x}^n=\sum_{i=1}^{n}a_i$$

$$\bar{x}+\bar{x}^2+\bar{x}^3+\cdots+\bar{x}^n-\frac{\sum_{i=1}^{n}a_i}{a_0}=0$$

这个方程的正根就是我们要求的平均发展速度。方程法平均发展速度可用逐渐逼近法求得具有一定精确度的近似值，但其计算十分复杂，在实际工作中，通常运用《平均增长速度查对表》查对求得。

使用查对表的步骤是：首先计算出 $\dfrac{\sum_{i=1}^{n}a_i}{a_0}$ 的值；其次判断现象发展类型并在表中查

得平均增长速度：即当$\frac{\sum_{i=1}^{n}a_i}{a_0}>n$时，现象的发展为递增型，在表中递增部分“$n$”所在栏找出$\frac{\sum_{i=1}^{n}a_i}{a_0}$的值，与这个值相对应的左边栏内的百分比，即为年平均增长速度，将其加 1 即得年平均发展速度。当$\frac{\sum_{i=1}^{n}a_i}{a_0}<n$时，现象的发展为递减型，则在表中递减部分查找，方法同上。

在查表时，如果没有正好与$\frac{\sum_{i=1}^{n}a_i}{a_0}$相同的值，则可找与之最接近的值，然后按比率推算所对应的平均增长速度。

【例 6-15】 我国国内生产总值资料如表 6-12 所示，用累计法计算平均每年的发展速度。

表 6-12　我国国内生产总值增长情况统计

年　份		2001	2002	2003	2004	2005	2006
国内生产总值/亿元		109 655	120 333	135 823	159 878	182 321	209 407
增长量	逐期	—	10 678	15 490	24 055	22 443	27 086
	累计	—	10 678	26 168	50 223	72 666	99 752
增长速度/%	环比	—	9.74	12.87	17.71	14.04	14.86
	定基	—	9.74	23.86	45.80	66.27	90.97

解：第一步，计算各年发展水平总和与基期水平之比，即

$$\frac{\sum_{i=1}^{n}a_i}{a_0}=\frac{120\ 333+135\ 823+159\ 878+182\ 321+209\ 407}{109\ 655}=\frac{807\ 762}{109\ 655}=7.3664$$

第二，判断发展类型并查表。

$\frac{807\ 762}{109\ 655}=7.3664>n=5$，故生产总值发展为递增型的。在累计法查对表递增部分五年总发展水平为基期水平的%栏内查得 732.3 和 753.5 与本例的 7.3664 最接近，相对的平均增长速度为 13%和 14%，按比例推算得平均每年增长速度为 13.2%。因此，平均每年发展速度为 113.2%。

计算和运用平均发展速度时应该注意以下的几个问题。

（1）根据统计研究的目的选择计算方法

当目的在于考察最末一年发展水平而不关心各期水平总和时，可采用水平法；当目的在于考察各期发展水平总和而不关心最末一年发展水平时，可采用累计法。

（2）要注意社会经济现象的特点

当现象随着时间的发展比较稳定地逐年上升或下降时，一般采用水平法计算发展速度；当现象的发展不是有规律地逐年上升或下降，而是经常表示为升降交替时，一般采用累计法计算发展速度。

（3）应采取分段平均速度来补充说明总平均速度

这点在分析较长历史时期资料时尤为重要，因为仅根据一个总平均速度指标只能笼统、概括地反映其在很长时期内逐年平均发展或增长的速度，对深入了解这种现象的发展过程和变化情况往往是不够的。

（4）平均速度指标要与其他指标结合应用

这样可以起到分析研究和补充说明的作用，以便对现象有比较确切和完整的认识。

6.3.4　增长 1%的绝对值

增长速度指标虽然能够说明现象增长的程度，但却不能反映现象增长的实际效果。为更全面地对现象的发展实力进行分析，在比较现象的速度指标之外，还要分析现象增长 1%的绝对值。

增长 1%绝对值是逐期增长量与环比增长速度之比，用以说明现象报告期比基期每增长 1%的绝对数量是多少，即

$$\text{增长1\%绝对值}=\frac{\text{逐期增长量}}{\text{环比增长百分点}}=\frac{\text{前期水平}}{100}$$

【例 6-16】某市的旅游收入 2002 年和 2003 年依次为 10.22 万元、16.21 万元，2008 年和 2009 年依次为 258.64 万元、309.3 万元。求：2003 年和 2006 年的环比发展速度及增长绝对值。

解：2003 年环比发展速度 $=\frac{16.21}{10.22}=158.61\%$

2003 年增长 1%绝对值 $=\frac{10.22}{100}=0.1022$ 或 $\frac{16.21-10.22}{158.61-1}=0.1022$（万元）

2009 年环比发展速度 $\frac{309.3}{258.64}=119.59\%$

2009 年增长 1%绝对值 $=\frac{258.64}{100}=2.5864$ 或 $\frac{309.3-258.64}{1.1959-1}=2.5864$（万元）

上述计算可以看出，虽然 2009 年旅游收入的发展速度为 119.59%，没有 2003 年的发展速度 158.61%大，但其增长 1%绝对值 2.5864 万元却比 2003 年的 1022 元大得多，这说明该市旅游事业发展水平是提高了，而不是降低了。

6.4　时间序列的分解分析

社会经济现象的发展变化是多种因素影响的综合结果，由于各种因素的作用方向和

影响强弱不同，使具体的时间序列呈现出不同的变动形态，统计分析的任务就是要正确地确定时间序列的性质，对时间序列的各种因素加以分解和测定，以便对未来的状况做出判断和预测。

6.4.1 时间序列的因素构成

时间序列反映现象的发展变化，是由多种复杂因素共同作用的结果。不同的因素所起的作用不同，产生的结果也不同，并且形成不同的时间序列。影响因素按其性质和作用大致可以归纳为四种：①长期趋势（T），即由各个时期普遍和长期起作用的基本因素引起的变动；②季节变动（S），即由自然季节变化和社会习俗等因素引起的有规律的周期性波动；③循环变动（C），即指社会经济发展中的一种近乎规律性的盛衰交替运动；④不规则变动（I），即剩余变动或随机变动，它是时间序列中除了上述三种变动外，还存在受临时的偶然的因素或不明原因引起的非趋势性、非周期性的随机变动。时间序列的上述四种变动按一定的方式组合，成为一种模式，称为时间序列的经典模式。按对四种变动因素相互关系的不同假设，可分为加法模式和乘法模式。

当四种变动因素呈现出相互独立的关系时，时间序列总变动（Y）体现为各种因素的总和，即$Y=T+S+C+I$。此加法模式中，Y、T是总量指标，S、C、I是季节变动、循环变动与不规则变动对长期趋势所产生的偏差，或是正值，或是负值。

当四种变动因素呈现出相互影响的关系时，时间序列总变动（Y）体现为各种因素的乘积，即$Y=T\cdot S\cdot C\cdot I$。此乘法模式中，Y、T是总量指标，S、C、I则是比率，用百分数表示。时间序列分析一般采用乘法模式，把受各个因素影响的变动分别测定出来，为决策提供依据。

6.4.2 长期趋势分析

长期趋势变动是时间序列中最基本的规律性变动。长期趋势，是指现象在一个相当长的时期内持续发展变化的总态势，如持续上升、下降和基本持平。长期趋势变动是由于现象受到各个时期普遍的、持续的、决定性的基本因素影响的结果。长期趋势分析（Trend analysis）的任务，就是要反映现象发展变化的长期趋向，掌握现象变化的规律，将长期趋势从时间序列中分离出来，以便更好地测定和分析其余因素的变动。研究现象发展的长期趋势，就需要对原来的时间序列进行统计处理，一般称之为时间序列修匀，即进行长期趋势测定，测定长期趋势的方法主要有以下三种。

1. 时距扩大法（间隔扩大法）

时距扩大法是测定长期趋势最简便的一种方法。它是将原来时距较短的时间序列加工整理成时距较长的时间序列，以便消除现象因时距较短而受偶然因素影响所引起的不均匀波动。通过扩大时距，可以整理出能呈现事物变动总趋势的新的时间序列。

例如，某化肥企业 1998～2009 年的化肥产量如表 6-13 所示，试用时距扩大法反映化肥产量的长期变化趋势。

表 6-13　某化肥企业 1998 年至 2009 年的化肥产量

单位：万吨

年　份	产　量	年　份	产　量
1998	135	2004	142
1999	132	2005	140
2000	133	2006	143
2001	134	2007	144
2002	138	2008	146
2003	136	2009	148

从表 6-13 中可以看出，在 12 年间，该化肥企业的产量发展并不均匀，中间有几次小的波动。如果我们把时距扩大为 4 年，则可整理成表 6-14 所示的新的时间序列。

从表 6-14 可以看出，时距扩大为 4 年，把个别年份的偶然因素影响给消除掉了，形成了 12 年来化肥产量持续上升的总趋势。表中的“总产量”是时距扩大后四年的总产量，这种表达只适用于时期序列，若对各个总产量再计算序时平均数，如表中的“平均年产量”，同样可以观察到事物发展的总趋势，而这种表达既适用于时期序列，也适用于时点序列。

表 6-14　某化肥企业 1998 年至 2009 年的化肥产量

单位：万吨

时　期	总　产　量	平均年产量
1998～2001	534	133.50
2002～2005	556	139.00
2006～2009	581	145.25

应用时距扩大法应注意：第一，序列发展水平之间的间隔应当一致，以便比较；第二，时间间隔的长短应根据现象的性质和特点而定，必须能显现现象的变化趋势。

2. 移动平均法

移动平均法是对原有的时间序列，按照事先规定的移动时期长度来扩大时距，采用逐项推移的方法，计算一系列的序时平均数，形成由序时平均数组成的新的时间序列。这种移动平均数形成的时间序列，消除了短期偶然因素的影响，使长期趋势更加明显。

例如，以表 6-13 中的资料 1998 年至 2009 年化肥产量为例，将时距扩大为 5 年，采用移动平均法来反映原序列的长期趋势（见表 6-15 中第 3 栏）。

表 6-15 某化肥企业 1998 年至 2009 年化肥产量及其移动平均计算

单位：万吨

年份	化肥产量	五年移动平均数	四年移动平均数	四年移动平均后的二次移动平均数
1998	135	—		
1999	132	—	133.50	
2000	133	134.4	134.25	133.88
2001	134	134.6	135.25	134.75
2002	138	136.6	137.50	136.38
2003	136	138.0	139.00	138.25
2004	142	139.8	140.25	139.63
2005	140	141.0	142.25	141.25
2006	143	143.0	143.25	142.75
2007	144	144.2	145.25	144.25
2008	146	—		
2009	148	—		

从表 6-15 可以看出，该企业化肥产量呈逐年增加的趋势。

应用移动平均法测定长期趋势时，应注意以下问题。

1）偶数项移动平均，要计算正位平均数。如果采用奇数项（3、5、7、…）移动平均，则计算的移动平均数都置于与正中间时期所对应的位置上，如上例中的第 3 栏五年移动平均产量。如果采用偶数项（2、4、6、8、…）移动平均，则计算的移动平均数应放在中间两个时期的中间位置上（如上例中的第 4 栏），然后再采用两项移动平均数，以便将移动平均数对正中间位置（如上例中的第 5 栏），这样才能得出对正原时间序列各时期的趋势值。所以，偶数项的移动平均法都需要经过两次平均的过程，若非现象内在的循环周期决定，一般采用奇数项移动平均。

2）移动平均后的新序列，其项数少于原序列。经过移动平均后的新派生序列的项数，比原时间序列的项数要少，可利用的信息也就少了，而且移动时期的长度越长，新序列的项数就越少，丧失的信息就越多。同时，如果移动时期的长度太大，则不利于分析现象具体的发展趋势，而移动时期的长度过小，又可能使新序列出现起伏波动的情况，难以呈现出现象发展的长期趋势。因此，要根据资料的特点来确定时距扩大的倍数，以不影响分析效果为原则。

3）移动平均数所取项数的多少，应视资料的特点而定。原有时间序列如有循环周期，则移动平均数的项数以循环周期的长度为准。对于存在季节变动或循环变动的时间序列，为消除季节变动或循环变动的影响，应采用与一个循环相应的时间长度来进行移动平均。存在季节变动的时间序列一般采用 12 月移动平均或 4 季移动平均，能较为准确地揭示现象发展的长期趋势。

4）时距扩大法和移动平均法的主要作用是把长期趋势以外的变动消除掉，以呈现出现象变动的长期趋势，但一般不能直接根据移动平均后的派生序列进行动态预测。对原有时间序列的修匀程度，与移动平均的项数有关，修匀的项数越多，效果越好，即趋势线越平滑。

3. 最小平方法

最小平方法也称最小二乘法（Least-square method），就是用一定的数学模型对原有的时间序列配合一条适当的趋势线来进行修匀。根据最小平方法的原理，这条趋势线必须满足最基本的要求，即原有序列的实际数值与趋势线的估计数值的离差平方和最小。用公式表示为

$$\sum(y-y_c)^2 \to \text{最小值}$$

式中，y_c——趋势线的估计数值；

y——原有序列的实际数值。

长期趋势的类型很多，有直线型，也有曲线型，而最小平方法既可用于配合直线，也可用于配合曲线，所以它是分析长期趋势的十分普遍和理想的方法。下面主要介绍根据社会经济现象的基本趋势，如何用最小平方法配合直线方程、抛物线方程及曲线方程。

（1）直线趋势模型

如果现象的发展，其逐期增长率大体上相等，则可考虑配合直线趋势。直线方程的一般形式为

$$y_c = a + bt$$

式中，a——截距；

b——直线的斜率。

上述直线方程中，a、b 为两个未定参数，根据最小平方法的要求，即 $\sum(y-y_c)^2 \to$ 最小值，可利用数学分析中的极限原理，采用偏微分方法得出求取参数所需的两个标准方程。

$$\begin{cases}\sum y = na + b\sum t \\ \sum ty = a\sum t + b\sum t^2\end{cases}$$

式中，t——时间序列的时间单位；

y——时间序列中各期水平（实际值）；

n——时间序列的项数。

解此联立方程组可得

$$b = \frac{n\sum ty - \sum t\sum y}{n\sum t^2 - \left(\sum t\right)^2}，\quad a = \frac{\sum y}{n} - b\frac{\sum t}{n} = \overline{y} - b\overline{t}$$

求得 a、b 两个参数，带入直线趋势模型中，便可得到与实际观察值相对应的趋势值。

【例 6-17】某企业 2002 年至 2008 年生产的某商品的销售量如表 6-16 所示，试用最小平方法配合直线趋势方程，并预测 2009 年的销售量。

表 6-16　某企业某种商品销售量统计

年　份	2002	2003	2004	2005	2006	2007	2008
销售量/万件	12.4	13.8	15.7	17.6	19.0	20.8	22.7

解：先建立最小平方法计算表（见表 6-17）。

表 6-17　最小平方法计算

年　份	序号 t	销售量 y	t^2	ty	y_c
2002	1	12.4	1	12.4	12.27
2003	2	13.8	4	27.6	13.99
2004	3	15.7	9	47.1	15.71
2005	4	17.6	16	70.4	17.43
2006	5	19.0	25	95.0	19.15
2007	6	20.8	36	124.8	20.87
2008	7	22.7	49	158.9	22.59
合计	28	122.0	140	536.2	122.01

从上可知：$n=7$，$\sum t=28$，$\sum t^2=140$，$\sum y=122.0$，$\sum ty=536.2$

将之代入方程组解之得

$$b=\frac{n\sum ty-\sum t\sum y}{n\sum t^2-\left(\sum t\right)^2}=\frac{7\times 536.2-28\times 122}{7\times 140-28^2}=1.72$$

$$a=\frac{\sum y}{n}-b\frac{\sum t}{n}=\overline{y}-b\overline{t}=\frac{122}{7}-1.72\times\frac{28}{7}=10.55$$

于是将 a、b 参数的值带入直线趋势模型，得：$y_c=10.55+1.72t$

根据上面直线趋势模型，可计算时间序列中各年对应的趋势值，将时间序号 t 的值代入该模型得各年的趋势值 y_c，并列入表 6-17 的最后一栏；也可应用上述直线趋势模型进行预测，如要预测 2009 年的销售量，只需将 $t=8$ 代入趋势方程得：

$$y_c=10.55+1.72t=10.55+1.72\times 8=24.31 \text{（万件）}$$

上例运用最小平方法时，对 t 的排序采用 1、2、3…进行，时间原点设在 2002 年，但这样计算比较繁琐。为了简化计算，可将时间原点设在序列的中间项。当序列为奇数项时，设中间项 t 值为 0，取 $t=\cdots$、-4、-3、-2、-1、0、1、2、3、4… 等，当序列为偶数项时，设序列中间项相邻两项的中点为 0，取 $t=\cdots$、-7、-5、-3、-1、1、3、5、7…等。这样通过正值和负值相抵消，可使 $\sum t=0$，从而使标准方程组简化为

$$\begin{cases}\sum y=na\\ \sum ty=b\sum t^2\end{cases}$$

解得 a、b 参数的值为

$$a=\frac{\sum y}{n},\quad b=\frac{\sum ty}{\sum t^2}$$

【例 6-18】仍以表 6-17 资料为例，用简捷法计算 a、b 参数的值，建立直线方程。其计算过程如表 6-18 所示。

表 6-18　最小平方法计算

年　份	序号 t	销售量 y	t^2	ty
2002	−3	12.4	9	−37.2
2003	−2	13.8	4	−27.6
2004	−1	15.7	1	−15.7
2005	0	17.6	0	0
2006	1	19.0	1	19.0
2007	2	20.8	4	41.6
2008	3	22.7	9	68.1
合计	0	122.0	28	48.2

求 a、b 参数的值：

解：

$$a=\frac{\sum y}{n}=\frac{122.0}{7}=17.43$$

$$b=\frac{\sum ty}{\sum t^2}=\frac{48.2}{28}=1.72$$

将 a、b 参数的值代入直线趋势模型，得：$y_c=17.43+1.72t$

根据此方程可计算各年趋势值，方法同上则此处省略，预测该企业 2009 年的销售量，此时 $t=4$。

则

$$y_c=17.43+1.72t=17.43+1.72\times4=24.31\text{（万件）}$$

可见，两种方法计算的各年趋势值和对 2009 年的预测结果完全相同。

（2）抛物线趋势模型

如果现象的发展，其逐期增长量的增长率（即各期的二级增长量）大体相同，则可考虑曲线趋势——配合抛物线方程。抛物线的一般方程为

$$y_c=a+bt+ct^2$$

式中，a、b、c 为待估参数。该方程式适用于逐期增长量大体上呈等量递增（递减）的时间序列。根据最小平方法的要求，同样用求偏导数的方法，导出以下由三个方程组成的联立方程组：

$$\begin{cases}\sum y=na+b\sum t+c\sum t^2\\ \sum ty=a\sum t+b\sum t^2+c\sum t^3\\ \sum t^2y=a\sum t^2+b\sum t^3+c\sum t^4\end{cases}$$

为了计算方便，采用简捷法使 $\sum t=0$，$\sum t^3=0$，上列联立方程组简化为

$$\begin{cases}\sum y = na + c\sum t^2 \\ \sum ty = b\sum t^2 \\ \sum t^2 y = a\sum t^2 + c\sum t^4\end{cases}$$

将上述联立方程组求解，得到a、b、c参数值代入抛物线方程，再据此求趋势值和预测值。其原理与配合线性趋势方程相同。

【例 6-19】某企业 2002 年至 2006 年生产汽车的销售量如表 6-19 所示，用简捷法计算a、b、c参数的值，建立抛物线趋势模型。其计算过程如表 6-20 所示。

表 6-19 某企业生产汽车的销售量统计

年 份	2002	2003	2004	2005	2006
销售量/辆	1000	1101	1207	1326	1438

表 6-20 最小平方法计算

年份	序号 t	销售量 y	ty	t^2	t^2y	t^4
2002	−2	1000	−2000	4	4000	16
2003	−1	1101	−1101	1	1101	1
2004	0	1207	0	0	0	0
2005	1	1326	1326	1	1326	1
2006	2	1438	2876	4	5752	16
合计	0	6072	1101	10	12 179	34

解：由表 6-19 可知：

$$\sum y = 6072，\sum ty = 1101，\sum t^2 = 10，\sum t^2 y = 12\,179，\sum t^4 = 34$$

代入上列联立方程组，得

$$\begin{cases}6072 = 5a + 10c \\ 1101 = 10b \\ 12\,179 = 10a + 34c\end{cases}$$

用消元法，解得

$$a = 1209.4$$
$$b = 110.1$$
$$c = 2.5$$

将a、b、c参数值代入抛物线方程，得

$$y_c = 1209.4 + 110.1t + 2.5t^2$$

如果将这条趋势线向外延伸，可预测该企业 2009 年的销售量，此时$t = 5$。

$$y_c = 1209.4 + 110.1 \times 5 + 2.5 \times 25 = 1822.4 \approx 1822 \text{（辆）}$$

（3）指数曲线方程

如果现象的发展，其环比发展速度或环比增长速度大体相同，即$\dfrac{y_t}{y_{t-1}} = \dfrac{ab^t}{ab^{t-1}} = b$，

即可考虑曲线趋势——配合指数曲线方程。指数曲线一般方程为

$$y_c = ab^t$$

式中，a——时间序列的基期水平；

b——现象的一般发展速度；

t——时间序列的时间。

a、b 均为未定参数。公式表明：t 年的变量 y_c 等于基期水平乘上一般发展速度的 t 次方。

进行指数曲线拟合时，一般是将指数方程通过取对数转化成直线方程，然后按直线方程办法确定出参数，再对直线方程求得的结果查反对数表还原。

先对上述方程式两边取对数，得

$$\log y_c = \log a + t\log b$$

设　$Y = \log y_c$、$A = \log a$、$B = \log b$，则 $Y = A + Bt$

应用最小平方法求得的联立方程组为

$$\begin{cases} \sum Y = nA + B\sum t \\ \sum tY = A\sum t + B\sum t^2 \end{cases}$$

同样设法使 $\sum t = 0$，则此联立方程组可简化为

$$\begin{cases} \sum Y = nA \\ \sum tY = B\sum t^2 \end{cases}$$

根据上述联立方程组求解，求出 A、B 参数值，由于 A、B 为对数值，需要查反对数表求得 a、b 值。把参数值代入指数曲线模型，求得时间序列中各个观察值对应的趋势值，也可据此进行预测。

这里需要特别指出，时间序列的趋势模型是根据对历史资料的分析拟合的，为观察事物提供了一个依据。预测时，是假定现象的发展具有稳定性和延续性，如果现象在预测期改变了发展方向，趋势模型就会失效；即使方向未改变，但因各种因素的组合和作用程度不一样，用趋势模型对现象的未来进行预测也会存在一定程度的误差。因此，预测社会经济现象，不仅仅是一个模型拟合和数字运算的过程，而是一个综合分析研究的过程，一定要对预测值的可靠性从不同的方面进行评估。

6.4.3　季节变动分析

季节变动（Seasonal fluctuation），是指时间序列受自然季节变换和社会习俗等因素影响而发生的有规律的周期性波动。例如有许多商品的销售随季节变动而呈淡旺季之分。季节变动的周期为一年或一年以内（如一月、一周等）。

季节变动分析的目的在于掌握事物的变动周期、数量界限及其规律性，以便更好地安排生产经营，克服季节变动带来的不良影响，适应市场需求。测定季节变动的方法很多，按其是否消除长期趋势看，有两种方法：一是不考虑长期趋势的影响，直接根据原始的时间序列来计算，常用的方法是按月（季）平均法；另一种是根据剔除长期趋势影

响后的序列资料来计算，常用的方法是移动平均趋势剔除法。不管是用哪种方法来计算季节变动，都需要用三年或更多年份的资料（至少三年）作为基本数据进行计算分析，这样才能较好地消除偶然因素的影响，使季节变动的规律性更切合实际。

1. 按月（季）平均法

测定季节变动的最常用的方法是按月（季）平均法。它是通过计算季节比率来反映现象季节变动的周期性规律。季节比率可以按月计算，也可以按季计算。

利用按月（季）平均法测定季节变动，需要根据若干年（至少为三年）的分月（季）资料，计算出各年同月（季）平均数和所有月（季）的总平均数，然后，用各月（季）的平均数与所有月（季）的总平均数相对比，求得季节比率（或季节指数）。其计算公式为

$$季节比率=\frac{同月(季)平均数}{月（季）总平均水平}\times 100\%$$

按月平均的季节比率之和应等于 1200%，按季平均的季节比率之和应等于 400%，由于计算过程中的四舍五入容易使季节比率之和不为 1200%，若基本接近理论值，则不需要调整；反之，若差距过大，则要计算校正系数进行调整。

$$校正系数=\frac{季节比率理论值1200\%(或400\%)}{季节比率实际值之和}$$

$$调整后的季节比率=调整前的季节比率\times 校正系数$$

【例 6-20】某公司各月羽绒服销售额如表 6-21 所示，求该公司羽绒服销售季节比率。

解：1）计算各年的销售额合计和月平均销售额。如：

$$\begin{aligned}2006\text{ 年合计} &= 160+120+40+20+12+8+16+24+40+100+420+500\\ &= 1460\text{（万元）}\end{aligned}$$

$$2006\text{ 年的平均数}=\frac{1460}{12}=121.67\text{（万元）}$$

表 6-21　公司羽绒服销售额季节比率计算　　单位：万元

月份	2006（1）	2007（2）	2008（3）	2009（4）	4 年合计（5）	同月平均（6）	季节比率/%（7）
1	160	300	480	560	1500	375	164.0
2	120	180	300	280	880	220	96.2
3	40	80	120	160	400	100	43.7
4	20	50	80	60	210	52.5	23.0
5	12	20	40	24	96	24	10.5
6	8	16	22	18	64	16	7.0
7	16	24	64	74	78	44.5	19.5
8	24	40	80	96	240	60	26.2
9	40	70	140	166	416	104	45.5
10	100	170	300	280	850	212.5	93.0
11	420	680	820	940	2860	715	312.7
12	500	700	960	1120	3280	820	358.7
合 计	1460	2330	3406	3778	10 974	2743.5	1200.0
月平均	121.67	194.2	283.8	314.8	914.5	228.6	100.0

其他年份以此类推，计算结果见表 6-21 最后两行。

2）计算所有年份同月份的合计数和月平均数。

如：1 月份的合计数 = 160 + 300 + 480 + 560 = 1500（万元）

则：1 月份的平均数 $=\frac{1500}{4}=375$（万元）

其他月份平均数以此类推，计算结果见表 6-21 的第 5 栏和第 6 栏的各月数值。

3）计算所有年份总合计数以及总的月平均数。

计算所有年份的总合计数。这可以通过各月合计的总和得到，也可以通过各年合计的总和得到。

即：总合计数 = 第 5 栏 12 个月的数值之和 = 10 974（万元）

或：总合计数 = 1460 + 2330 + 3406 + 3778 = 10 974（万元）

计算总的月平均数。这可以通过以下两种方法来计算，其计算结果应相等。

$$\text{总的月平均数}=\frac{\sum \text{各月平均数}}{12}=\frac{2743.5}{12}=228.63\ \text{（万元）}$$

$$\text{总的月平均数}=\frac{\text{总合计数}}{\text{总月数}}=\frac{10974}{48}=228.63\ \text{（万元）}$$

4）计算季节比率，即用同月的平均数与总的月平均数相对比。

如：1 月份季节比率 $=\frac{375}{228.63}=164.02\%$

其他月份的季节比率计算依此类推，计算结果见表 6-21 第 7 栏。

12 个月的季节比率之和应为 1200%，四个季度的季节比率之和应等于 400%，如果不等，即是计算过程中的四舍五入造成的，应计算调整系数并加以调整。

季节比率大于或小于 100%，都说明存在季节变动。若大于 100%的幅度比较大，则表示现象在该月（季）的发展处于高峰期或旺季；若小于 100%的幅度比较大，则表示现象处于低谷期或淡季；若等于 100%说明不受季节变动因素的影响。

从表 6-21 中可以看出，羽绒服的销售情况呈现出比较明显的季节波动。在一年当中，1 月、2 月、10 月、11 月、12 月是销售旺季，12 月份达到最高点，5 月、6 月、7 月为销售淡季，销售状况疲软，6 月份达到销售量最低点。

按月（季）平均法计算季节比率，简便易行，但这种方法没有考虑长期趋势的影响，因为计算过程中是将各年同月（季）的数值所起的作用同等看待了。实际上，在存在长期趋势的序列中，后期各月（季）的数值所起的作用要比前期同月（季）的作用大。因此，如果时间序列中存在明显的长期趋势影响，则按月（季）平均法计算的季节比率是不准确的，应先剔除长期趋势的影响后，再计算季节比率。

2. 趋势剔除法

趋势剔除法是利用移动平均法来剔除长期趋势影响后，再来测定其季节变动。用移动平均法求长期趋势和用按月（季）平均法求季节比率，前面已详细介绍过。这里着重说明如何剔除长期趋势。

一般来说，对于各因素属于乘积形式的现象，应采用原序列除以长期趋势的方法剔除长期趋势；对于各因素属于和形式的现象，应采用原序列减去长期趋势的方法剔除长期趋势。

【例 6-21】 某公司各月汽车销售额如表 6-22 所示，用长期趋势剔除法消除长期趋势后再来测定季节变动趋势，求该公司汽车销售季节比率。

表 6-22 某公司汽车分季销售量

年份	第一季度	第二季度	第三季度	第四季度
2006	324	126	94	288
2007	345	137	102	313
2008	372	126	110	338
2009	369	126	110	356

解：根据表 6-22 中资料，其测定步骤如下。

1）测定长期趋势。因为季资料是偶数项，用移动平均法测定长期趋势先四项移动平均，然后再二项移动平均进行正位，求得趋势值 y_c，如表 6-23 所示。

表 6-23 某公司汽车销售趋势剔除表

年 份	季 度	销售量 y	四项移动平均数	二项正位平均数 y_c	趋势值剔除 y/y_c
2006	一	324		—	—
	二	126	208.0	—	—
	三	94	213.3	210.7	44.61
	四	288	216.0	214.7	134.14
2007	一	345	218.0	217.0	158.99
	二	137	224.3	221.2	61.93
	三	102	231.0	227.7	44.8
	四	313	228.3	229.7	136.26
2008	一	372	230.3	229.3	162.23
	二	126	236.5	233.3	54.01
	三	110	235.8	236.2	46.57
	四	338	235.8	235.8	143.34
2009	一	369	235.8	235.8	156.49
	二	126	240.3	238.1	52.92
	三	110			
	四	356			

2）剔除长期趋势。即用原序列的观察值除以趋势值（y/y_c）。

例如，2007 年第二季度：$\dfrac{137}{221.2}=61.93\%$（其余结果见表 6-23）。

3）计算季节比率。将表 6-24 剔除趋势后的数据，编制成新的统计表（如表 6-24 所示），据此计算季节比率。其季节比率为不同年份的同季平均数。

表 6-24 剔除长期趋势后季节比率计算

年 份	第一季度	第二季度	第三季度	第四季度	合计
2006	324	126	94	288	—
2007	345	137	102	313	
2008	372	126	110	338	
2009	369	126	110	356	
合计	477.71	168.86	135.98	413.74	—
校正前季节比率/%	159.24	56.29	45.33	137.91	398.77
校正系数	1.003 08	1.003 08	1.003 08	1.003 08	1.003 08
校正后季节比率/%	159.73	56.46	45.47	138.34	400.00

例如，第二季度的季节比率：$\dfrac{61.93+54.01+52.29}{3}=56.29$（其余结果见表 6-24）。

4）调整季节比率。将各季季节比率相加，其和应等于 400%，如不相等，应计算校正系数进行调整。根据表 6-24 的资料，计算如下。

$$\text{校正系数为：}\frac{400\%}{\text{季节比率实际值之和}}=\frac{400}{398.77}=1.003\ 08$$

调整后的季节比率=调整前的季节比率×校正系数

如第二季度调整后的季节比率$=56.29\times 1.003\ 08=56.46\%$（其余结果见表 6-24）。用长期趋势剔除法计算的季节比率同样可用于预测，方法同前，这里不再赘述。

6.4.4 循环变动分析

循环变动（Cyclic fluctuation），是指社会经济发展中的一种近乎规律性的盛衰交替变动，其成因比较复杂，周期一般在一年以上，长短不一。循环变动按引起的原因和周期长短不同又可分为四种类型。即长期循环变动，周期可长达 50～60 年；中长期循环变动，周期在 20 年左右；中期循环变动，周期约为 8～10 年；短期循环变动，周期约为 2～4 年。

分析循环变动的主要目的是探索现象活动的规律性，研究不同现象之间循环波动的内在联系，预测事物发展变化的转折点，为科学管理和决策提供依据。测定循环变动的方法多种多样，不同的方法得出的结论可能有差异，选择哪种方法更合理，则要对各种测定方法的原理、特点及其局限性有足够的了解。下面介绍两种常用的方法。

1. 直接测定法

直接测定法直接计算现象的年距发展速度，得到年距发展速度时间序列，观察其循环变动的波峰与波谷。其计算公式为

$$\frac{y_t}{y_{t-4}}=C\times I \quad \text{或} \quad \frac{y_t}{y_{t-12}}=C\times I$$

上述两式分别适用于分季资料和分月资料。运用直接法，将每年各期数值与同期数值进行比较，可以大致消除长期趋势与季节变动的影响。该方法简便直观，但有局限性。其局限性主要表现在消除时序序列长期趋势的同时，相对放大了年度发展水平的影响，当某期发展水平偏低时，不仅该期的$C \times I$偏低，而且会引起下一年$C \times I$偏高，反之亦然。这将使循环波动的振幅被拉大。因此，采用这一测定方法其波峰波谷与其他测定方法比较有一定的水平位差。

2. 剩余法

剩余法也称古典方法，其基本思路是：从时间序列中一次或陆续消除趋势变动、季节变动，剩下循环变动和不规则变动，然后再将结果移动平均进行平滑消除不规则变动，所余结果则为循环变动。

根据乘法模型原理，按其消除长期趋势和季节变动先后顺序的不同，有三种基本形式。

1）从原序列中求出趋势值和季节比率，同时将它们剔除。

$$\frac{Y}{T \times S} = C \times I$$

2）先消除季节变动，再剔除长期趋势。

$$\frac{Y}{S} = \frac{T \times S \times C \times I}{S} = T \times C \times I$$

$$\frac{T \times C \times I}{T} = C \times I$$

3）先剔除长期趋势，再消除季节变动。

$$\frac{Y}{T} = \frac{T \times S \times C \times I}{T} = S \times C \times I$$

$$\frac{S \times C \times I}{S} = C \times I$$

上述三种方法的计算结果都含有不规则变动I，采用移动平均法可将不规则变动消除，剩下的结果为循环变动指数。循环变动指数为 100%，则无循环变动；循环变动指数大于 100%，则为上涨期；循环变动指数小于 100%，则为跌落期。若将循环变动指数绘成曲线图，其波峰、波谷即可显现出来。

6.4.5 不规则变动分析

不规则变动（Irregular fluctuation），是指除了上述各种变动以外，现象因临时的、偶然的因素而引起的随机变动，这种变动无规则可循，例如地震、水灾、战争等所引起的变动。这些因素是人们无法控制也难以预测的，且从长期来看，有些偶然因素的个别影响是可以互相抵消一部分的。因此，测定不规则变动的实际意义不大，一般不予计算。为了完整地将时间序列的构成要素进行分离测定，这里只作简单的说明。

测定不规则变动，在已测定长期趋势、季节变动、循环变动的基础上，采用剩余法则可求出不规则变动指数。

以月（季）资料编制的时间序列，不规则变动指数的计算公式为

$$I = \frac{Y}{S \times T \times C}$$

以年资料编制的时间序列，不规则变动指数的计算公式为

$$I = \frac{Y}{T \times C}$$

不规则变动指数围绕 100%上下波动，大于 100%为正面影响，起增大观察值的作用；小于 100%为负面影响，起减小观察值的作用。离 100%愈远的影响愈大，等于 100%则无不规则变动。

根据国家统计局颁布的 2009 年 7 月份国民经济主要指标数据如下。

一、工业生产比上月略有加快

7 月份，规模以上工业增加值同比增长 10.8%，比上年同月回落 3.9 个百分点，比 6 月份加快 0.1 个百分点，为连续三个月同比增速加快；1～7 月份，同比增长 7.5%，比上年同期回落 8.6 个百分点，比上半年加快 0.5 个百分点。

从经济类型看，7 月份，国有及国有控股企业增长 7.4%，集体企业增长 12.4%，股份制企业增长 13.4%，外商及港澳台投资企业增长 5.0%。

从轻重工业看，7 月份，重工业增长 11.3%，轻工业增长 9.2%。

从行业看，7 月份，39 个大类行业全部保持同比增长。其中，纺织业增长 8.6%，化学原料及化学制品制造业增长 11.7%，非金属矿物制品业增长 14.0%，通用设备制造业增长 11.3%，交通运输设备制造业增长 20.4%，电气机械及器材制造业增长 11.0%，通信设备、计算机及其他电子设备制造业增长 5.3%，电力热力的生产和供应业增长 5.3%，黑色金属冶炼及压延加工业增长 10.1%。

7 月份，工业企业产品销售率为 97.94%，比上月提高 2.6 个百分点。工业企业实现出口交货值 6033 亿元，同比下降 14.7%。

二、城镇固定资产投资继续快速增长

1～7 月份，城镇固定资产投资 95 932 亿元，增长 32.9%，比上年同期加快 5.6 个百分点，比上半年回落 0.7 个百分点。其中，国有及国有控股完成投资 41 192 亿元，增长 40.1%；房地产开发完成投资 17 720 亿元，增长 11.6%。

从项目隶属关系看，1～7 月份，中央项目投资 8370 亿元，同比增长 25.3%；地方项目投资 87 562 亿元，增长 33.7%。在注册类型中，1～7 月份，内资企业投资 87 981 亿元，同比增长 36.8%；港澳台商投资 3293 亿元，下降 1.9%；外商投资 4 148 亿元，

增长 1.3%。

从产业看，1 ~ 7 月份，第一产业投资增长 62.5%，第二产业增长 27.8%，第三产业增长 36.5%。在行业中，1 ~ 7 月份，煤炭开采及洗选业投资 1458 亿元，同比增长 39.6%；电力、热力的生产与供应业投资 5396 亿元，增长 22.7%；石油和天然气开采业投资 1193 亿元，下降 5.7%；铁路运输业投资 2391 亿元，增长 126.9%。

从到位资金情况看，1 ~ 7 月份，到位资金 113 620 亿元，同比增长 38.5%。其中，国家预算内资金增长 84.3%，国内贷款增长 46.7%，自筹资金增长 33.8%，利用外资下降 8.9%。

三、社会消费品零售总额稳步增长

7 月份，社会消费品零售总额 9937 亿元，同比增长 15.2%，比上年同月回落 8.1 个百分点，比上月加快 0.2 个百分点。1 ~ 7 月份，社会消费品零售总额 68 648 亿元，同比增长 15.0%，比上年同期回落 6.7 个百分点，与上半年持平。

从地域看，7 月份，城市消费品零售额 6794 亿元，增长 15.1%；县及县以下消费品零售额 3143 亿元，增长 15.4%。

从行业看，7 月份，批发和零售业零售额 8410 亿元，同比增长 15.2%；住宿和餐饮业零售额 1365 亿元，增长 16.8%；其他行业零售额 162 亿元，增长 2.6%。

四、居民消费价格同比降幅略有扩大，环比持平

7 月份，居民消费价格同比下降 1.8%（上年同月为上涨 6.3%），比上月降幅扩大 0.1 个百分点。其中，城市同比下降 1.9%，农村下降 1.6%；食品价格下降 1.2%，非食品价格下降 2.1%；消费品价格下降 2.0%，服务项目价格下降 1.4%。1 ~ 7 月份，居民消费价格同比下降 1.2%（上年同期为上涨 7.7%），比上半年降幅扩大 0.1 个百分点。

从类别看，7 月份，八大类商品价格有两种上涨六种下降，其中食品价格同比下降 1.2%，烟酒及用品类价格同比上涨 1.2%，衣着类价格同比下降 2.4%，家庭设备用品及维修服务价格同比下降 0.4%，医疗保健及个人用品类价格同比上涨 0.7%，交通和通信类价格同比下降 2.7%，娱乐教育文化用品及服务类价格同比下降 0.7%，居住价格同比下降 5.8%。

7 月份，居民消费价格环比持平。其中，城市持平，农村上涨 0.1%；食品价格下降 0.2%，非食品价格上涨 0.1%；消费品价格下降 0.1%，服务项目价格上涨 0.5%。

从类别看，7 月份，食品价格环比下降 0.2%，烟酒及用品类价格环比上涨 0.2%，衣着类价格环比下降 0.9%，家庭设备用品及维修服务价格环比下降 0.2%，医疗保健及个人用品类价格持平，交通和通信类价格环比上涨 0.5%，娱乐教育文化用品及服务类价格环比上涨 0.6%，居住价格环比上涨 0.3%。

五、工业品出厂价格同比降幅扩大，环比上涨

7 月份，工业品出厂价格同比下降 8.2%（上年同月为上涨 10.0%），降幅比上月扩大 0.4 个百分点；1～7 月份，工业品出厂价格同比下降 6.2%（上年同期为上涨 8.0%），降幅比上半年扩大 0.3 个百分点。7 月份，生产资料出厂价格同比下降 10.1%，其中采掘工业下降 23.8%，原料工业下降 12.1%，加工工业下降 7.4%；生活资料出厂价格同比下降 2.3%，其中食品类价格下降 3.1%，衣着类价格下降 0.6%，一般日用品类价格下降 1.9%，耐用消费品类下降 2.8%。7 月份，工业品出厂价格环比上涨 1.0%，已连续 4 个月环比上涨。

（资料来源：国家统计局 http://www.stats.gov.cn/tjfx/jdfx/t20090811_402578483.html）

请同学们结合案例回答以下问题：

1．例中对 2009 年 7 月份国民经济情况主要运用了哪些指标进行分析？

2．这些分析指标怎样说明了国民经济情况，它的意义何在？

3．除了以上分析指标，还可以运用哪些指标和方法深入分析问题？

小　结

时间序列是计算动态水平指标、发展指标，进行动态因素分析的基础。它是将某一统计指标在不同时间上的数值按照时间先后顺序排列所形成的序列，由现象的所属时间和各个具体指标数值两个基本要素构成。按时间序列指标表现形式的不同，可以把时间序列分为绝对数时间序列、相对数时间序列和平均数时间序列三种，其中，绝对数时间序列是最基本的序列，相对数时间序列和平均数时间序列是派生序列。可比性是编制时间序列的基本原则，具体要求是在时间长短、总体范围、指标内容、计算方法等方面保持一致。

动态分析指标包括发展水平、平均发展水平、增长量、平均增长量、发展速度、平均发展速度、增长速度、平均增长速度等。其中前四种称为时间序列的水平指标，后四种称为时间序列的速度指标。

发展水平是时间序列中各具体时间条件下的数值，反映事物的发展变化在一定时期内或时点上所达到的水平。发展水平是计算其他所有动态分析指标的基础。平均发展水平又称序时平均数，它可以根据绝对数、相对数和平均数时间序列计算，其中根据绝对数时间序列计算平均发展水平是最基本的方法。

时点序列计算平均发展水平较为复杂。时点序列分为连续时点序列和间断时点序列，两种序列均有间隔不等和间隔相等两种类型，即构成的四种类型时点序列平均发展水平的计算公式是不同的，需要分别掌握，在实践中根据实际情况适当运用。根据相对数时间序列计算平均发展水平时，应先分别计算出构成相对数时间序列分子和分母的两个绝对序列的平均发展水平，然后将这两个平均发展水平相除即得平均发展水平。静态

平均数时间序列计算平均发展水平的方法与相对数时间序列平均发展水平的计算方法相同；对于动态平均数时间序列计算其平均发展水平，若间隔期相等，则采用简单算术平均数方法计算，若间隔期不等，则要以间隔期长度为权数，采用加权算术平均数方法计算。

增长量分为逐期增长量和累计增长量两种。二者的关系是逐期增长量之和等于相应时期的累计增长量。此外，还有消除季节变动影响的年距增长量。平均增长量是逐期增长量时间序列的序时平均数。

时间序列的速度指标主要有发展速度、增长速度、平均发展速度和平均增长速度，其中发展速度是基本的速度分析指标。发展速度分为环比发展速度和定基发展速度，增长速度也分为环比增长速度和定基增长速度。两种发展速度和增长速度的区别在于对比的基期不同。要注意速度指标之间的关系，即定基发展速度等于相应的环比发展速度的连乘积；增长速度等于相应的发展速度减 1。为了把速度指标与水平指标结合起来，通常运用增长 1%的绝对值。

平均发展速度是各个时期的环比发展速度的序时平均数，有几何平均法和累计法（方程法）两种计算方法。几何平均法侧重于考察最末期发展水平。运用几何平均法计算平均发展速度时，应注意最初水平与最末水平是否受特殊因素的影响，以及中间各期发展水平是否存在增减变化或阶段性波动。必要时，应以分阶段平均发展速度来补充说明总平均发展速度。累计法侧重于考察全期总水平，与几何平均法相比较计算较为复杂，一般是查表求其平均速度。平均增长速度可以通过平均发展速度减 1 得到。

影响时间序列的因素按作用方式的不同分类，可以分为长期趋势、季节变动、循环变动和不规则变动四种。测定长期趋势的常用方法有移动平均法和最小平方法。运用移动平均法的关键是移动项数的确定，有周期的现象，以周期长度作为移动的项数；无周期的现象，一般以奇数项为好，其项数多少视序列长短而定。最小平方法是依据时间序列的观察值与趋势值的离差平方和为最小值的基本要求，拟合一种趋势模型，形成一条较为理想的趋势线。利用散点图判断某一现象适宜于哪一种模型。最小平方法可以采用简捷法计算，即使 $\sum t=0$。

季节变动的分析测定方法，按是否消除长期趋势分为按月（季）平均法和趋势剔除法。前者不考虑长期趋势的影响，后者剔除长期趋势以后进行分析。循环变动和不规则变动可采用剩余法测定，实际工作中分析较少。

思考与练习题

一、单项选择题

1．在时间序列中，时间间隔对数据大小有直接影响的是（　　）。

A．时期序列　　　　B．时点序列

C．平均数时间序列　　D．相对数时间序列

2．根据月度时间序列资料计算的各月季节比率之和应为（　　）。

A．0　　B．1　　C．4　　D．12

3．对一个时间序列求移动平均，通常是指对时间序列的所有数据（　　）。

A．逐项推移地求一系列序时平均

B．求算术平均数

C．分段推移地求算术平均或几何平均

D．求几何平均数

4．要通过移动平均法消除季节变动，则移动平均项数 n（　　）。

A．应选择偶数　　B．应选择奇数

C．应和季节周期长度一致　　D．可任意取值

5．某商场根据每个月末的商品库存量计算全年的平均库存量，可用公式（　　）。

A．简单加权平均法　　B．首末折半法

C．加权序时平均法　　D．最小平方法

6．发展速度和增长速度的关系是（　　）。

A．发展速度=增长速度－1　　B．发展速度=增长速度+1

C．发展速度=增长速度　　D．发展速度=增长速度/增长量

7．某产品单位成本从2005年到2008年的平均发展速度为98.5%，说明该产品单位成本（　　）。

A．平均每年降低1.5%　　B．平均每年降低0.5%

C．2008年是2005年的98.5%　　D．2008年比2005年降低98.5%

8．用“趋势剔除法”测定季节变动，适合于（　　）。

A．有增长趋势的季节序列　　B．呈水平趋势的季节序列

C．有趋势和循环的季节序列　　D．各种季节序列

9．一个10个数据的时间序列，其定基发展速度或环比发展速度的数据有（　　）个。

A．7　　B．8　　C．9　　D．10

10．从数据特征上判断，可以拟合指数曲线的时间序列应满足（　　）。

A．序列一次差大体相同　　B．序列中各环比增长量大体相同

C．序列二次差大体相同　　D．序列中各环比增长率大体相同

11．季节比率说明的是（　　）。

A．各季节相对差异　　B．各季节绝对水平的差异

C．各季节趋势的影响　　D．各季节的不规则差异

12．环比发展速度和定基发展速度的关系是（　　）。

A．各环比发展速度的连乘积等于相对应的定基发展速度

B．各定基发展速度的连乘积等于相对应的环比发展速度

C．环比发展速度=定基发展速度－1

D．定基发展速度=环比发展速度－1

13．对于包含四个构成因素（T，S，C，I）的时间序列，以原序列各项数值除以移动平均值（其平均项数与季节周期长度相等）后所得比率（　　）。

A．只包含不规则因素　　B．只包含趋势因素

C．消除了趋势和循环因素　　D．消除了趋势和不规则因素

14．利用剩余法对经济发展的乘法模型进行循环变动分析时，以下叙述正确的是（　　）。

A．循环变动值大于 100%为经济扩张期

B．循环变动值小于 100%为经济扩张期

C．循环变动值等于 100%为经济扩张期

D．循环变动值无法判断经济扩张期

15．根据近几年的数据计算所得，某种商品第二季度销售量季节比率为 1．6，表明该商品第二季度销售（　　）。

A．处于淡季　　B．处于旺季

C．增长了 60%　　D．增长了 160%

二、多项选择题

1．时间序列的两个组成要素是（　　）。

A．时间顺序　　B．发展水平

C．长期趋势　　D．发展速度

2．以下属于绝对数时间序列的有（　　）。

A．时期序列　　B．时点序列

C．相对数时间序列　　D．平均数序列

3．下列说法正确的有（　　）。

A．平均发展速度是各个时期环比发展速度的序时平均数

B．平均发展速度＝平均增长速度－1

C．平均增长速度是各个时期定基增长速度的序时平均数

D．平均增长速度＝平均发展速度－1

4．长期趋势的测定方法有（　　）。

A．几何平均法　　B．移动平均法

C．时距扩大法　　D．最小平方法

5．时间序列的影响因素主要有（　　）。

A．长期趋势　　B．季节变动

C．循环变动　　D．不规则变动

6．以下说法正确的有（　　）。

A．在时期序列中，不同时期的数据相加具有实际意义

B．在时期序列中，数据是通过连续不断登记得到的

C．相对时间序列用以反映事物之间对比关系的变化情况

D．在时点序列中，数据的大小与间隔长短成正比

7．下列关于移动平均法的说法正确的有（　　）。

A．移动平均法用于季节变动分析

B．移动平均法的项数越多，对原有序列的修匀效果越好

C．移动平均法的项数应以原有序列的循环周期长度为准

D．采用偶数项移动平均，要计算正位平均数

8．下列计算增长速度公式中，正确的有（　　）。

A．增长速度=（增长量/基期水平）×100%

B．增长速度 = 发展速度 − 100%

C．$增长速度 = \frac{增长量}{报告期水平} \times 100\%$

D．$增长速度 = \frac{报告期水平-基期水平}{基期水平} \times 100\%$

9．下列关于季节变动分析的说法正确的是（　　）。

A．季节变动分析的方法包括按月（季）平均法和移动平均趋势剔除法

B．季节变动分析至少要两年的资料作为基本数据进行计算分析

C．按月平均的季节比率之和应等于 400%

D．按月平均的季节比率之和应等于 1200%

10．下列关于循环变动分析的说法正确的有（　　）。

A．循环变动分析是朝着一个方向持续运动的变动

B．测定循环变动分析的方法有直接测定法和剩余法

C．循环变动指数大于 100%，则为上涨期

D．循环变动指数小于 100%，则为跌落期

三、判断题

1．时点序列中各个指标值是可以相加的。（　　）

2．在平均数时间序列中，各个指标数值是不能相加的。（　　）

3．计算平均发展水平最基本的方法是根据相对数时间序列计算序时平均数。（　　）

4．利用“首末折半法”计算平均发展水平时，前提条件是假定现象在相邻两时点之间的发展变化是均匀的。（　　）

5．逐期增长量之和等于相应时期的累计增长量。 （ ）

6．平均发展速度 = 平均增长速度 − 1 （ ）

7．几何平均法侧重于考察最末期发展水平，累计法则侧重于考察全期总水平。（ ）

8．测定长期趋势的常用方法有移动平均法和最小平方法。 （ ）

9．趋势剔除法中，若各因素属于乘积形式的现象，应采用原序列减去长期趋势的方法剔除长期趋势。 （ ）

10．不规则变动指数大于 100%为正面影响，起增大观察值的作用；小于 100%为负面影响，起减小观察值的作用。 （ ）

四、计算题

1．某地区国内生产总值在 2000～2002 年平均每年递增 12%，2003～2006 年平均每年递增 10%，2007～2009 年平均每年递增 8%。试计算：

（1）该地区国内生产总值在这 10 年间的发展总速度和平均增长速度。

（2）若 2009 年的国内生产总值为 500 亿元，以后平均每年增长 6%，到 2011 年可达多少？

2．某空调制造公司 2003 年产量为 30 万台。

（1）若规定 2004～2006 年年产量递增率不低于 6%，其后的年递增率不低于 5%，2008 年该公司空调产量将达到多少？

（2）若规定 2013 年空调产量在 2003 年的基础上翻一番，而 2004 年的增长速度可望达到 7.8%，问以后 9 年应以怎样的速度增长才能达到预定目标？

（3）若规定 2013 年空调产量在 2003 年的基础上翻一番，并要求每年保持 7.4%的增长速度，问能提前多少时间达到预定目标？

3．某地区 2006～2009 年各季度苹果销售量数据如表 6-25 所示（单位：万公斤）。

表 6-25 各季度苹果销售量

年 份	第一季度	第二季度	第三季度	第四季度
2006	13.1	13.9	7.9	8.6
2007	10.8	11.5	9.7	11.0
2008	14.6	17.5	16.0	18.2
2009	18.4	20.0	16.9	18.0

试用移动平均法消除季节变动。

4．某地区社会总产出增长速度资料如表 6-26 所示。

表 6-26　某地区社会总产出增长速度资料

年　　份	2003	2004	2005	2006	2007	2008
定基增长速度/%	—	5	11.3			35.049
环比增长速度/%	—	5		7	8	

问：五年间平均每年的增长速度是多少？超过平均增长速度的年份有哪些？

5．依据第 3 题的某地区 2006～2009 年各季度苹果销售量数据，预测 2010 年各季度苹果销售量。

第7章 抽样调查

学习完本章后，你应该能够做到以下几点。

- 简述抽样调查的理论与方法。
- 掌握利用样本资料来推断总体数量的基本原理。
- 简述抽样误差产生的原因。
- 了解抽样调查的特点。
- 掌握抽样方法的具体应用。

案例导入

上海五洲信息咨询公司市场部的小王第一天上班就接到一份来自美国 lion 投资公司的委托书，由于美国 lion 投资公司的品牌香槟酒于 2009 年将进入中国市场，现需了解上海市场的有关情况，特此委托上海五洲公司进行分析。于是小王决定采取抽样调查方式，了解洋酒上海市场的销售状况、需求情况以及对洋酒的市场发展做出估计与判断。调查对象确定为百货公司、宾馆和饭店。在认真分析调查单位后，为保证调查的准确性，根据电话号码簿列出上海市所有可能销售洋酒的单位目录，随机抽取 20 个单位组成一个样本，搜集样本中每个单位 2008 年全年较为详细的洋酒销售额，各种规格、品牌酒价格及销售资料。现将 20 个调查单位销售额资料列表如下。

2008 年 1～12 月洋酒销售额

单位：千元

单位＼月份	1	2	3	4	5	6	7	8	9	10	11	12
1	0.42	0.92	0.21	0.21	0.31	0	0.56	0.30	0.12	0.3	0	0.32
2	1.12	2.44	1.40	0.46	0.78	0.89	1.3	0.32	2.0	0.56	0.2	0.34
3	3.4	2.45	2.32	1.2	0.86	2.3	1.8	3.1	2.02	4.12	3.3	3.78
4	5.845	7.2	4.1	1.3	0.96	2.4	1.8	3.1	4.3	5.6	3.6	6.8
5	3.44	7.9	2.76	3.4	3，14	2.8	2.0	5.4	8.0	9.2	5.1	0.98
6	6.1	5.63	3.2	2.4	3.4	4.1	3.86	1.2	5.6	7.1	6.88	9.1
7	12	13.4	6.3	5.2	3.44	5.6	8.9	14	7.3	18	16.84	5.6
8	10	12.34	7.1	4.6	0.8	4.3	3.2	16	13.5	19	10.25	20
9	20.2	34.7	26	4.6	7.8	3.2	22	18.8	30.1	22	14.8	39.4
10	26.3	40.1	20.7	15.5	17	16.7	4.5	9.8	46.1	61	29.22	42.24
11	37.21	36.75	7.9	7.89	16	17.56	9.8	46.1	38.6	5.62	32.9	2.7
12	22.5	20.65	15.89	13	16	12.83	5.68	9.8	46.1	34.42	38.6	19.86

续表

单位＼月份	1	2	3	4	5	6	7	8	9	10	11	12
13	29.92	17.76	9.7	18.1	12.3	4.1	11.85	30.6	53.21	10.8	30	22.6
14	47.12	64.3	44.6	41.3	7.8	11.82	27.56	29	32	53.76	60.1	53.36
15	32.3	37.87	18.2	8.4	13.78	7.9	11.82	26	46.5	46	22.7	29.65
16	1.12	3.4	0.95	0.65	0	1.2	2.6	4.15	2.5	0.96	1.53	0.27
17	12.12	7.8	6.4	1.32	9.64	1.3	4.33	21.5	29.32	15.97	33.5	1.3
18	23.7	11.2	3.4	0	1.8	5.6	1.98	4.3	17.2	40.53	33.2	5.3
19	112.4	89.6	11.3	16.8	100.8	38.5	32.7	45.6	112	68	14.6	21.3
20	120.2	69.6	22.3	60.4	4.2	10.78	14.67	50.3	38.6	68.42	112.5	100.7

讨论：

给出上海市洋酒销售平均销售额在95%的置信区间，并讨论这一置信区间的含义。学习完本章内容你就能找到答案了。

（资料来源：于政红编著，统计学原理，立信会计出版社）

为了进一步阐明统计推断的理论依据，本章讨论抽样调查的问题。抽样的目的是为了推断总体的数量特征，但这种推断伴随着某种程度的不确定性，需要用概率来表示其可靠程度，这是统计推断的一个重要特点。本章的学习可以使读者认识到通过样本来推断总体的科学性。为此，本章重点阐述抽样调查的相关概念。

7.1 抽样调查的一般性问题

抽样调查是一种科学实用的调查方法，目前它不仅广泛应用于自然科学领域，也愈来愈多地应用于社会经济现象数量方面的研究。随着抽样理论的发展、技术的进步和完善、广大统计工作者业务水平的提高，抽样调查在社会经济统计中的应用将越来越普及。

7.1.1 抽样调查的概念和特点

1. 抽样调查的概念

抽样调查是非全面调查，它是按照随机原则从调查对象（即总体）中抽取部分单位进行调查，用调查所得指标数值对总体相应指标数值做出具有一定可靠性的估计和判断的一种统计调查方法。随机原则是指从调查对象抽取部分单位，抽取谁不受调查者主观意志的影响，调查对象中每个调查单位都有同等机会被抽中，最终哪个单位被抽中纯粹是偶然的事情。例如，从一定面积的小麦中，通过随机抽样，抽取若干块地实割实测，计算平均亩产，以此来推断全部面积的小麦亩产，而且还可以利用亩产乘以全部面积推算出全部面积的小麦总产量。再如，对一批产品进行质量检测时，从全部产品中抽取部分产品进行检测计算合格率，以此来推断全部产品的合格率，而且还可以利用全部产品数量乘以合格率推算出全部合格产品数量。

可见，抽样调查不仅是一种科学的搜集资料的方法，而且也是一种科学的估计和推断方法。

2. 抽样调查的特点

（1）以部分推断总体

抽样调查是一种非全面调查，但调查的目的却不在于了解部分单位的情况，它只是作为一种进一步推断的手段而已，目的仍在于要认识总体的数量特征。抽样调查资料如果不进行抽样推断，这种资料就不会有什么价值。这里存在着手段与目的之间、局部与整体之间的矛盾。这种矛盾在现实生活中是大量存在的。例如，检测几克棉花纤维的强度，能不能判断整批棉花纤维的强度？又如对几克种籽进行催芽实验，能不能判断该品种整批种籽的发芽率等？如果在方法上不能解决这类问题，那么统计的认识活动就要受到限制，统计科学也很难得到发展。抽样推断原理解决了这一矛盾，它科学地论证了样本指标与相应的总体参数之间存在着内在联系，两者的误差的分布也是有规律可循的，并提供一套利用抽样调查的部分信息来推断总体数量特征的方法，这就大大提高了统计分析的认识能力，为信息的采集和开发开辟了一条崭新的途径。

（2）按随机原则抽取调查单位

这是它与其他非全面调查（如重点调查、典型调查）的主要区别。重点调查和典型调查的调查单位是由调查者有意识选取的，抽样调查的调查单位选取不受调查者主观意志的影响。抽样调查为什么要遵循随机原则呢？首先，遵循随机原则才能使调查对象中每个单位有同等机会被抽中或抽不中，当抽取足够多的单位时，才能使被抽中单位的次数分布类型与调查对象相同，从而增强被抽中单位对总体的代表性。其次，遵循随机原则才能计算抽样误差，从而达到推断总体的目的。

（3）抽样推断是运用概率估计的方法

利用样本指标来估计总体参数，在数学上运用不确定的概率估计法，而不是运用确定的数学分析法。因为样本数据和总体参数之间并不存在严格对应的自变量和因变量的关系，它不能利用一定的函数关系来推算总体参数。那么用这样的样本指标值来代表相应的总体指标值其可靠程度究竟有多大，这就是概率估计所要解决的问题。例如，我们不知道全校学生平均身高是多少，现在抽取若干学生为样本，并计算样本的平均身高为168 厘米，又求得以这个 168 厘米来代表全校学生平均身高，其误差不超过 1.5 厘米的概率保证程度不低于 95%，如果这一估计的可靠程度被认为已经满足分析工作的要求，我们就可以用 168 厘米作为全校学生身高的平均水平，否则就要改善抽样组织，重新进行抽样调查，以提高结论的可靠程度，这是概率估计的基本思路。

（4）抽样调查的误差可以事先计算并加以控制

样本指标估计相应的总体指标肯定存在一定的误差，但它与其他统计估算不同，其抽样误差范围可以事先通过有关资料计算出来，并且可以采取必要的措施如改善样本、扩大样本容量、采用更适当的抽样组织形式等来控制这个误差范围，还可以保证抽样调查结果达到所要求的可靠程度。这一特点体现了抽样调查方法的科学性，这些都是其他估计方法所办不到的。

7.1.2　抽样调查的作用

抽样调查的作用包括以下几点。

1）有些现象是无法进行全面调查的，为了测算全面资料，必须采用抽样调查的方法。例如，对无限总体不能进行全面调查。另外，有些产品的质量检查具有破坏性，如轮胎里程实验、灯管耐用时数检验等，这些调查所用测试手段对产品具有破坏性，不可能进行全面调查，只能采用抽样调查。

2）从理论上讲，有些现象可以进行全面调查，但实际上没有必要或很难办到，这些调查也要采用抽样调查。例如，要了解全国城乡居民的家庭生活状况，从理论上讲可以挨门逐户地进行全面调查，但是调查范围太大，调查单位太多，实际上难以办到，也没有必要。采用抽样调查既可以节省人力、物力、费用和时间，提高调查结果的时效性，又能达到和全面调查同样的目的和效果。

3）抽样调查的结果可以对全面调查的结果进行检查和修正。全面调查涉及面广，工作量大，参加人数多，调查结果容易出现差错。因此，在全面调查（如人口普查、工业普查）之后进行抽样复查，根据复查结果计算差错率，并以此调整和修正全面调查结果，从而提高全面调查的质量。

4）抽样调查可用于工业生产过程的质量控制。在工业产品成批或大量连续生产过程中，利用抽样调查可以检验生产过程是否正常，及时提供信息，进行质量控制，保证生产质量的稳定。

5）利用抽样调查原理，可对某些总体的假设进行检验，来判断这种假设的真伪，以决定行动的取舍。例如，某地区去年粮食平均每亩产 400 公斤，本年抽样调查结果表明，粮食平均每亩产 408 公斤，这是否意味着粮食生产水平提高了呢？我们不能下这个结论，最好通过假设检验，检验这两年粮食平均每亩产是否存在显著性统计差异，才能判断该地区今年粮食亩产是否高于去年水平。

7.1.3　抽样调查的几个基本概念

1. 总体和样本

（1）总体

总体也叫全及总体或母体，它是指所要认识的研究对象的全体，是由研究范围内具有某种共同性质的全体单位所组成的集合体。总体的单位数用字母 N 表示。

（2）样本

样本又叫子样，它是指在全及总体中按随机原则抽取出来的那一部分单位所构成的集合体。样本的单位数是有限的，它用字母 n 表示。如从全校 10 000 名学生中抽取 100 人进行健康检查，则该校 10 000 名学生构成全及总体，100 名学生构成样本总体。抽样总体的单位数称为样本容量。一般来说，样本容量远远小于总体单位数。在抽样中，$n \geqslant 30$ 的样本称为大样本，$n < 30$ 的样本属于小样本。对于某一问题来说，全及总体是唯一确定的量，而样本总体是一个随机变量。

2. 全及指标和样本指标

(1) 全及指标

全及指标也称总体指标或母体参数，它是根据全及总体各单位的标志值或标志属性特征计算的，反应总体数量特征的综合指数。由于全及总体是唯一确定的，根据全及总体计算出的全及指标也是唯一确定的。

对于变量总体，各单位的标志可以用数量表示。常用的总体指标有总体平均数 $\bar{X}$、总体标准差 σ、总体方差 σ^2。

设总体变量 X 的数值为：X_1，X_2，…，X_N，F 为各组的单位数，则

$$\bar{X} = \frac{\sum X}{N} = \frac{\sum XF}{\sum F}$$

$$\sigma = \sqrt{\frac{\sum (X - \bar{X})^2}{N}} = \sqrt{\frac{\sum (X - \bar{X})^2 F}{\sum F}}$$

$$\sigma^2 = \frac{\sum (X - \bar{X})^2}{N} = \frac{\sum (X - \bar{X})^2 F}{\sum F}$$

对于属性总体，由于各单位的标志不能用数量表示，因此，总体指标常用成数指标 P 来表示总体中具有某种性质的单位数在总体全部单位中所占的比重，以 Q 表示总体中不具有某种性质的单位数在总体中所占的比重。

设总体 N 个单位中，有 N_1 个单位具有某种性质，N_0 个单位不具有某种性质，$N_1 + N_0 = N$，则有

$$P = \frac{N_1}{N}$$

$$Q = \frac{N_0}{N} = \frac{N - N_1}{N} = 1 - P$$

品质标志表现只有两种，例如，人的性别分为男和女，产品质量标志表现为合格和不合格，通常称之为是非标志，则可以把“是”的标志表现定位 1，而“非”的标志表现定位 0，那么成数 P 就可视为（0，1）分布的平均数，并可求相应的方差和标准差。

$$\overline{X}_p = \frac{\sum XF}{\sum F} = \frac{0 \times N_0 + 1 \times N_1}{N} = \frac{N_1}{N}$$
$$= P$$

$$\sigma_P^2 = \frac{(0-P)^2 N_0 + (1-P)^2 N_1}{N} = P(1-P)$$

例如，某批零件的合格率为 70%，则有

$$\overline{X_p} = 70\%$$

$$\sigma_p^2 = 70\% \times (1-70\%) = 21\%$$

在抽样调查中，总体指标的意义和计算方法是明确的，但总体指标的具体数值事先是未知的，需要用抽样调查来估计。

（2）样本指标

样本指标又称样本统计量或抽样指标，它是根据抽样总体各单位的标志值或标志的属性特征计算的综合指标。由于样本是随机变量，样本指标是样本变量的函数，它本身也是一个随机变量，是用来估计总体指标的，因此和总体指标相对应，也有样本平均数、样本成数、样本标准差和样本方差等指标，均以小写字母来表示。

设样本变量 x 为：x_1，x_2，…，x_n，则有

$$\overline{x} = \frac{\sum x}{n} = \frac{\sum xf}{\sum f}$$

$$\sigma = \sqrt{\frac{\sum (x-\overline{x})^2}{n}} = \sqrt{\frac{\sum (x-\overline{x})^2 f}{\sum f}}$$

$$\sigma^2 = \frac{\sum (x-\overline{x})^2}{n} = \frac{\sum (x-\overline{x})^2 f}{\sum f}$$

$$\overline{x}_p = p$$

$$\sigma_p = \sqrt{p(1-p)}$$

$$\delta_p^2 = p(1-p)$$

3. 重复抽样和不重复抽样

（1）重复抽样

重复抽样又叫回置抽样，它是指从总体中随机抽取一个样本单位，经调查登记后放回原总体，再从总体中随机抽取第二个样本单位，经调查登记后再放回原总体，如此继续下去，直到抽取到预定的单位数为止。这样抽取的样本单位数中，有的单位可能被重复抽取，故叫重复抽样。重复抽样的单位数在抽样过程中始终保持不变。

从总体 N 个单位中，用重复抽样的方法，随机抽取 n 个单位构成一个样本，则总共可抽取 N^n 个样本。

例如，总体有 A、B、C、D 四个单位，要从中用重复抽样的方法抽取二个单位构成一个样本。先从四个单位中抽取一个，共有 4 种抽法，登记有关标志后再放回，然后从四个单位中抽取第二个样本单位，也有 4 种抽法，前后两次构成一个样本，全部可能抽取的样本数目为 16（4×4）个。

（2）不重复抽样

不重复抽样又叫不回置抽样，它是从总体中随机抽取一个样本单位，经调查登记后，不再放回原总体，再从余下的总体中随机抽取第二个样本单位，如此继续下去，直到抽满预定的样本单位数为止。对于不重复抽样，每个总体单位只能被抽中一次，而且每抽取一次，总体单位数将减少一个，因而每个单位的中选机会在各次是不相同的。

从总体 N 个单位中，用不重复抽样的方法，抽取 n 个单位构成一个样本，则总共可抽取 $N(N-1)(N-2)\cdots(N-n+1)$ 个样本。

例如，从 A、B、C、D 四个单位中，用不重复抽样的方法抽取二个单位构成一个样本。先从四个单位中抽取一个，共有 4 种抽法，再从余下的三个单位中抽取一个样本单位，共有 3 种抽法，前后两次构成一个样本，全部可能抽取的样本数目为 12（4×3）个。

由此可见，在相同的样本容量的情况下，重复抽样的样本个数总是大于不重复的样本个数。

7.2 抽 样 误 差

7.2.1 抽样误差的概念

在抽样过程中，用抽样指标来代表全及指标进行必要的推算，必然会产生误差问题，因为样本指标由于种种原因，不可能与全及指标完全一样。具体地说，抽样平均数或抽样成数不可能和它对应的全及平均数或全及成数绝对相等，两者之间必然会产生一定的误差，称为抽样误差，其计算公式为

平均数抽样误差＝抽样平均数－全及平均数

用符号表示为

$$\mu_x = \bar{x} - \bar{X}$$

成数抽样调查＝抽样成数－全及成数

用符号表示为

$$\mu_p = p - P$$

式中，μ_x——平均数抽样误差；

μ_p——成数抽样误差。

这里的抽样误差是由于抽样调查只抽取部分单位而引起的，也就是由于抽样的随机性而产生的那一部分误差。它既不包括登记性误差，也不包括破坏随机原则而产生的系统偏差。所以，抽样误差实际上就是指随机误差，只要进行随机抽样，就必然产生这种随机性的抽样误差。抽样误差是客观存在的，除非进行全面调查，否则，我们不可能用主观的办法来消除它。

由于从全及总体中随机抽取的样本不同，因而由样本计算的抽样误差也是不同的。所以，抽样误差是一个不确定的随机变数，而且每一次抽样的实际误差是无法知道的，因为与它核对的全及指标是无法知道的，如果知道全及指标的数值，那也就无需抽样了。

抽样误差的实际值虽然无法知道，但是影响抽样误差大小的因素还是可以掌握的。这些因素，一般说来有以下三方面。

1. 抽样单位数目的多少

在其他条件不变的情况下，抽样单位数目越少，则误差越大；抽样单位数目越多，则误差越小。当抽样单位数目大到等于全及总体时，那么抽样调查就等于全面调查，抽样误差也就不存在了。

2. 总体单位标志变动程度的大小

总体单位标志变动程度越小，抽样误差就越小；反之，标志变动程度越大，抽样误差也就越大。抽样误差的变动与标志变动程度的大小成正比例关系。

3. 抽样方法的选择

从同一总体中抽取相同容量的样本，用纯随机抽样、机械抽样、类型抽样或整群抽样，其抽样误差是不同的，如果采取重复抽样或不重复抽样的方法，其抽样误差也是有差别的。

7.2.2 抽样平均误差

抽样平均误差是指所有可能样本的抽样指标与全及指标之间的平均离差，是概括地反映全部抽样总体所有一切可能结果的平均误差。我们举一个简单的例子加以说明。

假定有 5 名工人，他们的奖金分别是：400、500、600、700、800 元。用重复抽样的方法，从中随机抽取容量为 2 的样本，一共有 25 个可能的样本，如表 7-1 所示。那么，这 25 个可能样本的平均数（$\bar{x}$）与总体的全及平均数（$\bar{X}$）的平均离差，可进行如下计算。

$$\bar{X}=\frac{400+500+600+700+800}{5}=600\text{（元）}$$

表 7-1 可能样本及平均数

单位：元

样本配合	平均数	样本配合	平均数	样本配合	平均数
400，400	400	600，400	500	800，400	600
400，500	450	600，500	550	800，500	650
400，600	500	600，600	600	800，600	700
400，700	550	600，700	650	800，700	750
400，800	600	600，800	700	800，800	800
500，400	450	700，400	550		
500，500	500	700，500	600		
500，600	550	700，600	650		
500，700	600	700，700	700		
500，800	650	700，800	750		

将表 7-1 中的 25 个样本及其平均数编制成分配数列，而且计算其平均离差，如表 7-2 所示。

表 7-2 可能样本离差计算

单位：元

样本平均数（$\bar{X}$）	平均数的个数（f）	与总体平均数的离差 $(\bar{x}-\bar{X})$	离差平方 $(\bar{x}-\bar{X})^2$	离差平方 x 个数 $(\bar{x}-\bar{X})^2 f$
400	1	−200	40 000	40 000
450	2	−150	22 500	45 000
500	3	−100	10 000	30 000
550	4	−50	2500	10 000
600	5	—	—	—
650	4	50	2500	10 000
700	3	100	10 000	30 000
750	2	150	22 500	45 000
800	1	200	40 000	40 000
合计	25	—	—	250 000

由表 7-2 可见，各个可能样本的平均数（$\bar{x}$）与全及平均数（$\bar{X}$）的离差是不同的。抽样平均误差不是指各个具体样本与全及总体的具体离差，而是指这些具体离差的平均数。不过，求这些具体离差的平均数，不能采用综合平均的方法，因为$\sum(\bar{x}-\bar{X})=0$。所以，抽样平均误差是采用标准差的方法计算的。即

$$\text{抽样平均误差}\ \sigma_x=\sqrt{\frac{\sum(\bar{x}-\bar{X})^2 f}{\sum f}}=\sqrt{\frac{250\,000}{25}}=100\ （元）$$

即在这 5 名工人中，随机抽取 2 人，不管抽取哪一个具体样本，每人每月工资的抽样误差，平均来说为 100 元。所以，抽样平均误差是指所有可能抽取指标的标准差。

当然，我们采用标准差的方法只是对抽样平均误差进行定义性的计算，实际上，抽样平均误差按照标准差的公式是无法进行计算的。因为，我们事先不知道全及总体的平均数（$\bar{x}$）或成数（p），同时，也无法掌握所有可能样本的平均数（$\bar{x}$）或成数（p）。

抽样平均误差的实际计算方法，按照抽取样本单位的方式和方法不同而有所差别，其中最基本的方法是按照纯随机重复抽样进行的。由于抽样平均误差有平均数的抽样平均误差和成数的抽样平均误差两种，他们的具体计算方法也有所不同，现分别加以说明。

1. 平均数的抽样平均误差

在纯随机重复抽样的条件下，平均数的抽样平均误差的计算公式为

$$\text{平均数的抽样平均误差}=\sqrt{\frac{\text{总体方差}}{\text{样本单位数}}}=\frac{\text{总体标准差}}{\sqrt{\text{样本单位数}}}$$

如用符号表示，则

$$\mu_x = \sqrt{\frac{\sigma^2}{n}} = \frac{\sigma}{\sqrt{n}}$$

式中，μ_x——平均数的抽样平均误差；

σ^2——总体方差；

σ——总体标准差；

n——样本单位数。

这个公式是根据样本指标的标准差（即抽样平均误差）与全及指标的标准差之间的数理关系推导出来的。数理统计证明，所有可能样本平均数的标准差（σ_x），就是我们所要计算的抽样平均误差（μ_x）。即

$$\sigma_x = \sqrt{\frac{\sum(\bar{x}-\bar{X})^2 f}{\sum f}} = \sqrt{\frac{\sigma^2}{n}} = \mu_x$$

现在我们以实例检验出用抽样平均误差 $\mu_x = \sqrt{\frac{\sigma^2}{n}}$ 公式计算与用标准差 $\sigma_x = \sqrt{\frac{\sum(\bar{x}-\bar{X})^2 f}{\sum f}}$ 公式计算的结果是一致的。

现仍以前面 5 名工人的工资水平为例，先根据 $\mu_x = \sqrt{\frac{\sigma^2}{n}}$ 公式的要求，求出全及总体的标准差 σ，如表 7-3 所示。

表 7-3 抽样标准

单位：元

变量 X	$(x-\bar{X})$	$(x-\bar{X})^2$
400	−200	40 000
500	−100	10 000
600	0	—
700	100	10 000
800	200	40 000
合计	—	100 000

$$\sigma = \sqrt{\frac{\sum(x-X)^2}{N}} = \sqrt{\frac{100\ 000}{5}} = 141.4 \text{（元）}$$

则 $$\mu_x = \sqrt{\frac{\sigma^2}{n}} = \sqrt{\frac{20\ 000}{2}} = 100 \text{（元）}$$

这个公式计算的结果，与用标准差的理论公式计算的结果是一样的。而这个公式只要知道总体方差（σ^2）和抽样单位数（n）就可以计算，比较实用。

在纯随机不重复抽样的条件下，平均数的抽样平均误差的计算公式为

$$\text{平均数的抽样平均误差} = \sqrt{\frac{\text{总体方差}}{\text{样本单位数}}\left(1-\frac{\text{样本单位数}}{\text{总体单位数}}\right)}$$

如用符号表示为

$$\mu_x=\sqrt{\frac{\sigma^2}{n}\left(1-\frac{n}{N}\right)}$$

式中，μ_x——平均数抽样误差；

σ^2——总体方差；

n——样本单位数；

N——总体单位数。

这个公式是在重复抽样公式的基础上进行修正计算的不重复抽样平均误差公式，式中的$\left(1-\frac{n}{N}\right)$称为修正系数。

将前例的有关数字代入上式，则

$$\mu_x=\sqrt{\frac{\sigma^2}{n}\left(1-\frac{n}{N}\right)}=\sqrt{\frac{20\ 000}{2}\left(1-\frac{2}{5}\right)}=77.46\text{（元）}$$

从计算结果，我们可以看到不重复抽样的误差小于重复抽样的误差，这是小于 1 的修正系数$\left(1-\frac{n}{N}\right)$对重复抽样误差进行修正的结果。所以，在实际抽样工作中，采用不重复抽样方法比重复抽样方法好的多。不过，不重复抽样误差的计算比较复杂，如果抽样比例$\left(\frac{n}{N}\right)$数值很小的话，$\left(1-\frac{n}{N}\right)$的数值就接近于 1，对抽样平均误差的影响也就不大了。因而，在统计工作中，有的时候虽然采用不重复抽样方法，但为简便起见，误差的计算可采用重复抽样误差公式。

这里还需要说明一点，在误差计算公式中会使用总体方差（σ^2）或总体标准差（σ）的数据，但这个数据也是无法找到的。通常在抽样工作中，或者采用样本的方差（S^2）来代替，或者使用过去已全面进行的调查资料（抽样资料也可以），或者是使用事先的估算材料、实验性的调查标准亦可。

2. 成熟的抽样平均误差

成熟的抽样平均误差的计算与平均数的抽样平均误差的计算公式基本相同，不过，总体成熟的方差和总体平均数的方差表示方法不同。

抽样成本的平均误差分为重复抽样与不重复抽样两种情况。

（1）在重复抽样条件下

$$\mu_P=\sqrt{\frac{P(1-P)}{n}}$$

式中，P——总体成数。

（2）在不重复抽样条件下

$$\mu_P=\sqrt{\frac{P(1-P)}{n}\times\frac{N-n}{N-1}}$$

当总体单位数 N 很大时，则不重复抽样成数的抽样平均误差可近似表示为

$$\mu_P = \sqrt{\frac{P(1-P)}{n} \times \left(1-\frac{n}{N}\right)}$$

在得不到总体成数 P 时，也可以用实际样本成数 p 来代替。

【例 7-1】要估计某地区 10 000 名适龄儿童的入学率，随机地从这一地区抽取 400 名儿童，检查有 320 名儿童入学，求抽样入学率的平均误差。

解：根据已知条件：

$$P = \frac{320}{400} = 80\%$$

$$\sigma^2 = P(1-P) = 80\% \times (1-80\%) = 16\%$$

在重复抽样的条件下，入学率的抽样平均误差为

$$\mu_P = \sqrt{\frac{P(1-P)}{n}} = \sqrt{\frac{0.16}{400}} = 2\%$$

在不重复抽样的条件下，入学率的抽样平均误差为

$$\mu_P = \sqrt{\frac{P(1-P)}{n} \times \left(1-\frac{n}{N}\right)} = \sqrt{\frac{0.16}{400} \times \left(1-\frac{400}{10\ 000}\right)} = 1.96\%$$

结果表明，用样本的入学率来估计总体的入学率其误差绝对值平均来说是2%左右，而且不重复抽样的平均误差也小于重复抽样的平均误差。

7.2.3 抽样极限误差

抽样极限误差是从另一个角度考虑抽样误差问题的。以样本的抽样指标来估计总体指标，要达到完全准确无误，这几乎是不可能的事情。所以，在估计总体指标的同时就必须同时考虑估计误差的大小。我们不希望误差太大，误差越大，样本的价值就越小。但也不是误差越小越好，因为在一定限度之后减少抽样误差势必增加很多费用。所以在做抽样估计时，应该根据所研究对象的变异程度和分析任务的要求确定可允许的误差范围，在这个范围内的数字都是有效的。我们把这种可允许的误差范围称为抽样极限误差，它等于样本指标可允许变动的上限或下限于总体指标之差的绝对值，用 Δ 表示。以 Δ_x 和 Δ_p 分别表示平均数和成数的极限误差，则有

$$\Delta_x = \left|\bar{x} - \bar{X}\right|$$
$$\Delta_p = \left|p - P\right|$$

上式 $\bar{x}$ 和 p 分别表示样本平均数和样本成数可允许的上限或下限的数值。可以将上面的等式变换为下列等价的不等式：

$$\bar{x} - \Delta_x \leqslant \bar{X} \leqslant \bar{x} + \Delta_x \tag{1}$$

$$p - \Delta_p \leqslant P \leqslant p + \Delta_p \tag{2}$$

上面第(1)式表示被估计的总体平均数是以样本平均数 $\bar{x}$ 为中心，在 $\bar{x} - \Delta_x$ 至 $\bar{x} + \Delta_x$ 之间变动，区间 $[\bar{x} - \Delta_x, \bar{x} + \Delta_x]$ 称为平均数的估计区间，区间的总长度为 $2\Delta_x$。在这个

区间内样本平均数和总体平均数之间的绝对离差不超过Δ_x。同样，上面第（2）式表示被估计的总体成数是以抽样成数 p 为中心，在 $p-\Delta_p$ 至 $p+\Delta_p$ 之间变动，区间$[p-\Delta_p,\ p+\Delta_p]$称为成数的估计区间，区间总长度为$2\Delta_p$。在这个区间内，抽样成数与总体成数之间的绝对值不超过Δ_p。

例如，要估计某乡粮食亩产和总产水平，从 8000 亩粮食作物中，用不重复抽样的方法抽取 400 亩，求得平均亩产为 450 公斤。如果确定抽样极限误差为 5 公斤，这就要求某乡粮食亩产在450 ± 5公斤，而粮食总产量在$8000\times(450\pm5)$公斤。

又如，要估计某农作物幼苗的成活率，从播种这一品种的幼苗地块中随机抽取 1000 棵，其中死苗 80 棵，则样本幼苗成活率 p 为$92\%(1-80\div1000)$。如果确定抽样极限误差为 2%，这就要求该种作物幼苗的成活率 p 落在 92%±2%之间，即在 90%至 92%之间。

7.2.4 抽样误差的概率度

基于概率估计的要求，抽样极限误差通常需要以抽样平均误差 μ_x 或 μ_p 为单位来衡量。把极限误差Δ_x或Δ_p 分别除以 μ_x 或 μ_p 的相对数 t，它表示极限误差范围为平均误差的 t 倍。T 是测量估计可靠程度的一个参数，称为抽样误差的概率度。

$$\because\ t=\frac{\Delta_x}{\mu_x}=\frac{|\bar{x}-\bar{X}|}{\mu_x}$$

$$\therefore\ \Delta_x=t\times\mu_x$$

$$\because\ t=\frac{\Delta_p}{\mu_p}=\frac{|p-P|}{\mu_p}$$

$$\therefore\ \Delta_p=t\times\mu_p$$

我们把用样本指标推算总体指标时的可靠程度（把握程度）叫抽样推断置信度，用概率 P 表示，而且 P 是 t 的函数，即 $P=F(t)$。为了计算方便，在实际工作中，按不同的 t 值和相应的概率 $F(t)$，编成正态分布概率表供查用。几个常用的概率度和概率之间的函数数量关系为

$$t=1,\quad F(t)=68.27\%$$

$$t=2,\quad F(t)=95.45\%$$

$$t=3,\quad F(t)=99.73\%$$

如上面估计粮食产量一例，若已知某乡粮食亩产的标准差为 82 公斤，总体单位数为 8000 亩，样本单位数为 400 亩，则可得抽样平均误差为

$$\mu_x=\sqrt{\frac{\sigma^2}{n}\times\left(1-\frac{n}{N}\right)}=4\ （公斤）$$

我们就可以用概率度$t=1.25$来表示极限误差的范围，即以 1.25 来规定误差范围的大小。这时就要求某乡的粮食平均亩产在$450\pm1.25\mu_x$公斤之间。

7.3 抽样推断的方法

抽样估计是指利用实际调查计算的样本指标数值来估计相应的总体指标数值，而全及指标是表明总体数量特征的参数，所以这种估计也可以称为参数估计。总体参数的抽样估计方法有点估计和区间估计两种，下面分别加以介绍。

7.3.1 点估计

点估计又称定值估计，是指不考虑抽样误差而直接用样本指标代替总体指标，也就是直接以抽样平均数或抽样成数代替总体平均数或总体成数，用公式表示如下。

$$\bar{x}=\bar{X}$$

$$p=P$$

例如，在对某乡进行的农产品产量调查中，样本地块的平均亩产为350千克，以此推断该乡的平均亩产也是350千克；对某批产品进行质量检验，抽取的部分产品的合格率为95%，认为这批产品的合格率也为95%。

点估计简便、直观，但这种估计没有说明抽样估计的误差，更没有指出误差在一定范围内的概率保证程度，所以实际工作中常常采用区间估计的方法。

7.3.2 区间估计

根据前面所讲的抽样极限误差的概念和不等式：

$$\varDelta_x \geqslant |\bar{x}-\bar{X}|$$

$$\varDelta_P \geqslant |p-P|$$

可以得到以下两个等价的不等式：

$$\bar{x}-\varDelta_x \leqslant \bar{X} \leqslant \bar{x}+\varDelta_x$$

$$P-\varDelta_p \leqslant P \leqslant P+\varDelta_p$$

上面第一式表示被估计的总体平均数是以抽样平均数$\bar{x}$为中心，在$\bar{x}$- $\varDelta_x$ $\bar{x}-\Delta_x$至$\bar{x}+\varDelta_x$之间变动，区间[$\bar{x}-\varDelta_x$，$\bar{x}-\varDelta_x$]称为总体平均数的估计区间或置信区间，区间总长度为$2\Delta_x$，在这个区间内样本平均数和总体平均数之间的绝对离差不超过$\varDelta_x$。同样，上面第二式表明被估计的总体成数是以抽样成数 p 为中心，在$P-\varDelta_p$至$P+\varDelta_p$之间变动，区间[$P-\varDelta_p$，$P+\varDelta_p$]称为总体成数的估计区间或置信区间，区间总长度为$2\varDelta_p$，在这个区间内样本成数和总体成数之间的绝对离差不超过$\varDelta_p$。

区间估计给出了抽样估计的两个问题，一是估计的精确度，即抽样极限误差的大小，抽样极限误差越大，估计的精确度越低，反之越高；二是估计的可靠度，即概率度的大小，概率度越大，估计的可靠度越高，反之越低。精确度与可靠度二者是矛盾的。

下面举例说明区间估计的方法与步骤。

【例 7-2】 某进出口公司出口一种名茶，规定每包重量不低于 150 克，现在用不重复方法抽取其中的 1%进行检验，其抽查结果见表 7-4。

表 7-4 某进出口公司出口名茶的调查结果

每包重量/克	包数 f	x	xf	$(\bar{x}-\bar{X})^2 f$
148～149	10	148.5	1485	32.4
149～150	20	149.5	2990	12.8
150～151	50	150.5	7525	2.0
151～152	20	151.5	3030	28.8
合计	100	—	15 030	76.0

要求以 99.73%的概率估计这批茶叶平均每包的重量范围，以便确定该批茶叶是否达到重量规格的要求。

解：

$$\bar{x}=\frac{\sum xf}{\sum f}=\frac{15\ 030}{100}=150.3\ （克）$$

$$\sigma=\sqrt{\frac{\sum(\bar{x}-\bar{X})^2 f}{\sum f}}=\sqrt{\frac{76}{100}}=0.87\ （克）$$

$$\mu_x=\sqrt{\frac{\sigma^2}{n}\times\left(1-\frac{n}{N}\right)}=0.087\ （克）$$

由于 $P(t)=99.73\%$，查正态概率表，得 $t=3$，所以 $\Delta_x=t\mu_x=3\times0.087=0.26$（克）

平均每包重量区间为：150.04～150.56 克。

由于估计的区间下限高于 150 克，所以这批茶叶以 99.73%的概率估计，达到了重量规格的要求。

【例 7-3】 某城市随机抽取 400 户居民进行家计调查，得每户年耐用品的消费支出的标准差为 200 元，试确定该市居民年平均每户耐用品的消费支出在 930.4～969.6 元之间的概率保证程度。

解： 已知 $n=400$，$\sigma=200$，$\Delta_x=\dfrac{969.6-930.4}{2}=19.6$（元）

则，

$$\mu_x=\frac{\sigma}{\sqrt{n}}=\frac{200}{\sqrt{400}}=10\ （元）$$

$$t=\frac{\Delta_x}{\mu_x}=1.96$$

正态概率表，得置信度为 95%。

该市居民年平均每户耐用品的消费支出在 930.4～969.6 元之间的概率保证程度为 95%。

【例 7-4】 某企业生产一批食品罐头共 60 000 桶，随机不重复抽查 300 桶发现，其中有 6 桶不合格，试以 95.45%的可靠性估计这批罐头合格品率的可能范围。

解：已知：$N=60\ 000$，$n=300$，$n_0=6$，$P(t)=95.45\%$，$t=2$

则 $p=\dfrac{n-n_0}{n}=98\%$

$$\mu_p=\sqrt{\frac{p(1-p)}{n}\left(1-\frac{n}{N}\right)}=0.8\%$$

$$\varDelta_p=t\mu_p=1.6\%$$

所以这批罐头合格品率的可能范围是 96.4%～99.6%。

7.4 抽样单位数目的确定

7.4.1 抽样单位数目确定的必要性

抽样调查的目的是用样本资料推断总体。抽样推断的基础是样本，而样本的取得是按随机原则从全及总体中抽取一部分单位来组成的集合体。在遵从随机原则的条件下，样本容量究竟应为多大才合适呢？这是抽样调查中一个至关重要的问题。首先，抽样单位数目太多会增加抽样组织的困难，造成人力、物力和财力的浪费；抽样单位数目太少又会使误差增大，不能有效地反映总体情况，直接影响到抽样推断结果的准确性。其次，抽样推断的一个重要方面是要求推断的结果在一定可靠性的条件下保证抽样误差不超过事先规定的范围，而推断的可靠性要求主要是根据研究问题的性质和对抽样结果的用途不同而定。当可靠性要求已确定时，抽样误差的控制尤为重要。抽样单位数目是影响抽样误差大小的重要因素，在其他条件相同时，就可以用增加或减少抽样单位数目的方法来控制抽样误差的大小，以达到用最合适的抽样单位数目满足抽样调查任务的要求。

7.4.2 影响抽样单位数目多少的因素

1. 总体中各单位的标志变异程度的大小

如果总体中各单位的标志变异程度较大时，要多抽取一些样本单位数。

2. 抽样推断的可靠性程度的大小

当概率度增大时要求可靠性程度提高，抽样单位数要增多；反之，可少些。

3. 抽样极限（允许）误差的大小

要求的抽样极限误差小时，抽样单位数要增多；反之，可少些。但是，两者并非按比例变化。在重复抽样方式下，极限误差缩小 1/2 时，则样本单位数必须增加为原样本单位数的 4 倍；反之，极限误差增加 1 倍时，则样本单位数只需要原来单位数的 1/4。

4. 抽样方法和抽样组织形式

一般情况下，类型抽样和机械抽样比纯随机抽样和整群抽样的样本单位数少；不重复抽样比重复抽样的样本单位数少。

7.4.3 抽样单位数目的计算

在进行抽样调查之前，即调查设计阶段，就需确定抽样单位数目。一般情况下要根据抽样要求，确定抽样的准确性和可靠性，并根据历史资料或采用试验方法确定的样本标准差来代替，就可以由抽样极限误差的公式推导出所需的样本单位数目的多少。

1. 在重复抽样的条件下

（1）抽样平均数的抽样单位数目的计算

因为
$$\Delta_x = t \times \mu_x = t\sqrt{\frac{\sigma^2}{n}}$$

所以
$$n = \frac{t^2\sigma^2}{\Delta_x^2}$$

（2）抽样成数的抽样单位数目的计算

$$n = \frac{t^2 P(1-P)}{\Delta_p^2}$$

【例 7-5】某企业对产品合格率进行抽样调查，此前曾进行过两次调查，合格率分别为 15%和 13%，此次调查要求抽样极限误差不超过 5%，概率保证程度为 95%，问至少要抽取多少件产品？

解：已知：$\Delta_p = 0.05$，$t = 1.96$

按此前的两次调查资料，分别计算比例的方差：

$$\sigma^2 = P(1-P) = 0.15 \times (1-0.15) = 0.1275$$

$$\sigma^2 = P(1-P) = 0.13 \times (1-0.13) = 0.1131$$

取方差较大者，因此选 $P = 15\%$。因此，至少应抽取的样本容量是：

$$n_p = \frac{t^2 P(1-P)}{\Delta_p^2} = 195.95 \text{（件）}$$

应抽取 196 件产品进行检验。

2. 在不重复抽样的条件下

（1）抽取平均数的抽样单位数目的计算

$$n = \frac{Nt^2\sigma^2}{t^2\sigma^2 + N\Delta_x^2}$$

（2）抽取成数的抽样单位数目的计算。

$$n=\frac{Nt^2P(1-P)}{N\varDelta_p^2+t^2P(1-P)}$$

【例 7-6】 某灯泡厂日产灯泡 15 000 只，根据以往抽样资料，一等品率为 90%，现要求极限误差为 2%，置信概率为 95.45%，问抽样单位数是多少？

解： 已知：$P=90\%$，$\varDelta_p=2\%$，$t=2$，$N=15\ 000$

若为重复抽样，则

$$n=\frac{t^2P(1-P)}{\varDelta_p^2}=900 \text{（只）}$$

即重复抽样下，样本单位数最少是 900 只。

若为不重复抽样，则

$$n=\frac{Nt^2P(1-P)}{N\varDelta_p^2+t^2P(1-P)}=849 \text{（只）}$$

即不重复抽样下，样本单位数最少是 849 只。

若在一次抽样调查中，同时要推断总体平均数和总体成数，运用上式可计算出两个样本容量，实际抽样调查时必要样本容量应为较大的一个。另外，样本容量应取整数，且不采用四舍五入，而采用逢小数就入的取整方法。

7.4.4 确定抽样单位数目应注意的问题

计算必要样本容量应注意以下几个问题。

1）通过公式计算的样本容量是最低的，也是最必要的样本容量。

2）运用公式计算样本容量时，一般总体方差 σ^2 或 $P(1-P)$ 是未知的，在实际计算中往往利用有关资料替代；若此次抽样调查之前，曾经做过同类问题的全面调查，则用全面调查的有关数据来替代；组织实验抽样，在进行正式抽样调查之前，组织两次或两次以上的试验性抽样，用试验样本中的最大方差替代。同样，利用过去全面调查的资料，也要注意选择大的方差。成数方差在完全缺乏资料的情况下，可用成数方差极大值 0.25 来替代。

3）如果进行一次抽样调查，同时对总体平均数和总体成数进行估计，运用前面公式计算两个样本容量 n_1 和 n_2。一般情况下，为了同时满足两个推断的要求，一般在两个样本容量中选择较大的一个。

4）通过公式计算的样本容量不一定是整数，如果带小数，一般不采取四舍五入法取整数，而是选取比这个数大的临近整数。

7.5 抽样调查的组织方式

由于统计调查的目的不同，调查对象的性质不同，所以抽样调查的组织方式也不同。常用的基本抽样方式有以下 5 种：简单随机抽样、机械抽样、分类抽样、整群抽样和多阶段抽样。

7.5.1 简单随机抽样

简单随机抽样，就是完全按照随机原则，从总体单位数 N 中抽取 n 个样本单位进行调查。它可使总体中的各个单位具有同等被抽中的机会。其具体方法是将总体各单位编好号，然后再以抽签的方式抽取样本；或者直接从总体单位中抽取样本。这种抽样方法简单易行，是抽样调查中最基本的方式。简单随机抽样也叫纯随机抽样。

简单随机抽样的公式有以下几种。

1. 抽样误差的公式

（1）平均数的抽样误差公式

$$\mu_{\bar{x}} = \sqrt{\frac{\sigma^2}{n}}$$

其中方差 σ^2 可按两种方法计算：

简单式：

$$\sigma^2 = \frac{\sum (x-\bar{x})^2}{n}$$

加权式：

$$\sigma^2 = \frac{\sum (x-\bar{x})^2 f}{\sum f}$$

（2）成数的抽样误差公式

$$\mu_p = \sqrt{\frac{P(1-P)}{n}}$$

2. 极限抽样误差公式

（1）平均数的极限抽样误差公式

$$\Delta \bar{x} = t\mu x = t\sqrt{\frac{\sigma^2}{n}}$$

（2）成数的极限抽样误差公式

$$\Delta_p = t\mu_p = t\sqrt{\frac{P(1-P)}{n}}$$

3. 必要抽样数目的计算公式

（1）平均数的必要抽样数目的计算公式

$$n_x = \frac{t^2\sigma^2}{\Delta_x^2}$$

（2）成数的必要抽样数目的计算公式

$$n_p = \frac{t^2 p(1-p)}{\Delta_p^2}$$

由此可见，简单随机抽样所运用的公式，就是我们前面所讲的那些公式。

7.5.2 机械随机抽样

机械随机抽样，是先将全及总体的各单位按照某一标准顺序排列，然后再按相等的间隔抽取样本。例如，对 2000 个职工家庭生活情况进行抽样调查，先将职工按姓氏笔画多少顺序排队，然后再分成 200 组，每组包括 10 个职工。从每组中抽取一个职工，即抽取的样本数共为 200 个。在对第一组职工抽样时，完全按照随机原则，即第一组的 10 个职工被抽中的机会是均等的。假如第一组抽中了 6 号，然后按照相等的间隔（本例中的间隔为 10），依次抽取 16 号、26 号、36 号、46 号……，依次类推。

将全及总体单位按某一标志排队时，可采用无关标识，也可采用有关标志。所谓无关标志，就是与所调查的问题无关的标志。如上例中，抽样调查的目的是研究职工的家庭生活情况，而按姓氏笔画就与此无关。所谓有关标志，就是与所调查的问题直接有关的标志。如将职工按收入多少顺序排队，职工收入多少就是有关标志，因为职工收入多少与其家庭生活水平是直接相关的。

机械调查的方法也较为简单易行。由于各个样本在全及总体中的分布比较均匀，所以机械抽样的误差接近简单随机抽样的误差。因此，计算机械随机抽样误差，可采用上述简单随机抽样的那些公式。机械随机抽样也叫等距抽样。

7.5.3 分类随机抽样

分类随机抽样，也叫分层随机抽样。分类随机抽样，是先将所要调查的总体，按照某一标志进行分组，然后再采用简单随机抽样的方法或者机械随机抽样的方法从各组中抽取样本。例如，在调查职工生活情况时，可先将职工按平均收入水平分为三组：收入水平较高的组、收入水平中等的组、收入水平较低的组，然后从每个组中，采用简单随机抽样的方法抽取样本，或者采用机械抽样的方法抽取样本。由于总体经过分组，同组内各单位之间的差异就比较小，因此，从各组抽取的样本的代表性就比较高。它的抽样误差比简单随机抽样的误差和机械抽样的误差小一些。

各组的抽样数目如何分配呢？可采用两种方法。一种是按各组的标志变动程度来分配。标志变动程度大的组，抽样数目就多一些；标志变动程度小的组，抽样数目就少一些。各组抽样数目不按比例分配。另一种方法是按比例分配抽样数目，即按各组单位数占总体单位数的比重来分配抽样数目。如果抽取样本的总数 $n = 200$ ，若收入水平高的职工家庭占 20%，收入水平中等的家庭占 70%，收入水平低的家庭占 10%，则三个组所分配的抽样数目为

$$\text{收入水平高的组：} 200 \times 20\% = 40$$

收入水平中等的组：$200\times70\%=140$

收入水平高的组：$200\times10\%=20$

各组抽样误差的计算，可按前面的简单随机抽样的公式进行。在分组计算抽样误差的基础上，再计算总的平均抽样误差。这种计算方法比较复杂，这里略而不讲。

7.5.4 整群随机抽样

前面讲的简单随机抽样、机械随机抽样、分类随机抽样，所抽取的样本都是个体的。而整体抽样时从调查对象中成批地抽取样本。它所抽取的样本，是由若干个体组成的群体。如对产品质量进行检测时，可每隔 50 分钟抽取 10 分钟所产生的全部产品进行检验；或者每隔 7 小时抽取 1 小时所产生的全部产品作为样本。这 10 分钟或 1 小时所产生的产品，就不是一件、两件，可能是十件、几十件，即有多少算多少。

整群抽样比较简单易行。但由于样本比较集中，分布不均匀，如果所抽取的样本群体特别好或特别差，都会影响样本的代表性。在抽样数目相同的条件下，整群抽样的误差比其他几种抽样误差要大。为了减少抽样误差，需抽取较多的样本。

整群抽样一般按不重复抽样的方法抽取样本。其抽样误差公式为

$$\mu=\sqrt{\frac{\sigma^2}{R}\left(\frac{R-r}{R-1}\right)}\approx\sqrt{\frac{\sigma^2}{R}\left(1-\frac{r}{R}\right)}$$

式中，R——全及总体划分的群数；

r——所抽取的样本群数；

σ^2——组间方差或群间方差。

而群间方差可按下列公式计算：

$$\sigma^2=\frac{\sum(\overline{x}_i-\overline{x})^2}{r}$$

式中，$\overline{x}_i$——抽选各群的平均数；

$\overline{x}$——所有抽选群的总平均数。

成数的组间方差，可按下列公式计算：

$$\sigma^2=\frac{\sum(P_i-P)^2}{r}$$

式中，P_i——被抽取各群的成数；

P——所有被抽取各群的总成数。

极限抽样误差的计算公式为

$$\Delta=t\sqrt{\frac{\sigma^2}{R}\left(\frac{R-r}{R-1}\right)}$$

【例 7-7】某连续生产的企业，对所生产的产品，每隔 50 分钟抽取 10 分钟生产的全部产品进行质量检验，检验结果和合格率为 95%，并知群间方差σ^2为 0.1，试在概率为 95.45%的保证下，推断全天生产的产品合格率的可能范围。

解：已知 $R=24\times\dfrac{60}{10}=144$，$r=24$，$\sigma^2=0.1$，$t=2$（查概率表得）

将上列数字带入整群抽样极限误差的公式，可得：

$$\Delta=2\times\sqrt{\frac{0.1}{144}\times\left(\frac{144-24}{144-1}\right)}$$

$$=2\times0.024=0.048\text{，即 }4.8\%$$

全天生产的全部产品合格率的可能范围如下：

$$95\%-4.8\%\leqslant P\leqslant 95\%+4.8\%$$

$$90.2\%\leqslant P\leqslant 99.8\%$$

由此可知，该企业全天生产的产品合格率的可能范围是在90.2%至99.8%之间。

7.5.5 多阶段抽样

多阶段抽样是指在抽样时先抽总体中某种更大范围的单位，再从中选较小范围的单位，以此类推，最后从更小范围单位中抽选样本的基本单位，分阶段完成抽样的组织工作。当总体很大时，抽样调查要直接抽选总体的基本单位在技术上有很大的困难，一般都要采用多阶段抽样方法。

多阶段抽样的组织工作较复杂，但样本的代表性较高，可节约人力、物力和财力，因而在实际中得到了广泛的应用。

在多阶段抽样中，前几个阶段的抽样都类似整群抽样，最后阶段类似分类抽样或等距抽样。每个阶段抽样都会存在抽样误差，因此，多阶段抽样的抽样误差是各阶段抽样误差之和。下面以两阶段抽样为例，说明多阶段抽样误差的计算方法。

以两阶段抽样而论，首先将总体划分为 R 组，每组包含 M_i 个单位。抽样第一阶段从 R 组中随机抽取 r 组；第二阶段从中选的 r 组中分别从各组 M_i 个单位中随机抽取 m_i 个单位，构成一个样本，这种抽样就是两阶段抽样。其中总体单位数 $N=M_1+M_2+\cdots+M_R$，各组的单位数 M_i 可以是相等的，也可以是不等的。样本单位数 $n=m_1+m_2+\cdots+m_r$，各组抽取的单位数可以是相等的，也可以是不等的。为了简化起见，假定总体 R 组中每组单位都等于 M，则有 $N=RM$，而且从各组抽取的单位数也相等，都为 m，则有 $n=rm$。

从两阶段抽样的组织技术上可以看出这是整群抽样和分类抽样的结合，即整群抽样——第一阶段从总体的全部组（群）中随机抽取部分的组（群）和分类抽样——第二阶段从中选组中抽选部分单位两个程序的结合。

从总体 R 组中随机抽取 r 组，每组有 M 个单位，从 r 组中每组抽取 m 个单位构成样本。样本平均数可以这样计算：

先计算第1组的样本平均数 $\bar{x}_i$ 为

$$\bar{x}_i=\frac{\sum_{j=1}^{m}x_{ij}}{m}\quad（i=1，2，\cdots，r）$$

再计算样本的平均数 $\bar{x}$ 为

$$\bar{x}=\frac{\sum_{i=1}^{r}\sum_{j=1}^{m}x_{ij}}{rm}=\frac{\sum_{j=1}^{r}\bar{x}_i}{r}$$

两阶段抽样的平均误差是由两部分构成的：第一部分是第一阶段从总体全部组中抽取部分组所引起的组间误差；第二部分是第二阶段在中选的组中抽取部分单位所引起的组内平均误差。在总体 R 组中抽取 r 组，又在 r 组中每组 M 个单位中抽取 m 个单位的情况下样本平均方差 μ_{x}^{-2} 应等于组平均数组间方差的 $\frac{1}{r}$ 以及各组内方差平均数的 $\frac{1}{rm}$ 两项之和。再考虑阶段是不重复抽样，各项不定期必须乘以各自的修正系数，所以样本平均数的抽样平均误差 $\mu_{\bar{x}}$ 为

$$\mu_{\bar{x}}=\sqrt{\frac{\delta^2}{r}\left(\frac{R-r}{R-1}\right)+\frac{\overline{\sigma^2}}{rm}\left(\frac{M-m}{M-1}\right)}$$

式中，$\delta^2=\frac{\sum_{i=1}^{r}(\bar{x}_i+\bar{x})^2}{R}$ 为组（群）平均数的组（群）间方差；

$\sigma^2=\frac{\sum_{i=1}^{r}\sigma_i^2}{R}$ 为各组（群）内方差的平均数。

在1936年的美国总统选举前，一份名为Literary Digest的杂志进行了一次民意调查，调查的焦点是谁将会成为下一届总统——是挑战者堪萨斯州州长Alf Landon，还是现任总统 Franklin。为了解选民意向，民意调查专家们根据电话薄和车辆登记薄上的名单给一大批人发了简单的调查表（电话和汽车在 1936 年没有像现在这样普及，这些名单很容易获得），尽管发出的调查表有一千万张，但收回的比例并不高，在收回的调查表中，Alf Landon 比较受欢迎，于是该杂志预测 Alf Landon 将会赢得选举，但事实上是 Franklin 赢得了选举。

请同学们结合案例回答以下问题：

1．根据上述资料分析调查失败的原因是什么？

2．如果你是民意调查专家，你又会如何设计此项调查才会真实地反映民意呢？

（资料来源：陈在余、陶应虎编著，统计学原理与实务，清华大学出版社，2009 年 3 月）

小　结

本章主要讲述了抽样调查的基本原理，包括抽样调查的概念、特点、作用，抽样误差以及抽样推断的方法。最后是在掌握抽样调查的基础上，研究抽样单位数目的确定以

及抽样调查的组织方式问题，其中心思想是充分利用已掌握的辅助信息资料，改善抽样组织，以达到节省费用、提高效果的目的。

1. 抽样调查的概念和特点

抽样调查是非全面调查，它是按照随机原则从调查对象（即总体）中抽取部分单位进行调查，用调查所得指标数值对总体相应指标数值做出具有一定可靠性的估计和判断的一种统计调查方法。

抽样调查的特点是①以部分推断总体；②按随机原则抽取调查单位；③抽样推断是运用概率估计的方法；④抽样调查的误差可以事先计算并加以控制。

2. 抽样误差

抽样误差是抽样中由于随机的原因，样本各单位的结构不足以代表总体各单位，而引起抽样指标和全及指标之间的绝对离差。

3. 抽样极限误差

抽样极限误差是抽样指标与总体指标之间误差可允许的最大范围。

抽样极限误差需要用 μ_x 或 μ_p 为标准单位来衡量。

4. 点估计和区间估计

点估计又称定值估计，是指不考虑抽样误差而直接以样本指标代替总体指标，也就是直接以抽样平均数或抽样成数代替总体平均数或总体成数。

点估计简便、直观，但这种估计没有说明抽样估计的误差，更没有指出误差在一定范围内的概率保证程度，所以实际工作中常常采用区间估计的方法。

思考与练习题

一、单项选择题

1. 在抽样推断中，必须遵循（　　）抽取样本。
   A. 随意原则　B. 随机原则　C. 可比原则　D. 对等原则
2. 能够事先加以计算和控制的误差是（　　）。
   A. 抽样误差　B. 登记误差　C. 系统性误差　D. 测量误差
3. 极限误差与抽样平均误差数值之间的关系（　　）。
   A. 前者一定小于后者　B. 前者一定大于后者
   C. 前者一定等于后者　D. 不确定
4. 某企业连续性生产，为检查产品质量，在 24 小时中每隔 30 分钟取下一分钟的产品进行全部检验，这是（ ）。

A．整群抽样 B．简单随机抽样 C．类型抽样 D．纯随机抽样

5．在抽样调查中，无法避免的误差是（ ）。

A．登记误差 B．系统误差 C．计算误差 D．抽样误差

6．置信区间的大小表达了区间的（ ）。

A．可靠性 B．准确性 C．显著性 D．及时性

7．抽样平均误差反映了样本指标与总体指标之间的（ ）。

A．可能误差范围 B．平均误差程度

C．实际误差 D．实际误差的绝对值

8．在同等条件下，重复抽样与不重复抽样相比较，其抽样平均误差（ ）。

A．前者小于后者 B．前者大于后者

C．两者相等 D．无法确定

9．若总体平均数 $\overline{X}$ =50，在一次抽样调查中测得 $\overline{X}$ =48。则以下正确的说法是（ ）。

A．抽样极限误差为 2 B．抽样平均误差为 2

C．抽样实际误差为 2 D．以上都不对

10．从 2000 名学生中按不重复抽样方法抽取了 100 名进行调查，其中有女生 45 名，则样本成数的抽样平均误差为（ ）。

A．0.24% B．4.85% C．4.97% D．以上都不对

11．抽样调查的主要目的在于（ ）。

A．计算和控制抽样误差 B．了解全及总体单位的情况

C．用样本来推断总体 D．对调查单位做深入的研究

12．抽样推断中的概率保证程度表达了区间估计的（ ）。

A．显著性 B．准确性 C．可靠性 D．规律性

13．当总体内部差异比较大时，比较合适的抽样组织方式是（ ）。

A．纯随机抽样 B．整群抽样 C．分层抽样 D．简单随机抽样

14．纯随机抽样的结果（ ）。

A．完全由抽样方式所决定 B．完全由随机性所决定

C．完全由主观因素所决定 D．完全由客观因素所决定

15．根据抽样测定 100 名 4 岁男孩身体发育状况的资料，平均身高为 95cm,标准差为 4cm，用（ ）概率可确信 4 岁男孩平均身高在 93.8～96.2cm 之间。

A．68.27% B．90% C．95.45% D．99.74%

二、多项选择题

1．抽样调查的特点是（ ）。

A．以部分推断总体

B. 按随机原则抽取调查单位

C. 抽样推断是运用概率估计的方法

D. 抽样调查的误差可以事先计算并加以控制

2. 假设从6个人的总体中随机抽取2个人进行调查，可能有15个样本组合，所以说（　　）。

A. 样本指标是随机变量　　B. 总体指标是随机变量

C. 样本指标是唯一确定的　　D. 总体指标是唯一确定的

3. 抽样调查中的抽样误差是（　　）。

A. 不可避免的　　B. 可以避免的

C. 可以事先计算加以控制的　　D. 受总体标志变动程度影响的

4. 要提高抽样推断的精确度，可采用的方法有（　　）。

A. 增加样本数目　　B. 减少样本数目

C. 缩小总体被研究标志的变异程度　　D. 改善抽样的组织方式

E. 改善抽样的方法

5. 抽样推断的基本组织方式有（　　）。

A. 纯随机抽样　　B. 机械抽样

C. 分层抽样　　D. 整群抽样

6. 重复抽样的平均误差（　　）。

A. 总是大于不重复抽样的平均误差

B. 总是小于不重复抽样的平均误差

C. 有时大于或小于重复抽样的平均误差

D. 在$\frac{n}{N}$很小时，几乎等于不重复抽样的平均误差

E. 在$\frac{N-n}{N}$趋于1时，可采用不重复抽样平均误差的方法计算

7. 在抽样调查中应用的抽样误差指标有（　　）。

A. 抽样实际误差　　B. 抽样平均误差

C. 抽样误差算术平均数　　D. 抽样极限误差

E. 抽样误差的概率度

8. 抽样平均误差是（　　）。

A. 反映样本指标与总体指标的平均误差程度

B. 样本指标的标准差

C. 样本指标的平均差

D. 计算抽样极限误差的衡量尺度

9. 从总体中可以抽选一系列样本，所以（　　）。

A. 总体指标是随机变量　　B. 样本指标是随机变量

C. 抽样指标是唯一确定的　　D. 总体指标是唯一确定的

10．影响样本容量大小的因素是（　　）。

A．抽样的组织形式　　B．样本的抽取方法

C．总体标准差大小　　D．抽样估计的可靠程度

E．允许误差的大小

三、判断题

1．用来测量估计可靠程度的指标是抽样误差的概率度。（　　）

2．抽样推断中，作为推断的总体和作为观察对象的样本都是确定的、唯一的。（　　）

3．抽样平均误差就是总体指标的标准差。（　　）

4．极限抽样误差总是大于抽样平均误差。（　　）

5．缩小样本误差范围，则抽样调查的精确度就会提高。（　　）

6．计算样本平均误差时，如果缺少总体方差资料，可以用样本方差来代替。（　　）

7．当全及总体单位数很大时，重复抽样和不重复抽样计算的抽样平均误差相差无几。（　　）

8．在不同的抽样组织方式下，计算抽样平均误差应该采取不同的公式。（　　）

9．根据样本总体各单位的标志值或标志特征计算的综合指标称为样本指标。（　　）

10．抽样平均误差反映抽样的可能误差范围，实际上每次的抽样误差可能大于抽样平均误差，也可能小于抽样平均误差。（　　）

四、计算题

1．对一批成品按重复抽样方法抽取 200 件，其中废品 8 件，当概率为 0.9545 时，试推断该批产品合格率及其可能范围。

2．某村有农户 2000 家，用随机抽样法调查其中 100 家。经计算得知该 100 户平均收入 3000 元，平均收入标准差为 200 元，则抽样平均误差是多少？

3．某厂生产彩电。按不重复抽样方法从一批出场产品中抽取 1%的产品进行质量检验，取得如下资料。

正常工作时间/千小时	电视机/台
6～8	15
8～10	30
10～12	50
12～14	40
14～16	9
合计	144

试计算抽样平均误差。

4．一批商品（10 000 件）运抵仓库，随机抽取 100 件检验其质量，发现有 10 件不合格。试按重复与不重复抽样分别计算合格率抽样平均误差。以 95.45%的概率保证程

度对该批商品的合格率做出区间估计。

5．根据第 3 题的资料，对该厂生产的这批彩电的正常工作时间作出区间估计。如果规定彩电的正常工作时间在 12 000 小时以上为一级品，试对该厂这批出厂产品的一级品率做出区间估计。（ $F(t)=95\%$ ）

第8章　统计推断

学习完本章后，你应该能够做到以下几点。

- 简述统计推断的基本内容。
- 了解参数估计的类型。
- 简述总体参数检验的基本原理及方法。
- 掌握总体成数假设的种类。
- 掌握非参数检验的种类。

案例导入

当问起正常人的体温时，多数人的回答是37℃，这似乎已经成了一种共识。下表是一个研究人员测量的50个健康成年人的体温（单位：℃）数据。

37.1	36.9	36.9	37.1	36.4
36.9	36.6	36.2	36.7	36.9
37.6	36.7	37.3	36.9	36.4
36.1	37.1	36.6	36.5	36.7
37.1	36.2	36.3	37.5	36.9
37	36.7	36.9	37	37.1
36.6	37.2	36.4	36.6	37.3
36.1	37.1	37	36.6	36.9
36.7	37.2	36.3	37.1	36.7
36.8	37	37	36.1	37

根据样本数据计算的平均值是$\bar{x}$=36.8℃，标准差为σ=0.36℃。根据参数估计方法得到的健康成年人平均体温的95%的置信区间为（36.7，36.9）。研究人员发现这个区间内并没有包括37℃。因此提出“不应该再把37℃作为正常人体温的一个有任何特定意义的概念”。我们应该放弃“正常人的平均体温是37℃”这个共识吗？为什么？学习完本章内容你就能找到答案了。

总体参数估计是统计推断的重要内容之一，就是在抽样及抽样分布的基础上，根据样本统计量来推断我们所关心的总体参数。假设检验是统计推断的另一个重要内容，它与参数估计类似，但角度不同。参数估计是利用样本信息推断未知的总体参数，而假设检验则是先对总体参数提出一个假设值，然后利用样本信息判断这一假设是否成立。本章首先介绍参数估计的基本方法和参数估计样本容量的确定问题，然后介绍有关假设检验的基本问题。

8.1 总体参数估计

总体参数估计（Estimation of parameters）是以样本统计量作为未知总体参数的估计量，并通过对样本各单位的实际观察取得样本数据，计算样本统计量的取值作为被估计参数的估计值。

8.1.1 总体参数的点估计

1. 估计量选择的优良标准

在对总体做出估计时，并非所有估计量都是优良的，从而产生了评价估计量是否优良的标准。一般有如下三条标准。

（1）无偏性

如果样本某统计量的数学期望值等于其所估计的总体参数，则这个估计统计量就叫做该总体参数的无偏估计量。如样本平均数的数学期望是总体平均值，则样本均值是总体均值的无偏估计量。这里无偏估计量是指没有系统偏差（非随机性偏差）的平均意义上的量，即如果说一个估计量是无偏的，并不是保证用于单独一次估计中没有随机性误差，只是没有系统性偏差而已。这是一个好的估计量的重要条件。

若以θ代表被估计的总体参数，$\hat{\theta}$代表θ的无偏估计量，则有

$$R(\hat{\theta})=\theta$$

（2）一致性

若估计量随机样本容量n的增大越来越接近总体参数的真值时，则称该估计量是被估计参数的一致性估计量。估计量的一致性是从极限意义上讲的，它适用于大样本的情况。如果一个估计量是一致性估计量，那么采用大样本就更加可靠。当然在样本容量n增大时，估计量的一致性会增强，但调查所需的人力、财力、物力也相应增加。

（3）有效性

有效性是指无偏性估计量中方差最小的估计量。无偏估计量只考虑估计值的平均结果是否等于待估计参数的真值，而不考虑估计的每个可能值及其次数分布与待估计参数真值之间离差大小的散布程度。我们在解决实际问题时，不仅希望估计值是无偏的，更希望这些估计值的离差尽可能地小，即比较各无偏估计量中与被估计参数的离差较小的为有效估计量。如样本平均数与中位数都是总体均值的无偏估计量，但在同样的样本容量下，样本平均数是更为有效的估计量。

以上三个标准并不是孤立的，只要一个估计量能同时满足这三个标准，这个估计量就是一个好的估计量。

2. 点估计法

在统计估计中，如果我们用一个估计量去估计总体的相应未知量（参数），即用样本估计量的一个具体观察值作为总体未知量（参数）的估计量，则称这种估计方法为点估计法，由此得出的估计值为点估计值。点估计法包括矩估计法、极大似然参数估计法、贝叶斯参数估计法等。

（1）矩估计法

矩估计的基本思想是：由于样本抽自总体，样本矩在一定程度上反映了总体矩，因此只要总体 X 的 k 阶原点矩 m_k 存在，就可以用样本矩作为相应总体矩的估计量，以样本矩的函数作为相应总体矩的函数的估计量。此外，对于不表现为矩的总体参数，也可以用相应的样本统计量作为估计量，因此这种方法也称为代替原则。

【例 8-1】某公司考虑购买一批降价商品共 3000 件，其中有些是次品，但不知次品数为多少。公司得知每件产品的修复成本为 0.5 元，并认为总的修复成本若低于 150 元，就购买这批产品。在决定之前，公司随机抽取 100 件产品进行调查，发现了 8 件次品。问这批商品的次品率是多少，公司可否购买这批产品？

解：设样本次品率为 p，次品为 x，总体中的次品数的估计量为 N_p，则

$$p=\frac{x}{n}=\frac{8}{100}=8\%$$

$$N_p=3000\times 8\%=240\text{（件）}$$

$$0.5\times 240=120\text{（元）}$$

计算结果表明，这批产品的次品率估计为 8%，次品数为 240 件，修复成本为 120 元，低于控制目标。所以，该公司可以购进这批商品。

可见，矩估计法简便、直观，是常用的估计方法。但是，它也有其局限性：一是要求总体的 k 阶原点矩存在，若不存在则无法估计；二是它不能充分地利用估计时已掌握的有关总体分布形式的信息。

（2）极大似然估计法

极大似然估计法是一种具有优良数学性质的点估计方法。它的基本思想是：设总体分布函数形式已知，但有一个未知参数 θ，θ 可以取得很多值，或者更严格地说 θ 在参数空间 Ω 上取值。当抽样取得样本 θ 后，我们在 θ 的一切可能值之中选择一个使 x 出现概率最大的值作为 θ 的估计值，记为 $\hat{\theta}$，并称 $\hat{\theta}$ 为未知参数 θ 的极大似然估计。

该方法求解比较麻烦，一般需要建立一个由抽取的样本数值与未知参数共同构成联合概率分布的似然函数：

$$L=L(x_1,\ x_2,\ \cdots,\ x_i,\ \theta)=\prod f(x_i,\ \theta)$$

然后，令 θ 对 L 的偏导数等于零，以求得概率的极限。

【例 8-2】甲方向乙方提供一批产品，甲方宣称这批产品的次品率约为 10%，乙方则根据以往的经验认为这批产品的次品率可能高达 30%，现从这批产品中随机抽取 10 件

发现有2件次品。请问甲、乙双方哪一方的估计更可信。

解：根据10件产品中有2件次品的实现，我们很难判断哪方面的说法更准确可信。为此，我们分别计算 $p=0.3$ 和 $p=0.1$ 时，10件产品中出现2件次品的概率。具体步骤如下。

设次品的件数为 x，则 $x \sim B(n, p)$，有

$$P(x=2)=C_{10}^{2}p^{2}q^{10-2}$$

若 $p=0.1$，则10件产品中有2件次品的概率为

$$P(x=2)=0.1937$$

若 $p=0.3$，则10件产品中有2件次品的概率为

$$P(x=2)=0.2335$$

显然，$p=0.3$ 时计算的概率0.2335较大，说明次品率为0.3的可能性较大，即乙方的估计较难。

点估计的优点在于它能够提供总体参数的具体估计值，可以作为行动决策的数量依据。例如，推销部门对某产品估计出全年推销额数值，并分出每月销售额，便可传递给生产部门作为制定生产计划的依据，而生产部门又可将各月产量计划传递给采购部门作为制定原材料采购计划的依据等。点估计也有不足之处，任何点估计都不能提供误差情况如何、误差程度有多大的信息。

8.1.2 总体参数的区间估计

区间估计是根据给定的置信度要求，指出总体参数被估计的上限和下限。一般地说，对于总体被估计参数 θ，找出样本的两个估计量 $\hat{\theta}_1$ 和 $\hat{\theta}_2$（$\hat{\theta}_2 > \hat{\theta}_1$），使被估计参数落在区间（$\hat{\theta}_1$，$\hat{\theta}_2$）内的概率为 $1-\alpha$，其中 α 为介于0～1之间的已知数，即

$$P(\hat{\theta}_1 \leqslant \theta \leqslant \hat{\theta}_2)=1-\alpha$$

称区间（$\hat{\theta}_1$，$\hat{\theta}_2$）为总体参数的估计区间，$\hat{\theta}_1$ 为估计下限，$\hat{\theta}_2$ 为估计上限，$1-\alpha$ 为估计置信度，α 为显著水平，如图8-1所示（$\hat{\theta}_1=a$，$\hat{\theta}_2=b$，$\theta=\mu$）。

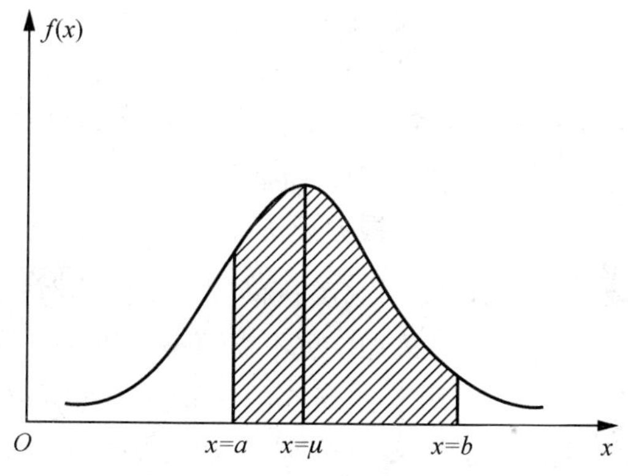

图8-1 正态分布图

区间估计的特点是它不是指出被估计参数的确定数值，而是指出被估计参数的可能范围，同时对参数落在这一范围内给定相应的概率保证程度。正如上面指出的那样，参数的可能范围是估计的准确性问题，而相应的概率保证程度（置信度）是估计的可靠性问题。在样本容量不变的条件下，要缩小估计区间，提高估计的准确性，势必减少置信度，降低估计的可靠性。

【例 8-3】 从总体 5 个工人的日工资（总体日平均工资为 42、总体方差为 32）中采用重置抽样的方法抽取样本容量为 2 人的样本，平均工资的抽样分布如表 8-1 所示。

表 8-1 样本日平均工资分布

样本日平均工资 $\bar{x}$	34	36	38	40	42	44	46	48	50
频率（概率）	1/25	2/25	3/25	4/25	5/25	4/25	3/25	2/25	1/25

解：根据以上分布资料可以写出样本日平均工资落在各种区间的概率 P：

$$P(40 \leqslant \bar{x} \leqslant 44) = 13/25$$

$$P(38 \leqslant \bar{x} \leqslant 46) = 19/25$$

$$P(34 \leqslant \bar{x} \leqslant 50) = 1$$

很容易将上述形式转换为样本平均数与总体平均数误差不超过一定范围的概率的形式：

$$P(\left|\bar{x} - \bar{X}\right| \leqslant 2) = 13/25$$

$$P(\left|\bar{x} - \bar{X}\right| \leqslant 4) = 19/25$$

$$P(\left|\bar{x} - \bar{X}\right| \leqslant 8) = 1$$

这说明在重置抽样中，样本日平均工资与总体日平均工资的绝对离差不超过 2 元的概率为 13/25，即有 52%的概率保证总体日平均工资落在 40～44 元之间。同理，抽样误差不超过 4 元的概率为 76%，抽样误差不超过 8 元的概率为 100%等。由此可见，抽样误差范围和估计置信度是密不可分的。估计置信度是抽样误差范围的函数，抽样误差范围愈小，估计准确度愈高，但置信度愈小。因此，在区间估计的时候，我们不可能对抽样误差范围和估计置信度都提出要求，只能根据给定的置信度来推算抽样误差范围的上下限，或根据给定的允许范围，来推算相应的置信度。

可以证明，在样本单位数足够多（$n \geqslant 30$）的情况下，样本平均数接近于正态分布，因而我们可以根据正态分布逼近的原理直接利用正态分布概率表查找确定所需要的概率或估计区间。但有一点必须说明，根据正态分布理论，抽样误差$\left|\bar{x} - \bar{X}\right| \leqslant \varDelta$ 的概率，是指样本平均数 $\bar{x}$ 落在（$\bar{X} - \varDelta$，$\bar{X} + \varDelta$）区间的概率。然而实际上总体平均数 $\bar{X}$ 是未知的，而样本平均数 $\bar{x}$ 在这里却已求知，也不需要再去估计，需要估计的是用已知的样本平均数 $\bar{x}$ 去估计未知的总体平均数 $\bar{X}$ 所在的区间。我们所求的应该是总体平均数 $\bar{X}$ 落在（$\bar{x} - \varDelta$，$\bar{x} + \varDelta$）区间内的概率。因为 $\bar{X} - \varDelta \leqslant \bar{x} \leqslant \bar{X} + \varDelta$ 和 $\bar{x} - \varDelta \leqslant \bar{X} \leqslant \bar{x} + \varDelta$ 是等价的，所以

$$P(\bar{X}-\Delta \leqslant \bar{x} \leqslant \bar{X}+\Delta)=P(\bar{x}-\Delta \leqslant \bar{X} \leqslant \bar{x}+\Delta)$$

我们可以将从概率表查找的 $P(\bar{X}-\Delta \leqslant \bar{x} \leqslant \bar{X}+\Delta)$ 作为 $P(\bar{x}-\Delta \leqslant \bar{X} \leqslant \bar{x}+\Delta)$ 概率使用。

对于估计置信度$1-\alpha(90\%)$，也可以这样理解：虽然总体参数区间（$\bar{X}-\Delta$，$\bar{X}+\Delta$）是固定的，而样本估计区间（$\bar{x}-\Delta$，$\bar{x}+\Delta$）是可变的，但如果反复抽样的结果将有$1-\alpha$的估计区间（$\bar{x}-\Delta$，$\bar{x}+\Delta$）包含着总体参数$\overline{X}$在内，则其余的 10%的估计区间不包含总体参数$\bar{X}$。因此在一次抽样估计中我们认为$\bar{X}$落在（$\bar{x}-\Delta$，$\bar{x}+\Delta$）区间的判断只有$1-\alpha$（即 90%）的可信度。

8.1.3 总体平均数的估计

上面已指出在进行区间估计的时候，可以根据置信度的要求去估计抽样误差的可能范围，也可以根据允许极限误差的要求去推算概率保证度。在总体平均数估计中相应地就有两套模式。

1. 第一套模式

根据置信度$P(t)$的要求，估计极限抽样误差的可能范围Δ，并指出估计区间。具体步骤如下。

1）抽取样本，根据调查所得的样本单位标志值，计算样本平均数$\bar{x}$和标准差，在大样本下用以代替总体标准差推算抽样平均误差μ。

2）根据给定的置信度$P(t)$的要求，查正态分布概率表，求得概率度t值。

3）根据概率度t和抽样平均误差μ计算极限抽样误差的可能范围，$\Delta=t\mu$，并据以计算估计区间的上下限。

【例 8-4】麦当劳在 7 个星期内抽取 49 位顾客的消费额（单位：元）如下，求在 90%的概率保证下，顾客平均消费额的估计区间。

15 24 38 26 30 42 18 30 25 26 34 44 20 35 24 26 34
48 18 28 46 19 30 36 42 24 32 45 36 21 47 26 28 31
42 45 36 24 28 27 32 36 47 53 22 24 32 46 26

解：第一步，根据样本计算样本平均数和标准差：

$$\bar{x}=\frac{\sum x}{n}=32\text{，}\quad \mu=\frac{\sigma}{\sqrt{n}}=1.35$$

第二步，根据给定的置信区间$P(t)=90\%$，查表得$t=1.64$。

第三步，计算$\Delta=t\mu=2.23$元。据此估计总体平均消费额区间为 29.77～34.23 元。

2. 第二套模式

根据给定的极限抽样误差范围Δ，求概率保证程度$P(t)$。具体步骤如下：

1）抽取样本，根据样本单位标志值计算样本算数平均数，作为总体平均数的估计值，并计算样本标准差以推算抽样平均误差 μ。

2）根据给定的极限抽样误差范围 Δ，估计总体平均数的下限和上限。

3）根据给定的极限误差 Δ 除以抽样平均误差 μ，求出概率度 t，即 $t=\dfrac{\Delta}{\mu}$，再根据 t 值查正态分布概率表，求出相应的置信度 $P(t)$。

8.1.4 总体成数估计

总体成数估计和总体平均数估计相类似，也有两套模式。

1. 第一套模式

根据给定的置信度 $P(t)$ 要求，来估计极限误差范围 Δ_p。具体步骤如下：

1）抽取样本，计算样本成数 P 和样本标准差 σ，并由此推算平均误差 μ。

2）根据给定的置信度 $P(t)$ 要求，查概率表得概率度 t 值。

3）根据概率度和抽样平均误差计算极限抽样误差的可能范围，$\Delta_p=t\mu$，并据以计算总体成数区间的下限 $p-\Delta_p$ 和上限 $p+\Delta_p$。

【例 8-5】在做一项广告活动的跟踪调查中，被调查的 400 人中有 240 人会记起广告的标语，试求会记起广告标语的人数占总体比率的 95%置信度的估计区间。

解：第一步，根据样本资料计算：

$$P=\frac{240}{400}=60\%$$

$$\sigma=\sqrt{p(1-p)}=0.49$$

$$\mu=\sqrt{\frac{p(1-p)}{n}}=0.0245$$

第二步，根据给定的置信度要求 $P(t)=0.95$，查表得 $t=1.96$。

第三步，根据 $\Delta_p=t\mu=1.96\times2.45\%=4.8\%$，则总体比率的上下限为 64.8%和 55.2%。

区间估计：以概率 95%的保证度，估计会记起广告标语的人数占总体的比率在 55.2%～64.8%之间。

2. 第二套模式

根据已给定的极限抽样误差范围 Δ_p，求概率保证程度。具体步骤如下。

1）抽取样本，计算样本成数 P 和样本标准差 σ，并由此推算平均误差 μ。

2）根据给定的极限抽样误差范围 Δ_p，估计总体成数估计区间的下限 $p-\Delta_p$ 和上限 $p+\Delta_p$。

3）将极限抽样误差 Δ_p 除以抽样平均误差 μ，求出概率度 t 值，再根据 t 值查表，求出相应的置信度 $P(t)$。

【例 8-6】估计某市居民住户拥有电视的普及率，随机抽取 900 户居民，其中有 675

户有电视机。要求极限抽样误差范围不超过 2.8%，试对该市居民住户电视机普及率进行估计。

解：第一步，抽取样本，计算样本成数、标准差，并推算抽样平均误差μ。

$$P=\frac{675}{900}=75\%$$

$$\sigma=\sqrt{p(1-p)}=0.43$$

$$\mu=\sqrt{\frac{p(1-p)}{n}}=1.4\%$$

第二步，根据给定的$\Delta_p=2.8\%$，计算总体成数估计区间的上下限。

估计区间下限$=p-\Delta_p=72.2\%$，估计区间上限$=p+\Delta_p=77.8\%$

第三步，根据$t=\frac{\Delta_p}{\mu}=2$，查表得，$P(2)=95.45\%$

点估计：估计该市居民电视普及率为 75%。

区间估计：以概率 95.45%的保证程度，估计该市居民电视普及率在 72.2%～77.8%之间。

8.2 总体参数检验

8.2.1 假设检验的基本原理

假设（Conjecture）就是对总体的某种看法。在参数检验中，假设就是对总体参数的具体数值所做的陈述。总体参数假设检验就是检验已知分布形式（本节主要考虑正态分布）的总体的某些参数（例如均值或者方差）是否与事先所做的假设存在显著性差异，又称为显著性检验。主要包括对总体均值和总体方差的假设检验。

原假设也称零假设，它通常是研究者想搜集证据予以推翻的假设，用 H_0 表示。原假设所表达的含义参数没有发生变化或变量之间没有关系，因此符号“=”总是放在原假设上，以总体均值的检验为例。设参数的假设值为μ_0，原假设总是写成 H_0：$\mu=\mu_0$，H_0：$\mu\geqslant\mu_0$，H_0：$\mu\leqslant\mu_0$。原假设最初被假设是成立的，之后根据样本数据确定是否有足够的证据拒绝原假设。

备择假设通常是指研究者想搜集证据予以支持的假设，用 H_1 或 H_0 表示。备择假设所表达的含义是总体参数发生了变化或变量之间有某种关系，因此备择假设的形式总是为 H_1：$\mu\neq\mu_0$，H_1：$\mu<\mu_0$，或 H_1：$\mu>\mu_0$。备择假设通常用于表达研究者自己倾向于支持的看法，然后就是想办法收集证据拒绝原假设，以支持备择假设。

在假设检验中，如果备择假设没有特定的方向性，并含有符号“≠”，这样的假设检验称为双侧检验或称双尾检验。如果备择假设具有特定的方向性，并含有符号“＜”或“＞”，这样的假设检验称为单侧检验或单尾检验。备择假设含有“＜”符号的单侧检验称为左侧检验，而备择假设含有“＞”符号的单侧检验称为右侧检验。

【例 8-7】一种零件的生产标准是直径应为 10 厘米，为对生产过程进行控制，质量检测人员定期对一台加工机床进行检查，确定这台机床生产的零件是否符合标准要求。如果零件的平均直径大于或小于 10 厘米，则表明生产过程不正常，必须进行调整。试陈述用来检验生产过程是否正常的原假设和备择假设。

解：设这台机床生产的所有零件平均直径的真值为μ，如果$\mu=10$表明生产过程正常，否则表明生产过程不正常。研究者要检测这两种情况中的任何一种。因此，研究者收集证据予以证明的假设应为“生产过程不正常”（因为如果研究者事先认为生产过程正常，也就没有必要去进行检测了）。所以建立的原假设和备择假设为

H_0：$\mu=10$（生产过程正常）

H_1：$\mu\neq 10$（生产过程不正常）

因为假设的确定具有一定的主观色彩，“研究者想推翻的假设”和“研究者支持的假设”最终仍取决于研究者本人的意向。所以，即使对同一个问题，由于研究目的的不同，也可能提出截然不同的假设。

8.2.2 两类错误与假设检验的基本思路

原假设和备择假设不能同时成立，决策的结果要么拒绝原假设，要么不拒绝原假设。决策时总是希望当原假设正确时不拒绝它，当原假设不正确时拒绝它，但实际上很难保证不犯错误。一种情况是，原假设是正确的却拒绝了原假设，这时犯的错误被称为第 I 类错误，犯第 I 类错误的概率记为α，因此被称为α错误。另一种情况是原假设是错误的却没有拒绝原假设，这时所犯的错误被称为第II类错误，相应的概率记为β，因此也称为β错误。两者之间的关系为$\alpha=1-\beta$。要使β和α同时减小的唯一办法是增加样本量。

由于犯第 I 类错误的概率是可以由研究者控制的，因此在假设检验中，人们往往先控制第 I 类错误的发生概率。假设检验中犯第 I 类错误的概率也称为显著性水平，记为α。它是人们事先规定的犯第 I 类错误概率的最大允许值。显著性水平α越小，犯第 I 类错误的可能性就越小，但犯第II类错误的可能性就随之增大。实际应用中，究竟确定一个多大的α合适呢？一般情况下，人们认为犯第 I 类错误的后果更严重一些，因此通常会取一个较小的α。著名的英国统计学家 Ronald Fisher 在他的研究中把小概率的标准定位 0.05，所以人们通常选择显著性水平为 0.05 或比 0.05 更小的概率，当然也可以取其他值，实际中常用的显著性水平有$\alpha=0.01$，$\alpha=0.05$，$\alpha=0.1$等。

假设检验的基本思路：首先对所考察的总体的分布形式或总体的某些未知参数做出原假设，然后根据检验对象构造合适的检验统计量，并确定在原假设成立的条件下该检验统计量的抽样分布，最后查出在给定的显著性水平下，原假设成立时的临界值，由临界值构造拒绝域和接受域。同时，根据样本资料计算样本统计量的取值，并将其与临界值进行比较，从而对所提出的原假设做出接受还是拒绝的统计推断。假设检验就是利用

样本中所蕴涵的信息对事先假设的总体情况作出判断。这看似“以偏概全”，但又有区别，因为假设检验不是毫无根据的，而是在一定的统计概率下支持这种判断。

对于总体均值和总体比例的检验，在原假设为真的条件下，根据点估计量的抽样分布可以得到标准化检验统计量。

$$\text{标准化检验统计量}=\frac{\text{点估计量}-\text{假设值}}{\text{点估计量的抽样标准差}}$$

8.2.3　*Z* 检验和 *t* 检验

在检验规则中，我们经常碰见两种重要的检验方法：*Z* 检验与 *t* 检验。

1. *Z* 检验

Z 检验（Z-text）又称为正态分布检验，该检验认为所检验的统计量服从正态分布。例如，从正态分布总体中抽取一个样本，则样本均值 $\bar{x}$ 服从正态分布 $N(\mu, \sigma^2)$；从一般非正态分布总体中抽样，当样本容量 n 很大时，样本均值 $\bar{x}$ 近似地服从正态分布 $N(\mu, \sigma^2)$，其中 $\bar{x}=\frac{\sum x}{n}$，抽样标准差为 $\frac{\sigma}{\sqrt{n}}$。因为统计量 $Z=\frac{\bar{x}-\mu}{\frac{\sigma}{\sqrt{n}}}\sim N(0,1)$，所以，我们可以利用标准正态分布来进行检验。根据给定的显著性水平，从标准正态分布的临界表中查得临界值 $Z_{\frac{1-a}{2}}$，将 Z 统计量的取值与临界值比较来做取舍原假设的判断。

2. *t* 检验

在检验中，当总体的标准差 σ 未知时，需要用样本标准差 $s=\frac{\sqrt{\sum(x-\bar{x})^2}}{n-1}$ 来代替，从而统计量 $t=\frac{\bar{x}-\mu}{\frac{s}{\sqrt{n}}}\sim t(n-1)$。同样，从 t 分布的临界表中查得临界值 t，并将样本统计量的 t 值与其比较做出判断。计算的样本统计量的数值与检验统计量的临界值的大小关系。此外，我们也可以根据计算的概率值 p 来判断是否接受原假设，这就是 p 值检验。现在在众多的统计计量软件中（如 SAS，SPSS，Excel 等），最后的结果表中都是给出了 p 值。

P 值检验的原理：建立原假设后，在假定原假设成立的情况下，参照备选假设，可以计算出检验统计量超过或者小于（还要依照分布的不同：单侧检验、双侧检验的差异而定）由样本所计算出的检验统计量的数值的概率，这便是 p 值；而后将此 p 值与事先给出的显著性水平 α 进行比较，如果 p 值小于 α，也就是说，原假设对应的为小概率事件，根据小概率原理，我们就可以否定原假设，而接受对应的备择假设。如果 p 值大于

α，我们就不能否定原假设。

8.2.4 总体均值的假设检验

总体均值的假设检验就是检验由样本信息所推断的当前的总体均值是否与事先假设的总体均值存在显著性差异。

设样本 x_1，x_2，…，x_n 来自于正态总体 $N(\mu,\sigma^2)$，样本均值为 $\bar{x}$，样本的标准差为 s，对于均值 μ 的检验问题如下。

1. 总体方差 σ^2 已知时均值的假设检验

对于双侧检验，建立的假设为

$$H_0: \mu = \mu_0,\ H_1: \mu \neq \mu_0$$

其中，μ_0 为一个已知的常数。

对于单侧检验，建立的假设为

左单侧检验 $\quad H_0: \mu \geqslant \mu_0,\ H_1: \mu < \mu_0$

右单侧检验 $\quad H_0: \mu \leqslant \mu_0,\ H_1: \mu > \mu_0$

利用上面介绍过的 Z 检验法，可以构造检验统计量

$$Z = \frac{\bar{x} - \mu}{\frac{\sigma}{\sqrt{n}}}$$

在原假设成立的条件下，该统计量的分布为：$Z \sim N(0,1)$。从而，在给定的显著性水平 α 下，我们可以从标准正态分布表中查得临界值 Z_a（对应于左、右单侧检验的临界值分别为 $-Z$ 和 Z）。

根据样本资料及假设，计算出样本统计量的值 Z。这样，我们便可以得出对原假设的拒绝域为

$$|Z| > Z_{\frac{a}{2}}\ （对双侧检验而言）$$

$$Z < -Z_a\ （对左单侧检验而言）$$

$$Z > Z_a\ （对右单侧检验而言）$$

当 Z 值处于拒绝域中时，我们就可拒绝原假设，否则不能拒绝原假设。

2. 总体方差 σ^2 未知时均值的假设检验

对于双侧检验，建立的假设为

$$H_0: \mu = \mu_0,\ H_1: \mu \neq \mu_0$$

对于单侧检验，建立的假设为

左单侧检验 $\quad H_0: \mu \geqslant \mu_0,\ H_1: \mu < \mu_0$

右单侧检验 $\quad H_0: \mu \leqslant \mu_0,\ H_1: \mu > \mu_0$

在构建检验统计量时，在原假设成立的条件下，利用 t 检验法构建检验统计量：

$$t=\frac{\overline{x}-\mu}{\frac{s}{\sqrt{n}}}\sim t(n-1)$$

其中，$s=\sqrt{\sum_{i=1}^{N}\frac{(x_i-\overline{x})^2}{n-1}}$ 为样本标准差。T 统计量就是用样本标准差 s 来代替 Z 统计量中未知的总体标准差。

对于临界值，在 t 分布表中查得临界值 $t_{\frac{a}{2}}(n-1)$（双侧检验）、$-t_a(n-1)$（左单侧检验）、$t_a(n-1)$（右单侧检验）。

根据样本资料及假设，计算出样本统计量的值 t。这样，可以得出对原假设的拒绝域为

$$|t|>t_{\frac{a}{2}}(n-1)\text{（双侧检验）}$$

$$t<t_a(n-1)\text{（左单侧检验）}$$

$$t>t_a(n-1)\text{（右单侧检验）}$$

当 t 值落入拒绝域时，就拒绝原假设，否则接受原假设。

这里应该注意的是，在实际中，当不能够确定总体是否满足正态分布时，只要样本容量 n 很大，根据中心极限定理，样本均值近似服从正态分布。对该总体均值的检验可以依据上面的总体方差位置的程序来进行。对于小样本情况，我们也是根据上面的 t 检验来进行。

【例 8-8】 为了考察某种类型的电子元件的使用寿命情况，假定该电子元件使用寿命的分布为正态分布，而且根据历史记录得知该分布的参数为：平均使用寿命 μ 为 100（小时），标准差为 10（小时）。现在随机抽取 100 个该类型的元件，测得平均寿命为 102（小时），给定显著性水平 α =0.05，问该类型的电子元件的使用寿命是否有明显的提高？

解： 此题为单侧检验，而且是右侧检验。以 μ 表示元件的平均使用寿命（小时），则可按以下步骤检验。

（1）建立假设

H_0：$\mu\leqslant 100$，即平均使用寿命无明显变化或下降。

H_1：$\mu>100$，即使用寿命有明显提高。

（2）确定检验统计量及其分布

检验的统计量为

$$Z=\frac{\overline{x}-\mu}{\frac{\sigma}{\sqrt{n}}}$$

（3）确定临界值

右单侧检验的临界值为 Z_a。由于给定的显著性水平 $\alpha=0.05$，那么双侧概率水平为 $2\times 0.05=0.1$，则 $F(Z_a)=1-0.1=0.9$，查正态分布表得到 $Z_a=1.645$，即为临界值。

（4）计算样本统计量并判断

根据样本资料，计算统计量

$$Z=\frac{\overline{x}-\mu}{\frac{\sigma}{\sqrt{n}}}=\frac{102-100}{\frac{10}{\sqrt{100}}}=2$$

由于计算的样本统计量 $Z>1.645$，所以拒绝原假设 H_0，说明该类型的电子元件的使用寿命确实有所提高。

【例 8-9】在上例中，如果抽出的 100 个样本元件，测得其平均使用寿命为 98（小时），其余条件相同，试问该类元件的使用寿命是否有显著性下降？

解：此例为左单侧检验问题。

（1）建立假设

H_0：$\mu \geqslant 100$，即平均使用寿命无明显变化或下降。

H_1：$\mu<100$，即使用寿命有明显提高。

（2）确定检验统计量及其分布

在原假设成立的情况下，检验的统计量为

$$Z=\frac{\overline{x}-\mu}{\frac{\sigma}{\sqrt{n}}}\sim N（0，1）$$

（3）确定临界值

此时左侧临界值为 $-Z_a$。根据上面结果，得到临界值 $-Z_a=-1.645$。

（4）计算样本统计量并判断

计算统计量

$$Z=\frac{\overline{x}-\mu}{\frac{\sigma}{\sqrt{n}}}=\frac{98-100}{\frac{10}{\sqrt{100}}}=-2$$

由于 $-Z<-1.645$，所以拒绝原假设 H_0，说明该类型元件的使用寿命在 95%的可靠程度下，有显著下降。

【例 8-10】某糖果生产基地，生产的标准是每袋糖果的净重为 500（克）。今从一批产品中抽出 10 袋，实际测得每袋糖果的净重（克）为

512　503　498　507　496　489　499　501　496　506

给定显著性水平 α=0.01，试问该批糖果的生产是否正常？

解：该例中，所检验的问题是糖果净重是否符合 500 克的标准，属于双侧检验的问题。

（1）建立假设

$$H_0：\mu=500，H_1：\mu\neq 500$$

（2）确定临界值

由于是双侧检测，所以应该有两个临界值：上临界值、下临界值；又因总体的标准

差σ未知，需要用样本标准差s来代替，因此，统计量服从的是自由度ν为$n-1$的t分布而非正态分布。此例中$n=10$，$\alpha=0.01$，则自由度ν即为9，查t分布表得上临界值$t_{\frac{\alpha}{2}}(9)=3.25$，由于分布的对称性，下临界值为$-t_{\frac{\alpha}{2}}(9)=-3.25$。

（3）计算样本统计量

在计算样本统计量之前需要先计算样本均值和样本标准差。样本均值：$\bar{x}=\dfrac{\sum x}{n}=500.7$（克），样本标准差：$s=\sqrt{\dfrac{\sum(x-\bar{x})^2}{n-1}}=6.601$（克），检验的样本统计量：$t=\dfrac{\bar{x}-\mu}{\frac{s}{\sqrt{n}}}=0.335$

（4）判断

根据样本计算的统计量$t=0.335\in[-3.25, 3.25]$，所以不能拒绝原假设，即：在99%的可靠性下，可以认为该批生产正常。

8.2.5 两个总体均值之差的检验

对两个总体均值之差的检验，就是对两个不同总体均值之间的差异性是否显著进行检验。为了分析的简化与方便，我们假定x_1是取自于均值为μ_x、方差为σ_x^2的正态总体的一个样本，y_1是取自于均值为μ_y、方差为σ_y^2的正态总体的一个样本。样本容量分别为n_1、n_2，且假定此两样本相互独立。$\bar{x}$、$\bar{y}$、s_x^2、s_y^2为对应的样本均值与样本方差，显著水平为α。下面我们分总体方差已知和未知两种情况，来分析总体均值的差异显著性检验。

1. 两总体方差σ_x^2、σ_y^2已知

（1）双侧检验

原假设为H_0：$\mu_x=\mu$，备择假设为H_1：$\mu_x\neq\mu_y$

根据上面的假设和抽样分布理论，我们可以得到

$$Z=\frac{(\bar{x}-\bar{y})-(\mu_x-\mu_y)}{\sqrt{\frac{\sigma_x{}^2}{n_2}+\frac{\sigma_y{}^2}{n_2}}}\sim N（0,\ 1）$$

所以在原假设成立的情况下，构建的检验统计量为

$$Z=\frac{(\bar{x}-\bar{y})-(\mu_x-\mu_y)}{\sqrt{\frac{\sigma_x{}^2}{n_1}+\frac{\sigma_y{}^2}{n_2}}}\sim N（0,\ 1）$$

在显著性水平α下，查标准正态分布表得到临界值$Z_{\frac{\alpha}{2}}$。将得到的样本资料代入所构造的检验统计量，得到样本统计量Z。若$|Z|>Z_{\frac{\alpha}{2}}$，拒绝原假设；反之接受原假设。

（2）左单侧检验

原假设与双侧检验一样，备择假设为 H₁：$\mu_x < \mu_y$。此时可从标准正态分布表查得的临界值为Z_a，检验的否定域为：计算的样本统计量满足$Z < -Z_a$。

（3）右单侧检验

原假设同上，备择假设变为 H₁：$\mu_x > \mu_y$。此时的临界值也为Z_{1-a}，检验的否定域为：计算的样本统计量满足$Z > Z_a$。

2. 两总体方差σ_x^2、σ_y^2未知但相等

在两方差未知但相等的情况下，我们根据数理统计定理有

$$\frac{(\bar{x}-\bar{y})-(\mu_x-\mu_y)}{\sqrt{\frac{(n_1-1)\ s_x{}^2+(n_2-1)\ s_y{}^2}{n_1+n_2-2}}\sqrt{\frac{1}{n_1}+\frac{1}{n_2}}} \sim t(n_1+n_2-2)$$

对于双、单侧检验，原假设都是相同的，均为 H₀：$\mu_x = \mu_y$。只是在双侧检验时，备择假设 H₁：$\mu_x \neq \mu_y$；在左单侧检验时，备择假设为 H₁：$\mu_x < \mu_y$；在右单侧检验时，备择假设为 H₁：$\mu_x > \mu_y$。

在原假设成立的情况下，根据上式，我们可以构造如下的检验统计量：

$$t=\frac{\bar{x}-\bar{y}}{\sqrt{\frac{(n_1-1)\ s_x{}^2+(n_2-1)\ s_y{}^2}{n_1+n_2-2}}\sqrt{\frac{1}{n_1}+\frac{1}{n_2}}}$$

根据样本资料的数据，计算样本检验统计量的数值。

对于双侧检验，可以从 t 分布表中查得临界值$t_{\frac{a}{2}}(n_1+n_2-2)$，此时原假设的拒绝域为：$|t| > t_{\frac{a}{2}}$，反之就接受原假设。

对于左、右单侧检验，从 t 分布表中查得临界值t_a（n_1+n_2-2）。左单侧检验拒绝原假设的范围是：$t < -t_a(n_1+n_2-2)$，右单侧检验拒绝原假设的范围为：$t > -t_a(n_1+n_2-2)$。在拒绝域之外为接受域。

【例 8-11】将某小学一年级学生随机分为两组，对其中一组运用新型的教学方式，称为新型组，另一组按照传统的教学方式称为传统组。经过 6 个月后，对该年级学生进行成绩测试，假设两组成绩的总体标准差相同。从新型组抽取 31 名学生，求得其平均成绩为 78.06，标准差为 9.36；同样，从传统组抽取 31 名。求得的平均成绩为 76.30，标准差为 10.12。比较两组学生的平均成绩是否有显著性差异。

解：此题属于在两总体方差未知（但是假定两方差相等）的情况下，检验两组均值是否有差异的问题。

依据题意，$\bar{x}=76.30$，$\bar{y}=78.06$，$s_x=10.12$，$s_y=9.36$，$n_1=n_2=31$。

（1）建立假设

原假设 H₀：$\mu_x = \mu_y$，备择假设 H₁：$\mu_x \neq \mu_y$

（2）构建检验统计量

$$t=\frac{\overline{x}-\overline{y}}{\sqrt{\frac{(n_1-1)\ s_x^2+(n_2-1)\ s_y^2}{n_1+n_2-2}}\sqrt{\frac{1}{n_1}+\frac{1}{n_2}}}\sim t(n_1+n_2-2)$$

其中，由于相等的总体标准差σ未知，我们利用$\sqrt{\frac{(n_1-1)\ s_x^2+(n_2-1)\ s_y^2}{n_1+n_2-2}}$来估计。

（3）确定临界值

从t分布表中查得临界值$t_{0.05}(60)=2.00$

（4）计算样本统计量及判断

将样本资料代入检验统计量得到

$$t=\frac{76.30-78.06}{\sqrt{\frac{(31-1)\times102.4144+(31-1)\times87.6096}{31+31-2}}\sqrt{\frac{1}{31}+\frac{1}{31}}}=-0.711$$

因而有：$|t|=0.711<2.00$，可以接受原假设，即两组的均值没有显著差异。

8.2.6 总体成数的假设检验

成数是反应现象数量结构的指标，例如就业率、升学率、产品合格率等。要考察总体成数是否发生显著性变化，可以通过样本成数来对总体成数进行假设检验。与对总体均值的假设检验类似，总体成数的假设检验包括单样本和多样本（本处只考虑两个样本的情况）总体成数检验。

1. 单样本成数检验

当样本容量比较大时，按照中心极限定理，分布以正态分布为极限。因而，对总体成数的假设检验可以借助正态分布来进行。

建立假设：H_0：$P=P_0$，H_1：$P\neq P_0$

构建的检验统计量为

$$Z=\frac{p-P_0}{\sqrt{\frac{P_0(1-P_0)}{n}}}$$

式中，p代表样本的成数，P代表总体的成数。该统计量服从标准正态分布，即$Z\sim N$（0，1）。

对于显著性水平α，可以通过查标准正态分布表，得到临界值$Z_{\frac{\alpha}{2}}$。从样本数据中计算出样本成数p代入检验统计量，得到样本统计量Z。将样本统计量与临界值进行比较，若$|Z|>Z_{\frac{\alpha}{2}}$，则否定原假设；反之则接受原假设。

当然，如果对应的原假设是单边的，即为H_0：$P\geqslant$（或$\leqslant$）P_0。对应的临界值应

该是 Z_a，其余的计算和判断规则如上所述。

我们以例子来说明单样本成数检验的过程。

【例 8-12】某牌子的冰箱生产商声明，其产品在该地区的市场占有率为 60%。为了检验该说法的正确与否，我们在该地区随机调查了 100 名购买冰箱的消费者，其中有 57 人购买的是该牌子的冰箱，试问该生产商的声明是否可靠？

解：经分析，本例属于双侧检验，而且样本市场占有率 $p=\dfrac{57}{100}=57\%$

（1）建立假设

$$H_0:\ P=60\%,\ H_1:\ P\neq 60\%$$

（2）检验统计量

$$Z=\frac{p-P_0}{\sqrt{\dfrac{P_0(1-P_0)}{n}}}\sim N(0,\ 1)$$

（3）计算临界值

在 5%的显著性水平下，从标准正态分布表中可以查得临界值为：$Z_{0.05}=1.96$。

（4）计算样本统计量及判断

$$\text{样本统计量}\ Z=\frac{57\%-60\%}{\sqrt{\dfrac{60\%\times(1-60\%)}{100}}}=-0.612$$

由于 $|Z|=0.612<1.96$，因而，我们接受原假设，即生产商的声明是可靠的。

2. *两个样本总体成数差的检验*

假定对应两总体的样本容量分别为 n_1、n_2，当 n_1、n_2 都比较大时，我们可以构造如下的检验统计量，该检验统计量服从标准正态分布。

$$Z=\frac{(p_1-p_2)-(P_1-P_2)}{\sqrt{\dfrac{p_1(1-p_1)}{n_1}+\dfrac{p_2(1-p_2)}{n_2}}}\sim N(0,\ 1)$$

若建立的原假设为 H_0: $P_1=P_2$，相应的临界值为 $Z_{\frac{a}{2}}$；如果建立的原假设为 H_0: $P_1\geqslant$（或$\leqslant$）P_2，相应的临界值为 Z_a。拒绝和接受原假设的判断规则如前面所述。

【例 8-13】考察专业股票分析师和普通股民对整个股票市场走势的判断是否存在显著性差异。在 100 名专业股票分析师中，有 55%的人认为股票市场将上升，在 150 名普通股民中，有 48%的持相同观点。试问，专业分析师和普通股民的观点是否存在显著性差异（$\alpha=0.05$）？

解：根据题设，已知 n_1=100，n_2=150，p_1=55%，p_2=48%

（1）建立假设

$$H_0:\ P_1=P_2,\ H_1:\ P_1\neq P_2$$

（2）根据样本计算出的检验统计量

$$Z=\frac{55\%-48\%}{\sqrt{\frac{55\%(1-55\%)}{100}+\frac{48\%(1-48\%)}{150}}}=\frac{0.07}{0.0643}=1.089$$

从标准正态分布表查出 $\alpha=0.05$ 时的临界值为 $Z_{0.05}=1.96$。因为 $Z=1.089<1.96$，所以不能拒绝原假设。

8.2.7 总体方差的假设检验

方差是反应现象在数量上变异程度的指标，反应变化的均衡程度。对于正态总体方差的检验主要有：检验总体方差是否显著地等于某一给定的确定值或者检验总体方差是否显著地在某个给定的范围内。

在参数估计中，我们已经知道，可以用样本方差 $s^2=\frac{\sum(x-\bar{x})^2}{n-1}$ 来估计总体方差 σ^2。其中样本方差中的 $(n-1)$ 为自由度，说明样本中有 $(n-1)$ 个样本单位的取值是可以独立确定的。这是由于分子中的 $\bar{x}$ 使得独立的样本容量少了一个。

所建立的原假设为 H_0：$\sigma^2=\sigma_0^2$，备择假设 H_1：$\sigma^2\neq\sigma_0^2$

检验统计量为：

$$\chi^2=\frac{(n-1)\ s^2}{\sigma_0^2}$$

或

$$\chi^2=\frac{\sum(x_i-\bar{x})^2}{\sigma_0^2}$$

在原假设成立的条件下，可以得出该统计量服从自由度为 $(n-1)$ 的 χ^2 分布，记为

$$\chi^2=\frac{(n-1)\ s^2}{{\sigma_0}^2}\sim\chi_{n-1}^2$$

χ^2 分布曲线全部处于第一象限，其中唯一的参数是自由度，当自由度大于 30 时，分布曲线接近于正态分布。根据显著性水平 α 和自由度，我们就可以得到临界值，作为我们判断拒绝还是接受原假设的依据。

【例 8-14】已知生产某型号的螺钉厂，在正常条件下，其螺钉长度服从正态分布 N（4.0，0.04）（单位为厘米）。现在我们对某日生产的螺钉随机抽取 6 个，测得其长度为 4.1、3.6、3.8、4.2、4.1、3.9，试问该日生产的螺钉总体标准差是否正常？（$\alpha=0.05$）

解：可以得到样本标准差 $s=0.226$，该假设检验的过程如下。

（1）建立假设

原假设 H_0：$\sigma^2=0.2^2$，备择假设 H_1：$\sigma^2\neq0.2^2$

（2）检验统计量

$$\chi^2=\frac{(n-1)\ s^2}{{\sigma_0}^2}\sim\chi_{n-1}^2$$

（3）临界值

从 χ^2 分布表可得到临界值 $\chi^2_{0.05}(5)=11.07$ 。

（4）计算样本统计量及其判断

$$\chi^2=\frac{(6-1)\times 0.226\times 0.226}{0.04}=6.385<\chi^2_{0.05}(5)=11.07$$

所以，我们可以接受原假设，认为该日生产的螺钉总体标准差正常。

8.3 非参数检验

8.3.1 非参数检验概述

前面介绍的各种假设检验都是在总体分布形式已知或者假定总体分布的前提下做出的判断。但是实际问题中，可能无法获知或者是不一定很了解总体的分布类型，而只是通过样本来检验关于总体分布的假设。这种检验方法称为非参数检验。

非参数检验是相对于参数检验而言的，是检验总体分布函数的统计方法。两种方法具有一些相同点：都对总体的某种数量关系、特征做出假设，都建立原假设和备择假设，都根据实际样本的统计量与临界值统计量的比较做出对假设的判断。只是参数检验需要对总体分布做某些限制性的假定，该假定要求总体的分布类型已知，未知的只是分布中的某些参数是否有变动，而且大多数检验是建立在高斯等人的正态分布理论上。如果对总体的分布不了解或者是了解很少，那么参数检验的结果会更加不可靠，甚至会发生很大偏差。非参数检验却不依赖于对总体分布或参数的知识，不对总体分布加以限制性的假定，所以亦称为自由分布检验。

非参数检验与传统的参数检验比较有一些优缺点：对检验的限制更少，更能避先见偏差，具有较好的稳健性；可以在更少样本资料要求的情况下进行，在一定程度上可以弥补有些情况下样本资料不足的缺陷；可以解决参数检验中无法运用属性资料的问题，但是同时也就可能损失了资料中所包含的其他信息。

8.3.2 χ^2 检验

χ^2 检验是利用 χ^2 分布的原理，通过对样本数据进行分析来对样本所属的总体情况进行判断的一种检验方法。本小节将介绍 χ^2 检验在非参数检验中的应用，包括分布拟合检验和独立检验。

1. 分布拟合检验

在实际中，我们往往并非总是知道所研究总体的分布状况，然而我们却可以得到取自于该总体的样本。那么，我们就期望根据来自于该总体的样本资料信息进行推断、检验总体分布是否与指定分布吻合。

该检验的原假设为

$$H_0: F(x) = F_0(x), \quad H_1: F(x) \neq F_0(x)$$

其中，$F(x)$为总体的分布函数，$F_0(x)$是某个事先假定的总体分布函数。χ^2检验的步骤如下。

（1）建立假设

$$H_0: F(x) = F_0(x), \quad H_1: F(x) \neq F_0(x)$$

（2）划分区间

将样本资料数据值按区间进行适当的划分：分为 m 个区间，各个区间的分界值为 X_j，其中$1 \leqslant j \leqslant m-1$，同时应保证各个区间互不相容。

（3）计算在各个样本区间内的实际频数$f_i(1 \leqslant i \leqslant m)$，即为样本数值落在各个区间的样本个数

当原假设 H_0 为真时，计算落在各个区间的理论概率值：$p_1 = P(X_{i-1} < x \leqslant X_i) = F(X_i) - F(X_{i-1})$，从而计算出各个区间的理论频率数为$np_i$。其中 n 为样本容量。

（4）调整区间

由于该检验要求样本容量 n 足够大，以及 np_i 不能太小。根据经验，一般要求 $n \geqslant 50$，$np_i > 5$。如果 $np_i \leqslant 5$，则将 $np_i \leqslant 5$ 的样本合并。

（5）构建并计算统计量

当原假设为真时，样本实际频数f_i应该与理论频数np_i接近，即$|f_i - np_i|$不应太大。根据 K.皮尔逊的研究，可以构造如下的检验统计量。

$$\chi^2 = \sum_{i=1}^{m} \frac{(f_i - np_i)^2}{np_i} \sim \chi^2(m-k-1)$$

其中 k 为待估计的参数个数。其余符号含义同上。

（6）计算临界值

在给定显著性水平α下，查χ^2分布表得到临界值$\chi_a^2(m-k-1)$，这样就得到拒绝原假设的值域：$\chi^2 > \chi_a^2(m-k-1)$。

（7）进行判断

如果计算的样本统计量χ^2确实大于$\chi_a^2(m-k-1)$，那么就可以拒绝原假设，否则接受原假设。

【例 8-15】欲检验某个骰子是否均匀，可以通过检验出现各个点数是否是随机的。我们随机投出骰子 102 次，将得到的点数记录下来。出现各个点数的次数见表 8-2。

表 8-2　骰子出现各种点数的次数

点数	1	2	3	4	5	6	合计
出现的次数	19	16	20	15	14	18	102

解：记各个点数出现的次数为X，其分布未知，依据题意我们可以对其分布建立假设，即

H_0：X服从均匀分布，即X的分布满足$P(X=i)=1/6$，$i=1$，…，6

H_1：X不服从均匀分布

在原假设下，我们可以得知，各个点数出现的期望频数均为 $102\times 1/6=17$（次）。根据公式可以得到

$$\chi^2=\frac{4}{17}+\frac{1}{17}+\frac{9}{17}+\frac{4}{17}+\frac{9}{17}+\frac{1}{17}\approx 1.647$$

查表得到临界值为$\chi^2_{0.05}(6)=12.592$，$\chi^2=1.647<\chi^2_{0.05}(6)=12.592$。因而，我们不能拒绝原假设，即可以认为该骰子各个点数出现的次数是均匀的。

2. 独立性检验

顾名思义，该检验主要是考察多个变量之间是否有关联，如果变量之间没有关联性，那么就说变量之间是相互独立的。我们这里的变量主要是定类、定序的资料。为了分析变量之间的关联性，我们需要将资料整理成列联表的形式。

列联表是多行多列纵横交错所形成的一个表体。我们以例子说明列联表的形式以及如何将独立性检验化为列联表并进行检验分析的程序。

【例 8-16】抽样调查某地区 500 名待业人员，这些人员中文化程度为高中及以上的有 104 人（男 44 人），初中的有 96 人（男 36 人），小学及以下的有 300 人（男 140 人）。问此调查结果能否说明待业人员中的文化程度与性别是相互独立的。

解：根据调查结果，我们可将数据整理成列联表，见表 8-3。

表 8-3　调查数据

文化程度／性别	高中及以上	初中	小学及以下	合计	比重
男	44（46）	36（42）	140（132）	220	0.440
女	60（58）	60（54）	160（168）	280	0.560
合计	104	96	300	500	—
比重	0.208	0.192	0.600	—	1

列联表中，括号内的数值为该处的期望值，计算方法为：该表格所对应的行合计与列合计的乘积，再除以总合计。例如，性别为男且文化程度为高中及以上所对应的期望值为：$\frac{220\times 104}{500}=46$，其他各个格子对应的期望值也如此计算得到。

在得出对应的期望值后，我们就可以应用χ^2检验。

$$\chi^2=\sum_{i=j}\left(\frac{f_{ij}-np_{ij}}{np_{ij}}\right)^2=\frac{4}{46}+\frac{36}{42}+\frac{64}{132}+\frac{4}{58}+\frac{36}{54}+\frac{64}{168}=2.546$$

从χ^2分布表可得到临界值为$\chi^2_{0.05}(2)=5.991$，其中自由度为$(2-1)\times(3-1)=2$。比较可得到样本χ^2值小于临界值，所以我们不能否定原假设，也就是待业人员的文化程度与性别不显著。

8.3.3　符号检验

符号检验是非参数检验中最简单又最常用的方法之一，既可以适用于单样本，又可以适用于配对样本。

1. 单样本的符号检验

在单样本的情况下，符号检验适用于检验总体中位数是否在某一指定的位置。我们知道，反应一个总体分布位置的参数主要有均值和中位数。均值反应的是分布数列的重心位置，而中位数则是反应分布数列上下两边次数相等的中央位置，也就是数列中，有一半的数值在中位数之上，而另一半在中位数之下。当分布为对称时，两者的位置是一致的；当分布为不对称时，两者就有差异。在偏斜度较大时，检验中位数往往比检验均值更有实际意义。因为均值对离群值的敏感性较大，而中位数就小了，这样更能客观地反映样本数据的分布情况，但此时又不适合于参数检验方法。用正负符号检验却很适合于中位数的检验。

中位数检验的基本原理是，假设总体中位数的真值 $M_e = A$，然后在实际抽取的容量为 n 的样本中，将每个观测值 $x_i(1 \leqslant i \leqslant n)$ 均减去 A，并只记录其差值的符号，即为

$$\text{Sign}(s-A)=\begin{cases}+, & \text{当} x_i > A \\ -, & \text{当} x_i < A\end{cases}$$

若当 $X_i = A$，就略去不计。接着分别计算“+”的个数（用 n^+表示）和“－”的个数（用 n^- 表示）。

理论上，当中位数 $M_e = A$ 为真时，得到的正负号个数应该接近相等，即 $n^+ \approx n^-$。若从样本中得到的 n^+和 n^- 相差较远，那么就有理由拒绝 $M_e = A$。该检验中所用的判别标准是由二项分布临界值提供的，在大样本下，可由正态分布来逼近。下面用例子来说明检验的具体过程。

【例 8-17】 从大学某系男女新生中，随机抽取 20 名，测得体重数据如表 8-4 所示（单位：公斤）。给定显著性水平 α =0.1，试用符号检验判定该中位数是否与 55（公斤）有显著性差异。

表 8-4　某大学新生体重数据

53	60	47	61	57	45	55	51	58	48
48	64	53	58	51	56	49	60	62	52

解：

（1）建立假设

$$H_0: M_e = 55, \quad H_1: M_e \neq 55$$

（2）计算 n^+和 n^-

将各个数据均减去原假设所设定的中位数 55，并把各个正负号记录下来。如果数据

与中位数一致，则略去。得到 $n^+=9$，$n^-=10$，因此 $n=n^++n^-=19$

（3）计算临界值

由于是双侧检验，检验水平为 $\alpha=0.05$，查《F 分布临界值表》，当 $n=18$ 时，临界值为 13。

（4）进行判断

由于 $\max(n^+,n^-)=10<13$，所以不能拒绝原假设，即可以认为总体体重的中位数为 55。

2. 配对样本的符号检验

上面的检验是针对单个总体的情况，实际中有可能要同时对两个总体的分布进行比较。

假定 x_i、y_i 分别为从总体 $F_1(x)$、$F_2(y)$ 中抽取的样本，而且它们的样本容量均为 n。又两个样本的观测值是一一对应的。

此时原假设为 H_0：$F_1(x)=F_2(y)$，备择假设 H_1：$F_1(x)\neq F_2(y)$。

在原假设成立下，样本中相对应的 x_i 大于 y_i 的个数应该与其对应的 x_i 小于 y_i 的个数大致相等，这些个数满足二项分布。因而，我们利用此特征来进行检验，或者利用此特征来设立检验的统计量。

设配对样本 x_i、y_i 序列中，$x_i>y_i$ 的个数为 r^+，$x_i<y_i$ 的个数为 r^-，如果 $x_i=y_i$，我们就忽略，不予考虑。所以有 $r^++r^-\leqslant n$。

取 $r=\max(r^+,r^-)$，在显著性水平下 α，有：$r\{r\geqslant r(a)\}=a$。

临界值 $r(a)$ 是根据二项分布的原理来求得的，也可以从编好的临界值表中查得。如果 $r\geqslant r(a)$，我们就拒绝原假设，否则就接受原假设。

【例 8-18】假定在某项比赛中，某两位裁判（A，B）分别对该项赛事中的 10 位选手在场上的综合表现做出评分，分数为 0～10 分，数据如表 8-5 所示。试用符号检验法检验这两位裁判裁定的成绩是否有显著性差异（$\alpha=0.05$）。

表 8-5　两裁判的裁定分数

	1	2	3	4	5	6	7	8	9	10
裁判 A	8.2	9.0	8.8	9.3	7.9	9.1	8.6	8.8	8.4	9.0
裁判 B	7.9	8.8	8.6	9.4	8.4	9.0	8.9	8.7	8.0	9.3
差值的符号	+	+	+	−	−	+	−	+	+	−

解：首先提出假设，即

H_0：两位裁判的判定成绩无显著性差异

H_1：两位裁判的判定成绩有显著性差异

根据上面所述的方法，将两位裁判的判定成绩之间差值的符号列在表 8-4 的最后一行。从而有 $r^+=6$，$r^-=4$，$r=\max(r^+,r^-)=6$

在 $\alpha=0.05$ 时，从二项分布表或者符号检验表中可以查得临界值 $r(10,\ 0.05)$，由于

$r = 6 < r(10,\ 0.05) = 9$，所以我们不能否定原假设，即不能认为两位裁判的裁定成绩有显著性差异。

3. 非配对样本的符号检验

与上面介绍的配对样本的情况类似，所不同的只是分别从考察的两总体中抽取的样本的容量不一定相等。假定两样本 x_i、y_i 的容量分别为 n_1、n_2。此时原假设仍为 H_0: $F_1(x) = F_2(y)$。

对于该检验，我们可以将资料转化成列联表的形式，并利用上面介绍的 χ^2 检验来进行分析。具体的方法为：将所抽取的两组样本资料混合在一起，将此$(n_1 + n_2)$个观测值按照递增或递减的顺序进行排序，求得中位数 M_e。将两样本中大于或小于中位数 M_e 的个数（频数）分别以列联表的形式列出。这样我们就可以利用前面的 χ^2 检验。此处不重述，仅以例子说明。

【例 8-19】 有某商品销售人员甲、乙每月的销售额数据，如表 8-6 所示（单位：元），只是两组数据并不成对出现，甲有 10 个样本值，而乙有 8 个样本值。现要求用符号检验法对这两位销售人员的销售额的分布是否一致进行检验。（$\alpha = 0.05$）

表 8-6　商品销售人员月销售数据

	1	2	3	4	5	6	7	8	9	10
甲	2563	2600	2230	1986	3000	2800	3130	2023	1869	1896
乙	1999	2980	3404	2567	2479	2581	3022	1880	—	—

解：由于两组销售额分布形式我们无法得知，不能用上节所介绍的参数检验，只能用非参数检验进行。依据题意，建立假设为

H_0：两组销售额的分布一致

H_1：两组销售额的分布有显著性差异

将两组数据合在一起，求得中位数 $M_e = 2565$，从而将两组销售额分为大于和小于中位数两部分，得到列联表（表 8-7）

表 8-7　转化的列联

	大于中位数	小于中位数	合计
甲	4	6	10
乙	5	3	8
合计	9	9	18

根据 χ^2 的计算公式得到

$$\chi^2 = \left[\left(4 - \frac{10\times 9}{18}\right)^2 \div \frac{10\times 9}{18}\right] + \left[\left(6 - \frac{10\times 9}{18}\right)^2 \div \frac{10\times 9}{18}\right] + \left[\left(5 - \frac{10\times 9}{18}\right)^2 \div \frac{10\times 9}{18}\right] +$$

$$\left[\left(3-\frac{10\times 9}{18}\right)^2\div\frac{10\times 9}{18}\right]=0.9$$

查表得到临界值 $\chi^2_{0.05}(1)=3.841$，$\chi^2=0.9<\chi^2_{0.05}(1)=3.841$，所以不能拒绝原假设，两组销售额分布没有显著性差异。

8.3.4 秩和检验

秩和检验是一种用样本秩来代替样本值的检验方法，可以用来检验两个总体的分布函数是否相等的问题。

所谓秩，就是样本观测值在序列中的排序号。检验步骤如下：

（1）建立假设

$$H_0:\ F_1(x)=F_2(y),\ H_1:\ F_1(x)\neq F_2(y)$$

（2）求每个样本单位的秩

分别从这两个总体 X、Y 中抽取容量为 n_1、n_2 的样本，$n_1+n_2=n$。不失一般性，我们假定 $n_1<n_2$。将两组样本混合，并将所有样本单位的取值进行从小到大的排序，每个样本单位对应的序号称为该样本单位的秩。对于相同数值的样本单位，具有相同的秩，且它们的秩等于它们次序的平均值。

（3）计算取自总体 X 的样本的秩和 T

T 的最小可能值是当抽自 X 的样本单位都排在 Y 的样本单位的前面时，即 $T_{\min}=1+2+\cdots+n_i=\frac{n_1(n_1+1)}{2}$。$T$ 的最大可能值是当抽自 X 的样本单位都排在 Y 的样本单位的后面时，即 $T_{\max}=(n_2+1)+(n_2+2)+\cdots+(n_2+n_1)=n_1n_2+\frac{n_1(n_1+1)}{2}$。如果两个总体的分布没有显著性差异，则 T 值不能太大或太小，而是靠近最大值和最小值的中间，即为 $\frac{T_{\min}+T_{\max}}{2}$。可以将 T 作为秩和检验的量，当 T 的实际值超过临界值时，就可以拒绝两总体的分布没有显著性差异的原假设。

这里我们应该注意，由于 T 的分布与 n_1、n_2 的大小有关，所以临界值的确定可以分为小样本和大样本两类。对于小样本（n_1、n_2 都未超过 10），临界值的数值可以通过查找《秩和检验值表》，求得上下限。对于大样本（n_1、n_2 都超过 10），此时变量 T 近似服从正态分布，该分布的均值 $\bar{T}$、标准差 σ_T 分别为

$$\bar{T}=\frac{T_{\min}+T_{\max}}{2}=\frac{n_1(n+1)}{2}$$

$$\sigma_T=\sqrt{\frac{n_1n_2(n+1)}{12}}$$

此时，可以将 T 标准化为 Z 统计量，通过查找正态分布表来确定临界值。

$$Z=\frac{T-\bar{T}}{\sigma_T}$$

【例8-20】 设（25，23，22，23，21，23，19，20）和（28，26，24，25，23，20，18，21，15）为两个简单随机样本，试用秩和检验法判断这两组数据是否来自于同一总体。

解： 依据所述步骤如下。

（1）建立假设

H_0：两组数据来自同一总体

H_1：两组数据来自不同总体

（2）数据排序

将两组样本混合并按照由小到大的顺序排序，得到各组对应每个数值的排序号分别为：（14，9，8，9，6，9，3，4）和（17，16，13，14，9，4，2，6，1）。

（3）计算秩和 T

从两组样本，我们得知 $n_1=8$，$n_2=9$，所以我们取第一组数据的秩和为统计量，即检验统计量 $T=14+9+8+\cdots+4=62$

（4）判断

由于两组样本容量都小于 10，所以我们可以从《秩和检验值表》查得上下限的临界值。临界值为：$T_1(0.05)=54$，$T_2(0.05)=90$。因而，得到的检验统计量介于两个临界值之间，所以我们可以接受原假设，认为两组样本是来自于同一总体的。

8.3.5　游程检验

游程检验用来检验样本是否为随机地取自于总体。如果样本所具有的某个特征的分布越无序、无规律性，越能说明样本的随机性。我们通过游程的概念来表示这种分布的特征，并根据对游程的分析来加以判断。

所谓游程，就是在一个序列中出现某一类字符片段，对应的每一类游程出现的次数，称为游程数。通俗地讲，就是连成一片的字符的片数。不同游程数的总和，称为总游程数，记为 R。

设有一序列为 1 1 1 1 2 2 2 2 2 1 1 2 2 1 1 1 1 1 1 1 2 1。在序列中，共出现了两类字符：“1”、“2”。那么就有对应于“1”的游程和对应于“2”的游程。我们将序列中具有同一字符的画下划线，即有：1111222221122111111121。可以看出对应于“1”游程的个数为 4，对应于“2”游程的个数为 3，总的游程数 $R=3+4=7$ 个。

从例子中，根据序列字符的各种排列次序，可以得出总游程数 R 取的最小值 2；当序列为 1 2 1 2 1 2 1 2 1 2 1 2 1 2 1 2 1 1 1 1 1 1 时，总游程数 R 取得最大值为（$2\times 8+1=17$）。R 取最大或最小值时，序列具有规律性。然而，当 R 取 2 至 17 之间的数值时，序列就比较“紊乱”了，并无明确的规律性，因此，我们就可以将 R 作为检验样本随机性的统计量。

根据数理分析，可以得出统计量 R 的分布。当序列字符个数均较小时（一般小于 20），我们可以直接从游程表得出临界值。在大样本中（单个字符数大于 20），总游程

数 R 近似服从正态分布，因而可以用正态分布统计量来确定临界值。R 的均值以及方差为

$$E(R)=\frac{2n_1n_2}{n_1+n_2+1}+1$$

$$\sigma^2(R)=\frac{2n_1n_2(2n_1n_2-n_1-n_2)}{(n_1+n_2)(n_1+n_2)(n_1+n_2-1)}$$

构造 Z 统计量（Z 服从标准正态分布）：

$$Z=\frac{R-E(R)}{\sigma(R)}$$

【例 8-21】在某一段时间内，按顺序记录下 12 辆经过一个 T 字型路口处车辆的转向情况：左、左、右、左、右、左、右、右、右、左、右、右。试用游程检验法检验该段时间内，车辆的转向是否是随机的。

解：给出的转向情况有两个："左"、"右"。依据所介绍的求游程数的方法，我们可以得到对应的游程数为："左"的游程数为 4，"右"的游程数也为 4，所以总的游程数 $R=4+4=8$。

由于事件"左"出现的个数 5、"右"出现的个数 7 均小于 20，所以可以直接通过计算好的游程表查得临界值。当 $\alpha=0.05$ 时，本例查得的上、下临界值分别为 3 和 11。由于 $3<R<11$，因而可以认为这个路口处车辆的转向是随机的。

为了了解大学生每周上网花费的时间，中国人民大学公共管理学院的 4 名学生对全校部分本科生做了调查问卷。问卷调查由调查员直接到宿舍发放问卷并当场回收。对四个年级中每年级各发 60 份问卷，其中男女各 30 份。共收回有效问卷 200 份，有关信息如下表。

回答类别	人数/人	频率/%
3 小时以下	32	16.0
3～6 小时	35	17.5
6～9 小时	33	16.5
9～12 小时	29	14.5
12 小时以上	71	35.5
合计	200	100

请同学们结合案例回答以下问题：

1．根据上表数据计算的平均上网时间为 8.58 小时，标准差为 0.69 小时。全校学生每周的平均上网时间是多少？

2．每周上网时间在 12 小时以上的同学的比例是多少？

3．你做出的估计的理论依据是什么？

小　　结

本章主要介绍总体参数估计以及假设检验的相关理论，其要点如下。

总体参数的点估计的方法：矩估计法和极大似然估计法。

总体参数的区间估计。区间估计的特点是它不是指出被估计参数的确定数值，而是指出被估计参数的可能范围，同时对参数落在这一范围内给定相应的概率保证程度。正如上面指出的那样，参数的可能范围是估计的准确性问题，而相应的概率保证程度（置信度）是估计的可靠性问题。在样本容量不变的条件下，要缩小估计区间，提高估计的准确性，势必减少置信度，降低估计的可靠性。

假设检验按照所检验内容的不同，可以分为参数检验和非参数检验。对已知总体分布的某个未知参数进行的检验，称为参数检验；对总体的分布形式进行的检验，则称为非参数检验。

参数假设检验就是利用样本资料来判断分布形式已知的总体的某些参数是否与事先的假设存在显著性差异。对总体均值和成数的假设检验在方差已知和未知的情况下分别采用 Z 检验和 t 检验。注意：当不能确定总体是否满足正态分布时，只要样本容量 n 很大，根据中心极限定理，样本均值和成数近似服从正态分布，仍可采用前面的方法进行检验。对总体方差的检验主要采用 χ^2 检验。

非参数检验是相对于参数检验而言的，又称为自由分布检验。与参数检验不同的是，它不依赖于总体分布或参数的知识，即不需要对总体分布加以限制性的假定。其方法主要有 χ^2 检验、符号检验、秩和检验和游程检验，他们有各自的优缺点和适用范围，应视具体情况加以选择。

如果掌握了所研究的总体的全部数据，那么只需要做一些简单的统计描述，就可以得到有关总体的数量特征。但是现实情况则比较复杂，有些现象范围比较广，不可能对总体中的每个单位都进行测定，这就需要从总体中抽取一部分单位进行调查，进而利用样本提供的信息来推断总体的数量特征。

思考与练习题

一、单项选择题

1．评价估计量是否优良的标准一般有三个，下面（　　）不是。

A．无偏性　　B．一致性　　C．有效性　　D．真实性

2．参数估计分为（　　）。

A．点估计和区间估计　　B．区间估计和无偏估计

C．点估计和无偏估计　　D．区间估计和一致估计

3．设样本是来自正态总体 $N(\mu，\sigma^2)$，其中 σ^2 未知，那么检验假设 H_0：$\mu=\mu_0$ 时，用的是（　　）。

A．t 检验　　B．Z 检验　　C．χ^2 检验　　D．F 检验

4．在假设检验中，由于抽样偶然性，接受了实际上不成立的 H_0 假设，则（　　）。

A．犯第 I 类错误　B．推断正确　C 犯第 II 类错误　D．A、B 都有可能

5．机床厂某日从两台机器所加工的同一种零件中，分别抽取两个样本，检验两台机床的加工精度是否相同，则提出假设（　　）。

A．H_0：$\mu=\mu_0$，H_1：$\mu\neq\mu_0$　　B．H_0：$\sigma^2=\sigma_0^2$，H_1：$\sigma^2\neq\sigma_0^2$

C．H_0：$\mu\leqslant\mu_0$，H_1：$\mu>\mu_0$　　D．H_0：$\sigma^2\leqslant\sigma_0^2$，$H_1$：$\sigma^2>\sigma_0^2$

6．在对总体参数的假设检验中，若给定显著性水平 α（$0<\alpha<1$），则犯第 I 类错误的概率是（　　）。

A．α　　B．$1-\alpha$　　C．$\alpha/2$　　D．不能确定

7．假设检验时，若增大样本容量，则犯两类错误的概率（　　）。

A．都增大　　B．都减小　　C．都不变　　D．一个增大一个减小

8．矿砂的 5 个样品中，测得其含铜量均值为 $\bar{x}$。设含铜量服从正态分布，方差 σ^2 未知，在 $\alpha=0.01$ 下对总体均值进行检验，则取统计量（　　）。

A．$Z=\sqrt{5}(\bar{x}-\mu_0)/\sigma$　　B．$Z=(\bar{x}-\mu_0)/\sigma$

C．$Z=\sqrt{4}(\bar{x}-\mu_0)/s$　　D．$Z=\sqrt{5}(\bar{x}-\mu_0)/s$

9．按设计标准，某自动食品包装机所包装食品的平均每袋重量应为 500 克。若要检验该机实际运行状况是否符合设计标准，应该采用（　　）。

A．左侧检验　　B．右侧检验

C．双侧检验　　D．左侧检验或右侧检验

10．当样本统计量的观测值未落入原假设的拒绝域时，表示（　　）。

A．可以放心接受原假设　　B．没有充足的理由否定原假设

C．没有充足的理由否定备择假设　　D．备择假设是错误的

11．进行假设检验时，在样本量一定的条件下，犯第 I 类错误的概率减小，犯第 II 类错误的概率就会（　　）。

A．减小　　B．增大　　C．不变　　D．不确定

12．假设检验的 P 值表示（　　）。

A．正确决策的概率　　B．错误决策的概率

C．给定的显著性水平　　D．观察到的显著性水平

13．进行右侧检验时，利用 P 值进行判断，拒绝原假设的条件是（　　）。

A．P 值$<\alpha$　　B．P 值$>\alpha$　　C．P 值$<\beta$　　D．P 值$>\beta$

14．已知总体服从正态分布，总体方差为 4，现抽取一容量为 10 的样本，拟对总体均值进行假设检验 H_0：$\bar{x}=50$；H_1：$\bar{x}>50$。$\alpha=0.01$，则原假设的拒绝域为（　　）。

A．（3.25，+∞）B．（2.82，+∞）C．（2.33，+∞）D．（2.58，+∞）

15．分别从两个正态总体中各抽取一个样本，样本容量为12、15。假定两个总体的方差都未知，如要对“H_0：两个总体的均值相等”进行假设检验，则拒绝原假设的规则是（　　）。

A．$|t| > t_{a/2}(11)$　B．$|t| > t_{a/2}(25)$　C．$|t| > t_{a/2}(26)$　D．$|Z| > Z_{a/2}$

16．已知总体拒绝域服从正态分布，现抽取一容量为15的样本，拟对总体方差进行假设检验 H_0：$\sigma^2 = 1$；H_1：$\sigma^2 < 1$。$\alpha = 0.05$，则原假设的拒绝域为（　　）。

A．（0，23.685）B．（0，24.996）C．（0，6.571）　D．（0，7.261）

17．设配对资料的变量值为 X_1 和 X_2，则配对资料的秩和检验是（　　）。

A．把 X_1 和 X_2 的差数从小到大排序

B．分别按 X_1 和 X_2 从小到大排序

C．把 X_1 和 X_2 综合从小到大排序

D．把 X_1 和 X_2 的和数从小到大排序

E．把 X_1 和 X_2 的差数的绝对值从小到大排序

18．当列联表为4行5列时，其自由度为（　　）。

A．20　B．12　C．9　D．15

19．进行拟合优度检验，应采用（　　）。

A．正态分布　B．χ^2 分布　C．t 分布　D．F 分布

20．下列检验中，不属于非参数检验方法的是（　　）。

A．总体是否服从正态分布　B．总体的方差是否为某一值

C．两组随机变量之间是否相互独立　D．样本的取得是否具有随机性

二、多项选择题

1．关于原假设的建立，下列叙述中错误的有（　　）。

A．若不希望否定某一命题，就将此命题作为原假设

B．尽量使后果严重的错误成为第II类错误

C．若想利用样本作为对某一命题强有力的支持，应将此命题的对立命题作为原假设

D．可以随机根据检验结果改换原假设，以期达到决策者希望的结论

2．下列关于检验统计量的正确说法有（　　）。

A．检验统计量是样本的函数

B．检验统计量包含未知总体参数

C．检验统计量可以包含已知总体参数

D．在原假设成立的前提下检验统计量的分布是明确可知的

E．检验同一总体参数可以用多个不同检验统计量

3．在假设检验中，α 与 β 的关系是（　　）。

A．α 与 β 绝对不可能同时减少

B．只能控制α，不能控制β

C．在其他条件不变的情况下，增大α，必然会减少β

D．在其他条件不变的情况下，增大α，必然会增大β

E．增加样本容量可以同时减少α与β

4．关于显著性水平，以下表述正确的有（　　）。

A．假设检验事先规定小概率标准　　B．实际上是犯第Ⅰ类错误的概率

C．实际上是犯第Ⅰ类错误的概率　　D．就是检验接受域和拒绝域的分界点

5．对正态总体$N(\mu, \sigma^2)$，σ^2已知的情况下，关于H_0：$\mu \leqslant \mu_0$，H_1：$\mu > \mu_0$的检验问题。在显著性水平$\alpha=0.05$下作出接受原假设的结论。那么在显著性水平$\alpha=0.01$下按上述检验方案结论错误的有（　　）。

A．接受原假设　　B．可能接受原假设

C．可能拒绝原假设　　D．不接受也不拒绝原假设

6．以下问题可以用Z检验的有（　　）。

A．正态总体均值的检验，方差已知　B．正态总体均值的检验，方差未知

C．大样本下总体均值的检验　　D．正态总体方差的检验

7．在非参数检验中，χ^2分布主要用于（　　）。

A．拟合优度检验　　B．独立性检验

C．成对比较检验　　D．游程检验

8．非参数检验和参数检验的区别在于（　　）。

A．无需知道总体参数　　B．无需估计总体参数

C．无需设定总体为何种分布　　D．数据必须是等距级

9．独立性检验的步骤有（　　）。

A．确定原假设和备择假设　　B．排序

C．计算秩和　　D．编制列联表

E．计算理论频数

10．下列可以作为符号检验原假设的有（　　）。

A．两个样本之间没有显著差异　　B．两个样本之间具有显著差异

C．$p=1$　　D．$p=0.5$

E．$p=0$

11．游程检验可以用于（　　）。

A．两个总体是否具有相同的分布　　B．两个总体是否具有相同的频数

C．样本的可靠性　　D．样本的随机性

E．样本的独立性

三、判断题

1．有个研究者猜测某贫困失学儿童中女孩数是男孩数的 3 倍以上。为了对他的这

一项猜测进行检验，拟随机抽取 50 个失学儿童构成样本。那么原假设可以为 $H_0: P \leqslant 1/3$。（ ）

2．在假设检验中，原假设和备择假设的地位不是对等的。（ ）

3．根据同一样本对某一总体参数进行左侧检验时，结论为“不能拒绝原假设”。但将原假设与备择假设互换方向之后，检验结果就是“拒绝原假设”。（ ）

4．P 值表示样本信息对原假设的支持程度。（ ）

5．显著性水平 α 是对多大的概率才算小概率的量化描述。（ ）

6．显著性水平 α 越小，表示检验结论犯错误的可能性越小。（ ）

7．假设检验与区间估计的主要区别之一是：在假设检验中，人们更关注小概率事件是否发生，而区间估计立足于以大概率进行推断。（ ）

8. 有一研究者对某地区居民收入的均值进行假设检验，H_0: $\mu = 1\,000$；H_1: $\mu > 1\,000$。根据一个样本（样本量 2000）计算的结果，检验的 P 值为 0.079，于是该研究者得出结论：该地区居民收入的均值远远大于 1000 元。（ ）

9．其他条件不变的情况下，增大样本容量 n 会使假设检验犯两类错误的概率减小。（ ）

10．检验统计量包含未知总体参数。（ ）

四、计算题

1．某种导线，要求其电阻（单位：Ω）的标准差不得超过 0.005，今在生产的一批导线中取样品 9 根，测得 $S = 0.007$，设总体为正态分布，问在水平 $\alpha = 0.05$ 下能否认为这批导线的标准差显著地偏大？

2．某林场采用两种方案作杨树育苗实验，已知两种方案下苗高（单位：cm）均服从正态分布，标准差分别为 $\sigma_x = 20$，$\sigma_y = 18$ 现各抽 60 棵树苗作样本，测得苗高 $\bar{x} = 59.34$，$\bar{y} = 49.16$，试以 95%的可靠性估计两种方案对树苗的高度有无影响。

3．某一小麦品种的平均产量为每公顷 5200 公斤。一家研究机构对小麦品种进行了改良以期提高产量。为检验改良后的新品种产量是否有显著提高，随机抽取 36 个地块进行试种，得到的样本平均产量为每公顷 5275 公斤，标准差为每公顷 120 公斤。检验改良后的新品种产量是否有显著提高。（$\alpha = 0.05$）

4．某实验室分别在 70℃及 80℃下对某项指标作了 8 次重复试验，测得该指标的数据如下。

70℃	20.5	18.8	19.7	21.0	21.0	21.0	19.7	21.5
80℃	20.3	18.8	20.1	20.0	20.0	19.2	19.1	17.7

由经验知数据服从正态分布，且方差相等，问在 $\alpha = 0.05$ 时，可否认为均值也相等？

5. 有两种方法生产同一种产品，方法 1 的生产成本较高而次品率较低，方法 2 的生产成本较低而次品率较高。管理人员在选择生产方法时，决定对两种方法的次品率进行比较，如方法 1 比方法 2 的次品率低 8%以上，则决定采用方法 1，否则采用方法 2。管理人员从方法 1 生产的产品中随机抽取 300 个，发现 33 个次品，从方法 2 生产的产品中随机抽取 300 个，发现有 84 个次品。用显著性水平 $\alpha = 0.01$ 进行检验，说明管理人员应决定采用哪种方法进行生产。

第9章 统计指数

学习完本章后，你应该能够做到以下几点。

- 了解并掌握统计指数的基本概念。
- 熟练掌握综合指数的编制方法和计算。
- 熟练掌握平均指数的编制方法和计算。
- 熟练掌握平均数指数的编制方法和计算。
- 掌握指数体系的相关概述。

案例导入

让统计指数走进百姓生活，居者有其屋是每个人的梦想。2006 年人民网的一篇文章“谁能告诉老百姓实话，北京房价到底涨了多少？”把统计部门的房屋销售价格统计工作推到了公众面前。潘越（厦门大学经济学博士）在文中介绍：从 2005 年 7 月开始，国家发改委和国家统计局定期发布了《70 个大中城市房屋销售价格指数》，要读懂统计数据背后的含义，首先要知晓几个名词：房屋销售价格指数、新建住房价格指数、90 平方米住房价格指数、二手住房价格指数等。按照国家统计局的制度要求，各地统计部门对房屋销售情况进行调查，并编制房屋销售价格指数。具体统计方法是在辖区内开展抽样调查，调查有经营活动的各种类型的房地产开发企业和房屋经纪公司及物业管理公司。调查企业经营项目的房屋销售价格及数量、金额等指标，重点考察同类户型的基期和报告期的价格变动，以此来代表该项目的价格变动趋势，保证价格的同质可比。调查特点是覆盖面广、代表性强、同质可比。我们计算出房屋销售价格指数，并通过北京统计信息网按月发布。统计部门发布数据，从来没有简单地说明房价上涨了还是房价下降了，而是始终坚持用全国统一制度统计的房屋销售价格指数来告诉公众。

房屋销售价格指数是反映一定时期房屋销售价格变动程度和趋势的相对数，它是通过百分数的形式来反映房价在不同时期的涨跌幅度，包括商品房、公有房屋和私有房屋各大类房屋的销售价格的变动情况。房屋销售价格指数的优点是“同质可比”，这种方法反映的是排除房屋质量、建筑结构、地理位置、销售结构因素影响之后，由于供求关系及成本波动等因素带来的价格变动。

社会经济现象在发展变化的过程中，往往受多种因素的影响，对于我们分别观察各个因素的变化对现象总体的影响，统计指数法在解决这一问题上有独到之处，它既可以用于静态分析，又可以用于动态分析，但在实际工作中多用于复杂现象总体综合变动的分析和多因素作用的分解。下面我们来学习这一章，具体探讨怎样利用统计指数来解决问题。

9.1 统计指数的一般性问题

指数是一种常用且重要的统计指标，运用这种指标可以分析很多社会经济问题。例如可以通过生产指数来反映经济增长的实际水平，通过股价指数可以显示股市行情，通过物价指数可以说明市场价格的动态及其对居民生活的影响，通过购买力评价指数又可以进行经济水平的国际对比。下面我们来学习一下统计指数的基本概述。

9.1.1 统计指数的概念

统计指数（Index number）也称经济指数，它是一个完全不同于数学指数的概念。统计指数是用来分析社会经济现象数量变动的对比性指标。简单地说，统计指数就是对有关现象进行比较分析的一种相对比率。

统计指数有广义和狭义之分。广义的统计指数是用来反映所研究社会经济现象时间变动和空间对比状况的相对数，如动态相对数、比较相对数和计划完成情况相对数等，大英百科全书对指数所下的定义是："指数是用来测定一个变量对于一个特定的变量值大小的相对数。"这也是广义指数的概念。例如，2007 年我国国内生产总值为 257 305.6 亿元，2008 年为 300 670.0 亿元，2008 年国内生产总值为 2007 年的 116.9%，这里的 116.9% 是反映国内生产总值复杂现象综合变动的，我们把这类相对数就叫作广义的统计指数。狭义的统计指数是用来反映由许多不能直接相加的和不能直接对比的要素所组成的复杂现象在不同期间的数量综合差异（变动）程度的特殊相对数。如零售物价指数，它是说明全部零售商品价格（各商品价格不能直接相加）总变动的相对数；工业产品产量指数，它是说明一定范围内全部工业产品产量（各商品的产量不能直接相加）总变动的相对数等。下面我们看一个简单指数的例子。

假定某市场上 5 种商品的销售价格和销售量资料如表 9-1 所示。表中记商品价格为 p，销售量为 q；为了反映市场物价的动态和商品销售量的变动情况，可以依据这些资料编制有关的指数。

表 9-1 商品价格和销售量资料

商品类别	计量单位	商品价格/元		销售量		指数/%	
		基期 p_0	计算期 p_1	基期 q_0	计算期 q_1	p_1/p_0	q_1/q_0
大米	百公斤	300	360	2400	2600	120	108.33
猪肉	公斤	18	20	84 000	95 000	111.11	113.10

续表

商品类别	计量单位	商品价格/元		销售量		指数/%	
		基期 p_0	计算期 p_1	基期 q_0	计算期 q_1	p_1/p_0	q_1/q_0
食盐	500克	1	0.8	10 000	15 000	80	150.00
服装	件	100	130	24 000	23 000	130	95.83
电视机	台	4500	4300	510	612	95.56	120.00
合计	—	4919	4810.8	120 910	136 212	536.67	587.26

从表中我们可以看出，将计算期与基期的价格或销售量资料直接对比，即可得到反映个别商品价格或销售量变动程度的相应指数。由表中最后两栏可知，在5种商品中，服装的个体价格指数130%最大，表示价格上涨了30%，食盐的个体价格指数80%最小，表示其价格下跌了20%；另一方面，食盐的个体销售量指数150%最大，表示其销售量增长了50%，而服装的个体销售量指数95.83%最小，表示其销售量减少了4.17%。上述简单地计算了相应指数，计算分析都非常简单，但是如果我们考察的不是个别商品，而是全部商品的价格和销售量的变动情况，这就要求我们学习这章的综合指数、平均指数以及平均数指数。

统计理论主要探讨复杂现象总体变动状况和对比关系，即狭义的指数，因此在本章中主要讨论的指数是狭义的统计指数。一般说来，狭义的统计指数有如下特点。

（1）综合性

总指数反映的是复杂现象总体的综合数量变动，是对总体各单位的具体变动抽象综合的结果，而不是某些具体单位的实际变动。如股票价格指数是综合反映所有上市公司股票交易的价格，而不是某一上市公司股票价格的变动。

（2）平均性

由于各个个体的变动是参差不齐的，狭义指数所反映的总体的变动只能是一种平均意义上的变动，即表示各个个体变动的一般程度。就商品综合价格指数而言，它所表明的是各种商品价格变动的平均水平。

（3）相对性

从形式上看，指数是一种相对数，反映的是相对于所对比水平的平均水平；从编制方法上看，在观察某一因素的变动及其影响时，必须假定其他因素不变，也就是说，统计指数反映现象的准确性也是相对的。

（4）代表性

指数是研究现象每个项目变动的综合反映，但并不表示指数包含所有的项目，而是以代表性项目计算的。如消费品价格指数，全社会的消费品数以万计，不可能在计算消费品价格指数时，把所有项目列入范围。因此，指数是以代表性身份出现的数值。

9.1.2　统计指数的种类

统计指数按照不同的研究目的和要求，可以作如下各种分类。

1. 个体指数和总指数

统计指数按所研究对象的范围不同，可分为个体指数和总指数。个体指数是反映一个项目或变量变动的相对数，如一种商品的价格或销售量的相对变动水平就可以称作产量指数和价格指数。个体指数通常记作 K，例如：

$$个体产品质量指数 = K_q = \frac{Q_1}{Q_0}$$

$$个体产品成本指数\ K_z = \frac{Z_1}{Z_0}$$

$$个体价格指数\ K_p = \frac{P_1}{P_0}$$

式中，Q 为产量，Z 为单位产品成本，P 为商品或产品的价格。

总指数是反映多个项目或变量综合变动的相对数，如多种商品的价格或销售量的综合变动水平。

在计算统计指标时，可以同时采用分组方法，即对包含的多项事物进行分类或分组，按每个类或组计算统计指数，从而在个体指数和总指数之间又产生了一个类指数。因此，类指数实质上也是总指数，因为它包含了不能直接相加的多种事物，只是类指数比总指数包含的范围小而已。

2. 数量指标指数和质量指标指数

统计指数按所表示的特征不同，可以分为数量指标指数和质量指标指数。数量指标指数，也叫数量指数，是反映现象总体或个体的规模和水平的变动状况的相对数，如产量指数、职工人数指数等。质量指标指数，也叫质量指数，是反映现象总体内涵质量的变动的相对数，如商品物价指数、劳动生产率指数等。

3. 动态指数和静态指数

按指数反映的时期不同，可以分为动态指数和静态指数。统计指数按其本来的涵义，都是指动态指数。动态指数又称时间指数，是指由两个不同时期的经济量对比形成的指数，反映现象在时间上的变化过程和程度。但在实际运用过程中，涵义渐渐推广到了静态事物和空间对比，因而产生了静态指数。所谓静态指数是指在同一时间条件下，不同单位、不同地区间同一事物数量进行对比所形成的指数；或同一单位、同一地区计划指标与实际指标进行对比所形成的指数。

4. 简单指数和加权指数

按指数计算的方法和特点不同，可以分为简单指数和加权指数。简单指数是指当由个体指数计算总指数时，用个体指数简单平均的方法以求得的总指数，这是把计入指数的各个项目的重要性视为等同。加权指数是指用个体指数加权平均的方法以求得的总指数，这是对计入指数的项目依据其重要程度赋予不同的权数，然后进行计算，目前统计中应用最为广泛的就是加权指数。

5. 综合指数、平均数指数和平均指标指数

按照指数的表现形式不同，可以分为综合指数、平均数指数和平均指标指数。综合指数是通过两个有联系的综合总量指标的对比计算的总指数；平均数指数是指个体指数的平均数，一般是用加权平均法而得出的总指数；平均指标指数是指用两个不同时期的同一经济内容的平均值对比而形成的指数。这三类指数之间既有区别，又有联系，各适用于说明不同的问题。

6. 定基指数和环比指数

统计指数按在指数数列中所采用的基期不同，可以分为定基指数和环比指数。指数通常是连续编制的，在时间上形成前后衔接的指数数列，在此数列中，每个指数都会有一个基期与报告期。凡是在一个指数数列中各个指数都是以某一固定时期作为基期，成为定基指数；另一种即所谓变动基期，最常用的是各期指数都是以上一个时期为基期，这种指数称为环比指数。如产品产量定基指数一般形式可表示为$\dfrac{\sum P_n Q_i}{\sum P_n Q_0}$（$i=1$，2，…，$n$）；产品产量环比指数表示为$\dfrac{\sum P_n Q_i}{\sum P_n Q_{i-1}}$（$i=1$，2，…，$n$）。

9.1.3 统计指数的作用

统计指数在社会经济领域内广泛应用，这是由于统计指数具有独特的功能，能够发挥重要的作用。具体表现在以下几个方面。

（1）综合反映现象总体的变动方向和变动程度

这些组成现象总体的个别事物不能直接相加或不能直接对比，通过编制统计指数可以使它们过渡到可以相加、可以对比，从而综合反映现象总体的变动方向和变动程度。

（2）分析现象总体变动中的各个因素的影响方向和影响程度

许多社会经济现象都是复杂现象，其变动要受多种因素的影响。通过编制各种因素指数，可以分析各因素的影响的方向和影响程度。如分别编制销售量指数和价格指数，分析它们对销售额的影响方向和影响程度；分别编制产量指数和单位产品成本指数，分析它们对总成本的影响方向和影响程度。另外，还可以利用指数法，分析总平均指标变动中的各个因素的影响作用。例如，全体职工平均工资水平的变动，不仅取决于各组职工工资水平的变动，还取决于各组人数占总人数比重变动的影响。

（3）分析研究社会经济现象在长时间内的发展变化趋势

利用连续编制的动态指数数列，可以进行长时间的现象发展趋势分析和比较分析。这种方法特别适合于对比分析有联系而性质又不同的动态数列之间的变动关系，因为用

指数的变动进行比较，可解决不同性质数列之间不能对比的困难。

（4）对社会经济现象进行综合评价和测定

许多经济现象都可以运用统计指数进行综合评定，以便对某种经济现象的水平做出综合的数量判断。例如，用综合经济指数法评价一个地区或单位经济效益的高低；用平均数指数法评价和测定技术进步的程度，及其在经济增长中的作用等。

9.2 综 合 指 数

9.2.1 综合指数的相关概念

统计研究的对象主要是总体现象。因此，从研究对象的范围来看，主要是指总指数的编制。总指数的编制方法有综合指数、平均指标指数和平均指标对比指数。综合指数（Aggregative number）是总指数的基本形式，它是由总量指标对比形成的指数（即两个时期的总量指标）。当一个总量指标可以分解为两个或两个以上的因素指标时，将其中一个或一个以上的因素指标固定下来，仅观察其中一个因素指标的变动程度，这样的总指数就被称为综合指数。

综合指数中很多事物由于计量单位不同，其数据不能直接加总，为了反映它们的总变动情况，就要把不能直接相加的总体过渡到能相加的总体。综合指数就是把不能直接相加的复杂现象，变成两个能够相加的总量指标，然后再进行对比而求得的总指数。综合指数的编制方法是先综合后对比，即先解决不能相加的问题，然后再进行对比。

编制综合指数的关键是根据客观现象的内在联系，寻找同度量因素，而后再把它固定不变，通过计算相应指标来反映我们所要研究总体某种现象的变化情况。同度量因素是指把不能直接相加的指标过渡为可以相加的指标，在指数的计算中起着同度量和权数的作用。例如，在计算社会商品零售价格指数时，由于已知商品单价不能直接相加而无法计算，则用商品销售量作为同度量因素，把商品单价过渡为销售额就可以相加了。同度量因素归纳起来主要解决以下两个问题：用什么因素为同度量因素是合理的？把同度量因素固定在哪个时期是恰当的（基期还是报告期）？

综合指数有两种，分别为数量指标综合指数和质量指标综合指数，两种综合指数在计算形式上基本原理相同，可利用综合指数来编制。

9.2.2 综合指数的编制方法

关于第一个问题：同度量因素的作用是把不能直接相加的指标过渡为可以相加的因素。例如，有下列三种商品（见表 9-2），要求编制其商品销售量综合指数。

三种商品销售量的计量单位不同，不同单位的商品不能直接相加；三种商品的价格是不同的，不同商品的价格数量也是不能相加的。用同度量因素（价格）把它过渡为销售额就可以相加了。

表 9-2 某商店商品销售情况

商品名称	计量单位	销售量		价格		销售额			
		q_0	q_1	p_0	p_1	p_0q_0	p_1q_1	p_0q_1	p_1q_0
甲	件	200	250	4.2	4.0	840	1000	1050	800
乙	米	750	800	3.6	3.0	2700	2400	2880	2250
丙	台	50	46	9.6	12.0	480	552	441.6	600
合计		1000	1096	—	—	4020	3952	4371.6	3650

由于商品销售额=商品销售量×商品销售单价，可以得出如下结论。

编制商品销售量综合指数（数量指标综合指数）时，以商品价格（质量指标）为同度量因素；编制商品价格综合指数（质量指标综合指数）时，以商品销售量（数量指标）为同度量因素。

$$\text{商品销售量综合指数：} K_q=\frac{\sum Q_1P}{\sum Q_0P}$$

$$\text{商品价格综合指数：} K_p=\frac{\sum P_1Q}{\sum P_0Q}$$

关于第二个问题：1864年，德国经济学家埃蒂恩·拉斯贝尔（Etienne Laspeyres）认为，无论是编制商品销售量综合指数（数量指标综合指数），还是编制商品价格综合指数（质量指标综合指数），都应当将同度量因素固定在基期。但到了1874年，德国另一位经济学家赫尔曼帕舍（Herman Paasche）认为，无论是编制商品销售量综合指数（数量指标综合指数），还是编制商品价格综合指数（质量指标综合指数），都应当将同度量因素固定在报告期。其公式为

	拉斯贝尔（1864年）（固定在基期）	帕舍（1874年）（固定在报告期）
销售量（数量指标）综合指数：	$L_q=\frac{\sum P_0Q_1}{\sum P_0Q_0}$	$P_q=\frac{\sum P_1Q_1}{\sum P_1Q_0}$
价格（质量指标）综合指数：	$L_p=\frac{\sum P_1Q_0}{\sum P_0Q_0}$	$P_p=\frac{\sum P_1Q_1}{\sum P_0Q_1}$

数量指标综合指数表现为商品销售量指数、商品产量指数、播种面积指数等。下面举例来说明数量指标综合指数的编制方法，如表9-3所示。

为测定三种商品销售量的总变动，要以商品价格为同度量因素，否则商品的销售量不可直接相加。因此，通过商品价格转化为商品的销售额，计算时期或为基期价格，或为报告期价格，因而可得两种不同的计算公式。

表 9-3 某商场三种商品销售资料

商品名称	计量单位	销售量		价格/元		销售额/元			
		Q_0	Q_1	P_0	P_1	P_0Q_0	P_0Q_1	P_1Q_0	P_1Q_1
甲	匹	1000	1150	100	100	100 000	115 000	100 000	115 000
乙	吨	2000	2200	50	55	100 000	110 000	110 000	121 000
丙	件	3000	3150	20	25	60 000	63 000	75 000	78 750
合计	—	—	—	—	—	260 000	288 000	285 000	314 750

1）以基期价格为同度量因素，这是为了说明在基期价格不变的情况下，销售量的综合变动程度。用公式表示如下。

$$K_q=\frac{\sum P_0Q_1}{\sum P_0Q_0}=\frac{1150\times100+2200\times50+3150\times20}{1000\times100+2000\times50+3000\times20}$$

$$=\frac{288\ 000}{260\ 000}=110.77\%$$

$$\sum P_0Q_1-\sum P_0Q_0=288\ 000-260\ 000=28\ 000\ \text{（元）}$$

上面两个公式中，第一个公式显示了相对数表示的销售额变动程度，而第二个公式是用绝对数表示的销售额的变动程度。计算结果表明，某商场三种商品以基期价格为同度量因素，销售量平均上升了 10.77%（指数习惯用百分数表示），而由于销售量的上升使销售额增加了 2.8 万。

2）以报告期价格为同度量因素，这是表示在报告期价格不变的情况下，销售量的综合变动程度。用公式表示为

$$K_q=\frac{\sum P_1Q_1}{\sum P_1Q_0}=\frac{1150\times100+2200\times55+3150\times25}{1000\times100+2000\times55+3000\times25}$$

$$=\frac{314\ 750}{285\ 000}=110.44\%$$

$$\sum P_1Q_1-\sum P_1Q_0=314\ 750-285\ 000=29\ 750\ \text{（元）}$$

计算结果表明，某商场三种商品以报告期价格为同度量因素，销售量平均上升了 10.44%，由于销售量的上升而使销售额增加了 2.975 万元。因此可以看出，以报告期价格或基期价格计算的综合指数明显存在差异。

质量指标综合指数表现为商品价格指数、产品成本指数、亩产量指数等。现以表 9-2 中某商场三种商品的销售资料为例，来说明质量指标指数的编制方法。

与数量指标指数分析相同，为测定三种商品价格的总变动，要以商品销售量为同度量因素，否则商品的价格不可直接相加。因此，通过商品销售量转化为商品的销售额，计算时期或为基期价格，或为报告期价格，因而可得两种不同的计算方式。

1）以基期的销售量为同度量因素，这是为了说明在基期的销售量不变的情况下，三种商品的价格综合变动程度。用公式表示为

$$K_p=\frac{\sum P_1Q_0}{\sum P_0Q_0}=\frac{1000\times100+2000\times55+3000\times25}{1000\times100+2000\times50+3000\times20}$$

$$=\frac{285\ 000}{260\ 000}=109.62\%$$

$$\sum P_1Q_0-\sum P_0Q_0=285\ 000-260\ 000=25\ 000\ （元）$$

计算结果表明，以基期销售量为同度量因素，某商场三种商品价格平均上升了9.62%，分子分母的差额表明，在维持基期销售量的情况下，按照基期的价格（物价上涨）需要多支出 25 000 元。

2）以报告期的销售量为同度量因素，这是为了说明在报告期的销售量不变的情况下，三种商品的价格综合变动程度。用公式表示为

$$K_p=\frac{\sum P_1Q_1}{\sum P_0Q_1}=\frac{1150\times100+2200\times55+3150\times25}{1150\times100+2200\times50+3\ 150\times20}$$

$$=\frac{314\ 750}{288\ 000}=109.29\%$$

$$\sum P_0Q_1-\sum P_0Q_1=314\ 750-288\ 000=26\ 750\ （元）$$

计算结果表明，以报告期销售量为同度量因素，某商场三种商品的价格平均上升了9.29%，分子分母的差额表明，在维持报告期销售量的情况下，按照报告期的价格（物价上涨）需要多支出 26 750 元。

【例 9-1】某商场三种商品销售量及销售价格如表 9-4 所示。

表 9-4 某商场三种商品销售量及销售价格

商品名称	计量单位	销售量		销售价格	
		基期	报告期	基期	报告期
甲	米	380	342	10	11
乙	件	520	520	1.3	1.5
丙	顶	500	650	0.4	0.4
合计	—	—	—	—	—

要求根据资料表计算：

1）计算三种商品销售额总指数和影响绝对额是多少？

2）采用拉式指数公式计算三种商品的销售综合指数及由于销售量变动而影响的绝对额。

3）采用帕氏指数公式计算三种商品的销售综合指数及由于价格变动而影响的绝对额。

解：式中的三种商品销售量，报告期与基期相比，有增有减，根据上节学习的个体指数计算公式可得，三种商品的个体指数分别为：甲商品 90%，乙商品 100%，丙商品 130%。但要综合反映这三种销售量总的变动方向和程度，则需要编制销售量总指数。根据计算可得表 9-5。

表 9-5　某商场三种商品情况

商品名称	计量单位	销售量		销售价格		销售总额			
		Q_0	Q_1	P_0	P_1	P_0Q_0	P_0Q_1	P_1Q_0	P_1Q_1
甲	米	380	342	10	11	3800	3420	4180	3762
乙	件	520	520	1.3	1.5	676	676	780	780
丙	顶	500	650	0.4	0.4	200	260	200	260
合计						4676	4356	5160	4802

三种商品销售额总指数为

$$k_{PQ}=\frac{\sum Q_1P_1}{\sum Q_0P_0}=\frac{342\times 11+520\times 1.5+650\times 0.4}{380\times 10+520\times 1.3+500\times 0.4}=\frac{4802}{4676}=102.69\%$$

$$\sum Q_1P_1-\sum Q_0P_0=4802-4676=126\text{（元）}$$

计算结果表明，报告期销售总额比基期增长了 2.69%，增加的绝对额为 126 元。

通过商品销售价格这个同度量因素，解决了三种商品销售量不能同度量的问题。但是，这里是销售额总指数，而销售额的变动既反映了销售量的变动，同时也反映了价格的变动。因此，要编制单纯只反映销售量综合变动情况的总指数，就必须从销售额的变动中排除同度量因素变动的影响。

采用拉式指数公式以基期价格作为同度量因素得出的三种商品的销售综合指数为

$$K_q=\frac{\sum P_0Q_1}{\sum P_0Q_0}=\frac{342\times 10+520\times 1.3+650\times 0.4}{380\times 10+520\times 1.3+500\times 0.4}=93.16\%$$

$$\sum P_0Q_1-\sum P_0Q_0=4356-4676=-320\text{（元）}$$

计算结果表明，该商场三种商品销售量报告期比基期下降了 6.84%，由于销售量下降，因而销售额减少了 320 元。

采用帕式指数公式以报告期价格作为同度量因素得出的三种商品的销售综合指数为

$$K_q=\frac{\sum P_1Q_1}{\sum P_1Q_0}=\frac{342\times 11+520\times 1.5+650\times 0.4}{380\times 11+520\times 1.5+500\times 0.4}=93.06\%$$

$$\sum P_1Q_1-\sum P_1Q_0=4802-5160=-358\text{（元）}$$

计算结果表明，该商场三种商品销售量比报告期下降了 6.94%，由于销售量下降，使销售额减少了 358 元。

上述的计算分析说明了一个道理，同一数量指标指数的同度量因素，固定在不同时期得出的结果是存在差别的。那么，数量指标指数的同度量因素究竟固定在什么时期为宜？这是编制销售量指数时必须解决的又一个重要问题。编制销售量总指数的目的，在于综合反映多种商品销售量的变动情况，即从总体来说是增加了还是减少了，增加或减少的幅度有多大，以及由此带来的经济效果如何？在实际工作中，计算商品销售量（数量）指数时，一般采用基期价格作为同度量因素。

采用拉氏指数公式以基期销售量作为同度量因素计算三种商品的销售综合指数为

$$K_p = \frac{\sum P_1Q_0}{\sum P_0Q_0} = \frac{11\times380+1.5\times520+0.4\times500}{10\times380+1.5\times520+0.4\times500} = \frac{5160}{4676} = 110.35\%$$

$$\sum P_1Q_0 - \sum P_0Q_0 = 5160-4676 = 484 \text{（元）}$$

计算结果表明，报告期三种商品价格总水平比基期上涨了 10.35%，由于价格上涨使销售额增加了 484 元。

采用帕氏指数公式以报告期销售量作为同度量因素计算三种商品的销售综合指数为

$$K_P = \frac{\sum P_1Q_1}{\sum P_0Q_1} = \frac{11\times342+1.5\times520+0.4\times650}{10\times342+1.3\times520+0.4\times650} = \frac{4802}{4356} = 110.24\%$$

$$\sum P_0Q_1 - \sum P_0Q_1 = 4802-4356 = 446 \text{（元）}$$

计算结果表明，报告期三种商品价格总水平比报告期上涨了 10.24%，由于价格上涨，使销售额增加了 446 元。

上述的计算分析说明了一个道理，同一质量指标指数的同度量因素，固定在不同时期得出的结果是存在差别的。那么，质量指标指数的同度量因素究竟固定在什么时期为宜？这是编制价格总指数时必须解决的又一个重要问题。编制价格总指数的目的，在于综合反映多种商品价格的变动情况，即从总体来说是上升了还是下降了，上升或下降的幅度有多大，以及由此带来的经济效果如何？综上所述，编制价格指数，应将作为同度量因素的销售量固定在报告期，一般认为，编制质量指标指数，应以报告期的数量指标作为同度量因素。

从统计学角度来看，考虑到共变影响（指销售量与价格同时变动的影响），数量指标指数一般以基期的质量指标（价格）加权，而质量指标指数一般以报告期的数量指标（销售量）加权。但从实际工作来看，基期资料比较容易获得，基期的实际资料在我国也是比较现成的，所以，在国外，有时不仅编制数量指标指数用基期的质量指标作同度量因素，在编制质量指标指数时，也更多地采用基期的质量指标作同度量因素。

9.3 平均指数

9.3.1 平均指数的相关概念

与综合指数相同，平均指数也是总指数的基本形式之一，平均指数（Average index）是同一经济现象两个不同时期条件下数量的平均指标值对比计算的相对数。它说明两个时期总平均水平变动的方向和程度。平均指数不是两个总量指标对比，而是两个总量指标的平均值对比。它适应于不便用总量指标对比计算的经济现象的对比分析。在统计分组的基础上，研究总体平均水平变动，受各组标志值 X 的变动，以及各组单位数占总体单位数目比重变动程度的影响。平均指数根据其性质分为可变构成指数、固定构成指数和结构影响指数。

9.3.2 平均指数的编制方法

可变构成指数：在统计分组的基础上，研究总体平均指标变动的相对数。即报告期总平均数与基期总平均数的对比值，反映总平均数的变动程度。它的公式是$\dfrac{\dfrac{\sum x_1 f_1}{\sum f_1}}{\dfrac{\sum x_0 f_0}{\sum f_0}}$。

固定构成指数反映各组标志值（X）水平变动对总体平均水平变动的影响，该指数消除了总体结构变动的影响，专门用以反映各组水平变动对总体平均指数变动的影响，公式是$\dfrac{\sum x_1 \dfrac{f_1}{\sum f_1}}{\sum x_0 \dfrac{f_1}{\sum f_1}}$。这个指数是以$\dfrac{f_1}{\sum f_1}$（报告期次数比重）为同度量因素（权数），其分子是报告期的平均指标，而分母是假定期的平均指标，它是以假定标志总量（各组基期标志值与该组报告期次数之积计算的）计算得到的平均数，我们将其记为$\overline{X'}$。结构影响指数是反映各组单位数占总体单位数目比重发生变动对总体平均水平变动的影响，公式是$\dfrac{\sum x_0 \dfrac{f_1}{\sum f_1}}{\sum x_0 \dfrac{f_0}{\sum f_0}}$。这个指数是以各组$X_0$（基期标志值水平）为同度量因素（权数），其分子是假定期的平均数$\overline{X'}$，分母是基期的平均指标。根据三个不同指标指数，我们可以构成如下关系式：可变构成指数 = 固定构成指数 × 结构影响指数，并可简化为

$$\frac{\overline{x_1}}{\overline{x_0}} = \frac{\overline{x_1}}{\overline{x'}} \times \frac{\overline{x'}}{\overline{x_0}}$$

分子与分母之间的差额，表明该指数变动带来的对平均水平影响的绝对值。

$$\overline{x_1} - \overline{x_0} = (\overline{x_1} - \overline{x'}) + (\overline{x'}\ \overline{x_0})$$

为了较好地理解和掌握平均指标指数编制的原理和方法，下面引用一个实例。

【例 9-2】如表 9-6 所示为某厂生产情况表。

表 9-6 某厂生产情况

工人组别	人数		劳动生产率/（公斤/人）		生产总量/公斤		
	f_0	f_1	x_0	x_1	$x_0 f_0$	$x_1 f_1$	$x_0 f_1$
老工人	700	660	80	86	56 000	56 760	52 800
新工人	300	740	50	55	15 000	40 700	37 000
合计	1000	1400	—	—	71 000	97 460	89 800

要求：试分析该厂劳动生产率变动及其变动的原因

解：该题要求分析劳动生产率（平均指标）的变动，因此属于平均指标分析的范畴。根据以上介绍，首先应依计算得到的生产总量分别计算全企业三个时期的平均数，即：$\overline{x_1}=97\ 460\div 1400=69.6143$，$\overline{x_0}=71\ 000\div 1000=71$，$\overline{x'}=89\ 800\div 1400=64.1429$。从三个平均数就可以算出：

$$\text{可变构成指数}=\frac{\dfrac{\sum x_1 f_1}{\sum f_1}}{\dfrac{\sum x_0 f_0}{\sum f_0}}=\frac{\overline{x_1}}{\overline{x_0}}=69.6143\div 71=98.05\%$$

全企业劳动生产率下降了 1.95%，使每个人减产 1.3857。可变构成指数的变动，受标志总量与单位总量变动的方向和大小的影响，它不受各组标志值变动的约束。当各组构成发生巨大变化时，它可能越出各组标志值变动的范围，得出相反的结论。本例就是说明在档人员结构发生了巨大的变动，尽管每组的劳动生产率上升，但全厂的劳动生产率仍下降。

$$\text{固定构成指数}=\frac{\sum x_1\dfrac{f_1}{\sum f_1}}{\sum x_0\dfrac{f_1}{\sum f_1}}=\frac{\overline{x_1}}{\overline{x_0}}=69.6143\div 64.1429=108.53\%$$

由于全厂各组劳动生产率上升了 8.53%，平均每人赠产 69.6143 − 64.1429=5.4714（公斤/人），全厂共增产 $5.4714\times 1400=7660$（公斤）。

$$\text{结构影响指数}=\frac{\sum x_0\dfrac{f_1}{\sum f_1}}{\sum x_0\dfrac{f_0}{\sum f_0}}=\frac{\overline{x'}}{\overline{x_0}}=64.1429\div 71=90.34\%$$

该指数说明由于各组人数占全厂人数比重下降了 9.66%，平均每人减产 $64.1429-71=-6.8571$（公斤/人）

分析：该厂劳动生产率报告期比基期下降了 1.95%，平均每人减产 1.3857 公斤产量，全厂共减产 1940 公斤产量。这是因为各组劳动生产率上升了 8.53%，人均增产 5.4714 公斤，全厂增产 7660 公斤产量，以及各组人员结构比重下降了 9.66%，人均减产 6.8571 公斤，全厂减产 9600 公斤两个原因共同影响的结果。主要原因是人员结构比重下降。

通过以上分析，有人提出这样的问题，该例题中，全厂的总产量是增加的，为什么以上的分析结果，全厂的产量下降了呢？结论是否正确？问题出在什么地方呢？这就是我们下面紧接着要讨论的问题，即平均指数与总量指数分析的方法结合应用的问题。由上例题可知：

$$\text{可变构成指数}=\text{固定构成指数}\times\text{结构影响指数}$$

最后，我们得出全厂产量变动的不同影响因素，及其具体影响数据。由此可见，指数分析是将分析现象的各影响因素逐一进行分解，从而找到影响的主要因素，并根据具体情况进行管理，在实际工作中有一定的应用意义。

9.4 平均数指数

9.4.1 平均数指数的相关概念

综合指数是一种理论指数，它要求以全面资料为基础编制。在实际工作中，用综合指数公式编制指数，研究社会经济现象，常常遇到资料的限制、计算假定价值指标困难的问题。因此，往往需要用平均数指数来计算。综合指数与平均数指数既有区别又有联系。在一定的权数下，两类指数之间存在变形关系，但平均数指数不只是作为综合指数的变形作用，它在计算指数中具有独立的意义，能解决综合指数所无法解决的问题，具有广泛的应用价值。

平均数指数（Average number index number）是从个体出发，即先计算出单项事物的个体指数，然后对其加权平均计算总指数，以测定总体现象的平均变动程度。平均指数通常有加权算术平均数指数和加权调和平均数指数。

在每种平均数指数中，由于使用的权数不同，可再分为综合指数变形权数和固定权数的平均数指数两种。一般来说，平均数指数的方法既可用于全面的调查资料，也可用于非全面的抽样调查或重点调查数据，在现实中，对一个资料计算总指数时，是直接用综合指数还是加权平均数主要根据所掌握的资料而定。

9.4.2 平均数指数的编制方法

1. 加权算术平均数指数

（1）用综合指数变形权数计算的加权算术平均数指数

这个指数是用基期的 P_0Q_0 为权数加权计算，是综合指数的有关变形，用公式可以表示为

$$\text{加权算术平均数数量指数：} Kq=\frac{\sum\frac{Q_1}{Q_0}P_0Q_0}{\sum P_0Q_0}=\frac{\sum P_0Q_1}{\sum P_0Q_0}=\text{拉式数量指数}$$

$$\text{加权算术平均数价格指数：} Kp=\frac{\sum\frac{P_1}{P_0}P_0Q_0}{\sum P_0Q_0}=\frac{\sum P_1Q_0}{\sum P_0Q_0}=\text{拉式价格指数}$$

可见，在 P_0Q_0 这个特定权数下，加权算术平均数可以变成综合指数。反之，如果使用了 P_0Q_0 以外的任何其他权数加权，加权算术平均数指数就不会等于综合指数，这实际上就是平均数指数独立存在的意义所在。

（2）固定加权算术平均数指数

在广泛使用的加权算术平均数指数中，所使用的权数有时是固定的权数 W，而这个固定权数是经过调整计算的不变权数，它不是 P_0Q_0，而是常用比重数表示，两者的口径与范围不同。用公式表示为

$$\text{固定权数数量指数：}K_q=\frac{\sum\frac{Q_1}{Q_0}W}{\sum W}$$

$$\text{固定权数价格指数：}K_p=\frac{\sum\frac{P_1}{P_0}W}{\sum W}$$

2. 加权调和平均数指数

（1）用综合指数变形权数计算的加权调和平均数指数

这个指数是用报告期的 P_1Q_0 为权数加权计算，是综合指数的有关变形，称为帕氏综合指数。假设个体指数为 $K_p=\frac{P_1}{P_0}$，则用公式表示为

$$K_q=\frac{\sum P_1Q_1}{\sum\frac{P_1Q_1}{K_q}}=\frac{\sum P_1Q_1}{\sum\frac{P_1Q_1}{\frac{Q_1}{Q_0}}}=\frac{\sum P_1Q_1}{P_1Q_0}=\text{帕氏数量指数}$$

$$K_p=\frac{\sum P_1Q_1}{\sum\frac{P_1Q_1}{K_p}}=\frac{\sum P_1Q_1}{\sum\frac{P_1Q_1}{\frac{P_1}{P_0}}}=\frac{\sum P_1Q_1}{\sum P_0Q_1}=\text{帕氏价格指数}$$

这里可以看出，只有用 P_1Q_1 这个特定权数加权时，加权调和平均数才可变成综合指数，反之，用 P_1Q_1 这个以外的其他任何权数加权时，这种变形是不存在的。

（2）固定权数加权调和平均数指数

如果把权数 P_1Q_1 改为固定权数 W，则加权调和平均数指数可以写成如下形式。

$$\text{加权调和平均数指数}=\frac{\sum W}{\sum\frac{W}{K}}$$

这个公式应用少，在日常生活中，使用较多的是其他几个平均数指数。

【例 9-3】根据表 9-3 所示的某商场销售数据资料，求该商场的加权算术平均数数量指数和加权调和平均数价格指数。

解： 1）加权算术平均数数量指数计算过程与结果如表 9-7 所示。

表 9-7 加权算术平均数计算

商品名称	计量单位	销售量		基期价格	个体数量	P_0Q_0	$P_0Q_0\frac{Q_1}{Q_0}$
		Q_0	Q_1	P_0	指数 Q_1/Q_0		
甲	匹	1 000	1 150	100	100	100 000	115 000
乙	吨	2 000	2 200	50	55	100 000	110 000
丙	件	3 000	3 150	20	25	60 000	3 000
合计	—	—	—	—	—	260 000	288 000

$$因此，加权算术平均数数量指数=\frac{\sum P_0Q_0\frac{Q_1}{Q_0}}{\sum P_0Q_0}=\frac{288\ 000}{260\ 000}=110.77\%$$

这个结果与第二节中的拉式数量综合指数完全相同。用加权算术平均法求数量指数的条件是：掌握每种物品的个体数量指数，同时还有各物品的基期价值资料。在这种计算中，不需要各物品的数量和其他资料，不用计算假定价值量。

2）加权调和平均数价格指数计算过程与结果如表 9-8 所示。

表 9-8　加权调和平均数计算

产品名称	个体价格指数 $K_p=\frac{P_1}{P_0}$	P_1Q_1	$\frac{P_1Q_1}{K_p}$
甲	1	11.5	11.5
乙	1.1	12.1	11.0
丙	1.25	7.875	6.3
合计	—	31.475	28.8

$$因此，加权调和平均数价格指数=\frac{\sum P_1Q_1}{\sum\frac{P_1Q_1}{K_p}}=\frac{31.475}{28.8}=1.0929\%$$

这个结果与 9.2 节中的帕氏价格综合指数完全相同。用加权调和平均法求价格指数的条件是：掌握每个物品的个体价格指数和报告期的各物品价值资料，不需要知道各物品的数量，不用计算综合指数中的假定销售额，如表 9-9 所示。

表 9-9　某商场三种商品销售量及销售价格

商品名称	计量单位	销售量		销售价格	
		基期	报告期	基期	报告期
甲	米	380	342	10	11
乙	件	520	520	1.3	1.5
丙	顶	500	650	0.4	0.4
合计	—	—	—	—	—

分别利用加权算术平均数和加权调和平均数来计算三种商品的总指数及变动额，如表 9-10 所示。

表 9-10　某商场三种商品销售量及销售价格

商品名称	计量单位	销售量			销售价格			销售额			
		基期	报告期	个体指数/%	基期	报告期	个体指数/%				
		Q_0	Q_1	$\frac{Q_1}{Q_0}$	P_0	P_1	$\frac{P_1}{P_0}$	P_0Q_0	P_0Q_1	P_1Q_0	P_1Q_1
甲	米	380	342	0.9	10	11	1.1	3800	3420	4180	3762
乙	件	520	520	1	1.3	1.5	1.15	676	676	780	780
丙	顶	500	650	1.3	0.4	0.4	1	200	260	200	260
合计	—	1400	1512	3.2	—	——	3.25	4676	4356	5160	4802

$$K_q=\frac{\sum\frac{Q_1}{Q_0}P_0Q_0}{\sum P_0Q_0}=\frac{\sum P_0Q_1}{\sum P_0Q_0}=\frac{4356}{4676}=93.16\%$$

$$\sum\frac{Q_1}{Q_0}P_0Q_0-\sum P_0Q_0=\sum P_0Q_1-\sum P_0Q_0=4356-4676=-320\text{（元）}$$

计算结果表明：三种商品销售量平均下降了 6.84%，由于销售量的下降，使销售额减少了 320 元，这个结果与采用综合指数公式计算的结果完全相同。

$$K_p=\frac{\sum P_1Q_1}{\sum\frac{P_1Q_1}{K_p}}=\frac{\sum P_1Q_1}{\sum\frac{P_1Q_1}{\frac{P_1}{P_0}}}=\frac{\sum P_1Q_1}{\sum P_0Q_1}=\frac{4802}{4356}=110.24\%$$

$$\sum P_1Q_1-\sum\frac{P_1Q_1}{K_p}=\sum P_1Q_1-\sum P_0Q_1=4802-4356=446\text{（元）}$$

计算结果表明：三种商品价格平均上升了 10.24%，由于价格的上升，使销售额上升了 446 元，这个结果与采用综合指数公式计算的结果完全相同。

【例 9-4】 在我国的统计实践中，有些指数是用固定权数加权平均数法编制的，如商业统计中的零售物价总指数，所用权数是经过调整的基期销售额，用百分比 W 来表示，现假定存在如下数据资料，如表 9-11 所示，求固定权数零售物价平均数指数。

表 9-11 我国某年商品零售物价指数计算表

商品类别	类指数 K/%	固定权数 W/%	KW
粮食类	100.0	23	2300
食品类	104.0	35	3640
衣着类	99.0	26	2574
日用杂品类	101.2	10	1012
燃料类	99.5	6	597
合计	—	100	10 123

解：根据表 9-11 相关资料，可得

$$\text{固定权数零售物价平均数指数}=\frac{\sum KW}{W}=\frac{10\,123}{100}=101.23\%$$

9.5 指 数 体 系

9.5.1 指数体系的基本概念

指数工作实践及理论的一个重要发展是由编制单独的指数体系发展到研究指数间的关系。通常，三个或三个以上有联系的经济指数之间如能构成一定的数量对等关系，我们就可以在经济上把这种经济有联系、在数量上保持一定关系的三个或三个以上的指

数称为指数体系（Index number system）。

指数体系的概念有狭义与广义两种理解，广义的指数体系是指由若干个在经济意义上相互联系的指数所构成的整体，而狭义上的指数体系则是指进一步要求指数之间具有数量上的对等关系，本节中主要是指狭义的指数体系。

指数体系的特点如下：

1）具备三个或三个以上的指数。

2）体系中的单个指数在数量上能相互推算。例如，已知销售额指数、销售量指数，则可推算出价格指数；已知价格指数、销售量指数，则可推算出销售额指数。

3）现象总变动差额等于各个因素变动差额的和。

9.5.2 指数体系的表现形式

在社会现象中，有许多现象的数量变动都可以分解成若干因素变动的共同影响，我们可以利用这些若干因素指数的相互关系组成的指数体系，来分析现象总变动的情况。例如某种商品的销售额等于它的销售量乘以单价，则存在三个相应的指数：销售额指数 $\frac{P_1Q_1}{P_0Q_0}$、销售量指数 $\frac{Q_1}{Q_0}$、单位价格指数 $\frac{P_1}{P_0}$，而且，$\frac{P_1Q_1}{P_0Q_0}=\frac{P_1}{P_0}\times\frac{Q_1}{Q_0}$，因此，这三个指数可以算是指数体系。又如总产值 = 产品产量 × 价格、总成本 = 产品产量 × 单位成本。从这两个关系式中我们可以看出，现象总体的变化可以归结为数量因素和质量因素共同作用的结果。上述指标体系按指数形式表现时，乘积关系仍然成立。即总产值指数 = 产品产量指数 × 价格指数、总成本指数 = 产品产量指数 × 单位成本指数。具有这种相互关系的指数还有许多，概括来讲，就是各因素指数的乘积等于现象总体数量总变动的指数，由此我们可以从相对数上分析现象的变动方向与程度。另外，从指数之间的相互关系中，我们还可以概括得到各因素指数的分子与分母差额的总和等于总变动指数的分子与分母的差额，由此，我们可以从绝对数上分析现象变动的增减绝对量。

9.5.3 指数体系的作用

指数体系主要有以下三方面的作用。

1）指数体系是进行因素分析的根据，即利用指数体系可以分析复杂经济现象总变动中各因素变动影响的方向和程度。

2）利用各指数之间的联系进行指数间的相互推算。例如，我国商品销售量总指数往往就是根据商品销售额总指数和价格总指数进行推算的，即商品的销售量指数 = 销售额指数 ÷ 价格指数。

3）用综合指数法编制总指数时，指数体系也是确定同度量因素时期的根据之一。

因为指数体系是进行因素分析的根据，要求各个指数之间在数量上要保持一定的联系。因此，如果编制产品产量指数用基期价格作为同度量因素，那么编制产品价格指数时就必须用报告期的产品产量作为同度量因素；如果编制产品产量指数用报告期价格作为同度量因素，那么编制产品价格指数时就必须用基期的产品产量作为同度量因素。

美国劳工部（U. S. Department Of Labor）通过劳工统计局（Bureau of Labor Statistics）编纂各类指数及其他统计资料，如劳工统计局编制和出版的消费价格指数、生产价格指数以及各类工人的平均工作时间与收入等资料，以此作为反映美国商业和经济活动的晴雨表。由劳工统计局编制的指数中，应用最广泛的是消费价格指数，它常常被用于测量通货膨胀。

1998 年 1 月美国劳工统计局的报告显示：1997 年 12 月的消费价格指数比 11 月上涨 0.1%，而基础通货膨胀率上升 0.2%。基础通货膨胀率不包含消费价格指数中的挥发性食品和能源部分，有时它也被认为是反映通货膨胀压力的较好的显示器。1997 年 12 月份，食品指数下降 0.1%，能源指数下降 1.6%。整个 1997 年，消费价格指数仅仅上涨 1.7%。

许多经济学家和金融分析家声称美国进入了一个新的非通货膨胀时代。这是因为从 1991～1997 年，消费价格指数年平均增长率为 2.7%，而 1997 年 12 月底的 1.7%的增长率，是自 1986 年石油价格下降使通货膨胀保持在 1.1%最小的年增长率。另外，1997 年下半年的亚洲金融危机也是希望保持低通货膨胀的另一原因。凭借较为强大的美元，预期进口商品的价格能真正降低，以此对价格创造一个向下的压力，进口价格的竞争预期也能促进美国公司保持低价。这对于消费者来说是一个好消息，但对于社会保障受益者和雇佣劳动者来说，未必是好消息。这是因为社会保障救济金和一些劳动合同也被用于计算消费价格指数。

另外，由已给的生产价格指数显示，在不久的将来，通货膨胀的压力也会减轻。生产价格指数用于测量批发市场价格的变动，而且常常被看作是消费价格指数变动的主要晴雨表。1997 年 12 月，生产价格指数实际下降 0.2%，对整个 1997 年，批发商支付的价格下降 1.2%。

（资料来源：http://www.1000tj.com/Detail.aspx?id=396054）

请同学们结合案例回答以下问题：
如何计算消费价格指数、生产价格指数？

小　　结

统计指数是用来分析社会经济现象数量变动的对比性指标，狭义的相对数是一种特殊的相对数，即用来说明不能直接相加的复杂社会经济现象综合变动程度的相对数。指数从不同的角度有不同的种类，在本章中，主要以各种数量指标和质量指标指数为例，重点介绍综合指数、平均指数和平均数指数的编制方法。

综合指数是总指数的基本形式，它是由两个总量指标对比形成的指数，其关键是寻找同度量因素和固定在不同的时期。拉式指数是将同度量因素固定在基期，帕氏指数是把同度量因素固定在报告期。通常情况下，数量指标指数以价格为同度量因素，按拉式公式计算，而质量指标指数以销售量为同度量因素，按帕氏公式计算。

平均指数是同一经济现象两个不同时期条件下数量的平均指标值对比计算的相对数。它说明两个时期总平均水平变动的程度和方向。按其性质可分为可变构成指数、固定构成指数和结构影响指数，三种指数的关系是可变构成指数＝固定构成指数×结构影响指数。从这三种指数可以分析出影响平均指数变化的最核心因素，从而增加企业效益。

平均数指数是个体指数的加权平均数，常用的基本形式有两种：一种是加权算术平均数，一种是加权调和平均数。在每种平均数指数中，由于使用的权数不同，再可分为综合指数变形权数和固定权数的平均数指数两种。通常情况下，算术平均数指数用基期总值来加权，而调和平均数指数用报告期总值来加权。

指数体系是指经济上有联系、在数量上保持一定关系的三个或三个以上的指数。通常情况下，指数体系中数量指标指数一般用基期指标作为同度量因素，而质量指标指数要用报告期指标作为同度量因素。

思考与练习题

一、单项选择题

1. 统计指数是说明社会现象数量对比关系的（　　）。

   A. 相对数　　B. 绝对数　　C. 平均数　　D. 倒数

2. 工业产品产量指数为110%，货物运输总量指数为130%，这些指数都是（　　）。

   A. 数量指标指数　B. 平均指数　C. 质量指标指数　D. 个体指数

3. 广义上的指数是指（　　）。

   A. 价格变动的相对数　　B. 物量变动的相对数

   C. 社会经济现象数量变动的相对数　　D. 简单现象总体数量变动的相对数

4. 统计指数按指数化指标的性质不同，可分为（　　）。

   A. 总指数和个体指数　　B. 数量指标指数和质量指标指数

   C. 平均数指数和平均指标指数　　D. 综合指数和平均数指数

5. 统计指数划分为个体指数和总指数的依据是（　　）。

   A. 反映的对象范围不同　　B. 指标性质不同

   C. 采用的基期不同　　D. 编制指数的方法不同

6. 在由三个指数所组成的指数体系中，两个因素指数的同度量因素通常（　　）。

   A. 都固定在基期

B．都固定在报告期

C．一个固定在基期，一个固定在报告期

D．采用基期和报告期交叉

7．某企业的职工工资水平比上年提高了5%，职工人数增加了2%，则企业工资总额增长（　　）。

A．3%　　B．10%　　C．7.1%　　D．7%

8．某市1995年社会商业零售额为12 000万元，1999年增至15 600万元，这四年物价上涨了4%，则商业零售量指数为（　　）。

A．130%　　B．104%　　C．80%　　D．125%

9．某造纸厂1999年的产量比98年增长了13.6%，总成本增长了12.9%，则该厂1999年产品单位成本（　　）。

A．减少了0.62%　B．减少了5.15%　C．增加了12.9%　D．增加了1.75%

10．已知某工厂生产三种产品，在掌握其基期.报告期生产费用和个体产量指数时，编制三种产品的产量总指数应采用（　　）。

A．加权调和平均数指数　　B．加权算术平均数指数

C．数量指标综合指数　　D．固定加权算术平均数指数

11．计算数量综合指数时，通常是（　　）。

A．把多种产品的数量乘以基期相应的价格，然后进行对比

B．把多种产品的数量乘以报告期相应的价格，然后进行对比

C．把多种产品的价格乘以基期相应的数量，然后进行对比

D．把多种产品的价格乘以报告期相应的数量，然后进行对比

12．某工厂报告期与基期比较，某产品的产量增长了6%，某单位产品成本下降了6%，那么该产品报告期的生产总成本比基期（　　）。

A．增加了　　B．减少了　　C．不变　　D．无法确定

13．$\sum Q_1P_0-\sum Q_0P_0$ 表示（　　）。

A．由于价格变动而引起的产值增减数

B．由于价格变动而引起的产量增减数

C．由于产量变动而引起的价格增减数

D．由于产量变动而引起的产量增减数

14．某商品价格发生变化，现在的100元相当原来的90元，则价格指数为（　　）。

A．10%　　B．90%　　C．110%　　D．111%

15．某企业2007年比2006年产量增加了15%，单位产品成本下降了4%，2006年企业总成本为3000万元，则2007年的总成本比2006年增加了（　　）万元。

A．30　　B．450　　C．312　　D．138

二、多项选择题

1．指数按其所反映的对象范围不同，划分为（　　）。

A．平均指数　　B．简单指数　　C．个体指数　　D．总指数

2．下列属于数量指标指数的有（　　）。

A．农产品产量指数　　B．商品销售额指数

C．商品销售量指数　　D．劳动生产率指数

3．下列属于质量指标指数的有（　　）。

A．农产品价格指数　　B．工业产品质量指数

C．工业生产成本指数　　D．职工工资水平指数

4．指出下列指数公式中的帕氏指数公式（　　）。

A．$\dfrac{\sum P_0Q_1}{\sum P_0Q_0}$　　B．$\dfrac{\sum P_1Q_0}{\sum P_0Q_0}$　　C．$\dfrac{\sum P_1Q_1}{\sum P_0Q_1}$

D．$\dfrac{\sum P_1Q_1}{\sum P_1Q_0}$　　E．$\dfrac{\sum \frac{P_1}{P_0}P_0Q_0}{\sum P_0Q_0}$

5．在编制加权综合指数时，确定权数需要考虑的问题有（　　）。

A．现象之间的内在联系　　B．权数的所属时期

C．权数的具体数值　　D．权数的具体日期

E．权数的稳定性和敏感性

6．使用报告期商品销售量作权数计算的商品价格综合指数（　　）。

A．消除了销售量变动对指数的影响

B．包含了销售量变动对指数的影响

C．单纯反映了商品价格的综合变动

D．同时反映了商品价格和消费结构的变动

E．反映了商品价格变动对销售额的影响

7．某商业企业今年同去年相比，各种商品的价格总指数为 115%，这一结果说明（　　）。

A．商品零售价格平均上涨了 15%　　B．商品零售额平均上涨了 115%

C．商品零售额平均上涨了 15%　　D．由于价格提高使零售额上涨了 15%

E．由于价格提高使零售量下降了 15%

8．某企业今年与去年相比，各种产品单位成本总指数为 120%，这个相对数是（　　）。

A．个体指数　　B．加权综合指数

C．数量指数　　D．质量指数

E．价值总量指数

9．编制综合指数的原则是（　　）。

A．质量指标指数以报告期的数量指标作为同度量因素

B．质量指标指数以基期的数量指标作为同度量因素

C．数量指标指数以基期的数量指标作为同度量因素

D．数量指标指数以基期的质量指标作为同度量因素

E．数量指标指数以报告期的质量指标作为同度量因素

10．指数体系中（　　）。

A．一个总值指数等于两个（或两个以上）因素指数的代数和

B．一个总值指数等于两个（或两个以上）因素指数的乘积

C．存在相对数之间的数量对等关系

D．存在绝对变动额之间的数量对等关系

E．各指数都是综合指数

三、判断题

1．数量指标综合指数的同度量因素质量指标一般固定在基期水平上，质量指标综合指数的同度量因素数量指标一般固定在报告期水平上。（　　）

2．在由三个指数构成的指数体系中，两个因素指数的同度量因素指标是不同的。（　　）

3．在编制综合指数时，虽然将同度量因素加以固定，但是同度量因素仍起权数作用。（　　）

4．在实际应用中，计算价格综合指数需要采用基期数量指标作为同度量因素。（　　）

5．分析复杂现象总体的数量变动时，若研究的是数量指标的变动，则选择的同度量因素是数量指标。（　　）

6．在特定的权数条件下，综合指数与平均指数有变形关系。（　　）

7．算术平均数指数是通过数量指标个体指数，以基期的价值量指标为权数，进行加权平均得到的。（　　）

8．如果各种商品价格平均上涨了5%，销售量平均下降了5%，则销售额指数不变。（　　）

9．说明现象总的规模和水平变动情况的统计指数是质量指数。（　　）

10．某企业2007年比2006年产量增长了15%，单位成本降低了1%，2007年总成本为120万元，则2006年总成本为105.40万元。（　　）

四、计算题

1．某超市 2002 年与 2007 年三种商品价格及销售量资料如下表所示。

名称	计量单位	价格/元		销售量	
		2002 年	2007 年	2002 年	2007 年
羊毛衫	件	240	300	1300	2400
皮鞋	双	100	120	3000	4000
西装	套	90	100	4000	4800

要求根据资料表计算：

（1）2002 年与 2007 年相比，三种商品总销售额增长的百分比和绝对额各是多少？

（2）采用拉式指数公式计算三种商品的销售综合指数及由于销售量变动而影响的绝对额。

（3）采用帕氏指数公式计算三种商品的销售综合指数及由于价格变动而影响的绝对额。

2．某企业报告期与基期的产量与单位成本资料如下表所示。

产品	单位	基　期		报告期		基期总成本 p_0q_0	报告期总成本 p_1q_1	假定值 p_0q_1
		单位成本/万元	产　量	单位成本/万元	产量			
甲	吨	40	200	38	220	8000	8360	8800
乙	台	5	100	5	150	500	750	750
丙	套	12	500	10	600	6000	6000	7200
合计		—	—	—	—	14 500	15 110	16 750

根据资料要求计算：

（1）单位成本总指数、产量总指数、总成本总指数。

（2）从绝对数与相对数两个方面分析单位成本与产量变动对总成本的影响。

3．某公司下属三个厂生产某种产品的情况如下表所示。

产品	单位产品成本/元		产量/吨	
	上月	本月	上月	本月
一厂	960	952	4650	4930
二厂	1010	1015	3000	3200
三厂	1120	1080	1650	2000

根据上表资料计算可变构成指数、固定构成指数和机构影响指数，并分析单位成本水平和产量结构变动对总成本的影响。

4．某企业报告期与基期有关商品销售资料如下表所示。

商品	1998 年销售额/万元	1999 年销售额/万元	销售价格提高（+）或降低（-）/%
甲	100	150	+20
乙	200	250	+10
丙	500	600	-10
合计	800	1000	—

要求用加权调和平均指数计算：

（1）销售价格总指数、销售量总指数、销售额总指数。

（2）由于销售价格变动而使销售额增加或减少的数值。

5．某地区对房地产开发测算结果显示：

类别	平均销售价格/（元/平方米）		销售面积比重/%	
	2003 年	2004 年	2003 年	2004 年
商品住宅	1885	1950	40	45
办公楼	4450	4585	60	55
合计	—	—	100	100

试计算该地区商品房总平均价格可变构成指数、固定构成指数和结构影响指数，并说明商品房总平均价格变动的原因。

第 10 章　相关与回归分析

学习完本章后，你应该能够做到以下几点。

- 理解相关关系的概念、种类及相关与回归分析的步骤。
- 理解相关与回归分析的基本概念。
- 掌握一元线性回归分析的方法。
- 掌握多元线性回归分析的方法
- 掌握各种曲线相关与回归的方程及其求解

案例导入

1840 年英国首先在上海开设了永福和大东方人寿保险公司，之后美国的友邦、联邦以及加拿大的永康、永明等人寿保险公司纷纷成立。1894 年成立的永宁人寿保险公司是我国自己经营的最早的人寿保险公司。1949 年解放以后，新中国政府取缔了所有在华的外资寿险公司，同时成立了中国人民保险公司，经营我国的各项保险业务。但由于我国实行的是高度的计划经济体制，1958 年以后寿险在全国范围内停办。1978 年我国实行了改革开放，恢复了产险，并于 1982 年恢复了人寿保险。

从 1982 年起，我国寿险业得到迅速的发展，大体上可以分为三个阶段。第一阶段是 1982 年至 1987 年，在这五年当中，我国的寿险业得到迅速的发展，每年的保费收入增长率超出 120%，1983 年甚至接近 600%，寿险业务量得到明显的提高。第二阶段是 1988 至 1994 年，这一阶段我国寿险业发展的特点是“平稳发展”，即寿险业务收入仍然有很大的提高，但增长速度不如第一阶段来得迅猛，进入一个较稳定的时期。第三阶段是从 1995 年至今，这一阶段的特点是“逐步健全与完善”，体现在我国《保险法》的出台。《保险法》的出台标志着我国保险业的发展已进入了规范化与法制化的轨道，我国保险业的发展已进入了一个新的时期。

（资料来源：http://lsk.cnki.net/kns50/detail.aspx?QueryID=61&CurRec=25）

是什么原因导致我国寿险业产生这样阶段性的发展变化形态呢？它的影响因素到底有哪些？这些影响因素与寿险的收入存在着怎样的密切联系？学习完本章之后相信同学们会对这个问题有所了解的。

10.1　相关与回归分析的一般性问题

10.1.1　相关关系的概念

客观现象相互之间的数量关系可以从形式上分为两种类型：一类是严格的确定性的函数关系；另一类是不严格的不确定性的相关关系。

1. 函数关系

函数关系也叫确定性关系，它是指客观现象之间存在的严格的数量依存关系，表现为一种现象或一些现象发生一定数量变化时，受其制约或影响的另一种现象也随之发生确定的数量变化，变量值之间呈一一对应的关系。即对于某现象（x）的每个数值，另一现象（y）都有一个或多个确定的数值与之对应，其中 x 为自变量，y 为因变量。两者之间的这种关系可用数学表达式 $y=f(x)$ 来表示。例如，商品销售额=商品销售量×商品价格，在商品价格不变的情况下，商品销售量每变动一个单位，商品销售额也就会发生相应数量的改变，即在价格一定的情况下，商品销售额的大小就会随着商品销售量的多少而变动。许多数学公式，如：正方形面积＝边长×边长，圆的面积（S）与半径（R）之间的关系是 $S=\pi r^2$ ，当正方形的边长和圆的半径发生改变时，正方形的面积和圆的面积也就会相应的发生一定数量的改变。

2. 相关关系

相关关系是现象之间确实存在有数量上的依存关系，但这种数量上的关系是不确定的。其主要特征是现象之间联系的数量依存关系值不是固定不变的，即当某一变量的数值发生改变时，另一个与其有联系的变量也会发生改变，但变动的数值是不固定的，它的数量往往同时出现几个不同数值，这些数值围绕着它们的平均数上下波动，在一定范围内有所变化。例如，农作物每亩化肥施用量与农作物每亩产量之间的关系，商品广告费用与销售量的关系，固定资产投资额与国民生产总值的关系等。对这种数量依存关系，不能用严格的数学公式来表达，只能在大量观察分析的基础上，用数学模型予以近似的表达。也就是要用统计的方法来研究。

相关关系和函数关系既有区别又有联系。二者的不同之处在于：①函数关系指变量之间的关系是确定的，而相关关系中的变量的关系是不确定的，其可以在一定范围内变动。②函数关系中变量之间的依存可以用一定的方程 $y=f(x)$ 表现出来，可以给定自变量来推算因变量，而相关关系则不能用一定的方程准确地表示。二者之间也存在一定的联系：

1）函数关系与相关关系都是反映现象之间关联程度的。函数关系是广义的相关关系，也可以看成是相关关系的特例。

2）在实际统计工作过程中，函数关系和相关关系尽管体现了现象之间不同的关系类型，但彼此之间没有绝对的界限。有些现象在理论上表现为确定性的函数关系，可是在进行多次观察或测量后，由于存在测量或观察误差等原因，实际得到的数据往往也是不确定的，这时的函数关系就表现为相关关系；而有些现象之间的相关关系，因某些偶然因素的影响，也可能表现为函数关系。

3）在研究相关关系，进行数量分析时，常常用函数表达式来近似的反映现象之间的数量依存关系值及其规律性，函数关系式为研究相关关系提供了数学依据。有些变量之间尽管没有确定性的函数关系，但为了分析它们之间关系的密切程度，找出现象之间相互依存关系在数量上的规律性，常常借助于确定性的函数关系来近似的描述，为研究相关关系提供科学的依据。而且当我们对现象之间的内在联系和规律性了解得比较清楚时，相关关系又可以转化为函数关系。

10.1.2 相关关系的类型

社会经济现象之间的相关关系是多种多样的，认识相关关系的类型是相关回归分析的基本内容之一。

1. 按变量之间相关的表现形式分类

按变量之间相关的表现形式不同，可以分为直线相关和曲线相关。

直线相关是指当自变量发生变动时，因变量随之发生大致均等的变动（增加或减少），从图形上反映，观察点分布近似为直线形式，也叫线性相关。例如，劳动生产率和单位产品成本之间的关系，在图形上近似地表现为直线的形式。曲线相关是指当自变量发生变动时，因变量随之发生不均等的增加或减少的变动，从图形上反映，观察点分布为各种不同的曲线形式，如抛物线、指数曲线、双曲线等，也叫非线性相关。例如，农作物单位面积产量与施肥量之间的关系，在一定范围内，增加施肥量，农作物产量会不断增加，但当施肥量超过某一临界点后，再继续不断增加施肥量，农作物产量不但不会增加，反而会下降。从图形上近似地呈现为抛物线的形式。

2. 按相关变量的变化方向分类

按相关变量的变化方向，相关关系可分为正相关和负相关。

正相关指的是两个变量的变化方向相同，即当自变量增加时，因变量也会增加；反之亦然。例如，商品销售量随广告费用的增加而增加。负相关指的是两个变量的变化方向相反，当自变量增加时，因变量不但不会增加，反而会减少。例如，在一定生产规模限制内，随着产品产量的增加，单位产品成本会不断下降，两者之间就是负相关。

3. 按相关变量的多少分类

按相关变量的多少，相关关系可分为单相关和复相关。

在研究现象之间的相关关系时，只涉及两个变量之间的相关关系称为单相关，即只涉及一个自变量和一个因变量的相关关系。涉及两个或两个以上变量的相关关系称为复相关，这种相关关系研究涉及两个或两个以上的自变量和因变量。例如，广告费用、商品价格和商品平均质量等级三个因素同商品销售量的相关关系。从方法上讲，单相关是复相关的基础。在实际生活中，当一个现象受多因素影响时，人们常常抓住主要因素转化为单相关来加以研究和解决。单相关分析方法简便，但结果不如复相关分析的准确、可靠，复相关分析计算比较复杂。

4. 按现象之间相关的程度分类

按现象之间相关的程度，相关关系可分为完全相关、不完全相关和不相关。

完全相关是指两个现象中一个现象的数量变化是由另一个现象数量的变化而确定，两个现象的数值是固定的一一对应关系，这种关系就是函数关系。若两个现象的数值是完全独立，互不影响的，称为无相关。例如，汽车的使用年限与楼房的维修费用之间是不相关的。现象之间的关系，介于完全相关和无相关之间的称为不完全相关。例如，前面所举的农作物每亩施肥量与每亩产量之间，居民家庭收入与食品支出所占比重之间的相关关系。相关分析的主要对象是不完全的相关关系。

10.1.3　相关与回归分析的意义

相关分析的含义有广义和狭义之分。广义上的相关分析包括回归分析，它是指测定现象之间的相关关系及其密切程度，反映现象之间数量依存关系的一般规律性的定量分析方法。狭义的相关分析是指对具有一定程度的相关关系，用适当的数学模型予以近似的表达，测定出当一种或一些现象发生一定的数量变化时，另一种与其相关的现象大约或平均发生多大的数量变化，以揭示现象之间非确定性的数量依存关系的一般状态。

一般来说，相关分析与回归分析是相互联系的。首先，相关分析是回归分析的基础。相关分析先回答了现象之间有无相关关系，是什么样的相关关系，相关的程度是否密切或显著，才能在此基础上，对具有相关程度的相关关系，建立经验公式，利用回归方程对现象之间的一般数量依存关系做出反映和表达。其次，相关分析只有上升到回归分析，对于认识现象之间联系的规律才具有更重要的意义，才能为人们的认识和管理活动提供更有利的科学依据。综上所述，相关分析是回归分析的基础，回归分析是相关分析的继续，两种分析结合起来，便构成了对客观现象之间非确定性的数量依存关系的全面认识和系统反映。此外，相关分析与回归分析在计算上也存在着一定的联系关系。

相关分析与回归分析相互区别表现在以下几个方面。

1）相关分析是一种描述性分析，侧重于定性和定量的描述。回归分析是一种推理性分析，它根据观察数据，推断现象之间相关的一般规律性。

2）相关分析的对象不一定是因果关系，也不必确定谁是自变量，谁是因变量；回归分析的对象必须是因果关系，它要求必须先确定谁是自变量，谁是因变量，具有明确的依存方向。客观现象中，有的依存关系比较明显，如施肥量与产量的关系、广告费用与销售量的关系、产品产量与单位成本的关系等。但有的却不很明显或者具有双向依存的关系，如养猪头数与粮食产量的关系、人的身高与体重的关系等，在进行回归分析时，对这类依存关系必须根据研究目的来确定其依存方向。就相关分析与回归分析的这一区别来说，相关分析比回归分析的应用范围更为广泛。但是，由于相关分析与回归分析常常是联系在一起的，所以相关分析也要先确定自变量和因变量。

3）相关分析的任务是说明现象之间是否存在相关关系，是什么样的相关关系，相关程度是否密切等问题，目的在于确定影响研究现象的主要因素；回归分析说明的是现象之间数量依存关系的趋势是怎样进行的，自变量的变化对因变量的变化影响大约是多少，两者又有着明确的分工任务。

10.1.4 相关与回归分析的步骤与方法

对变量之间的相关关系进行分析和研究，主要目的是反映相关关系的密切程度和依存的规律性。其具体步骤和方法如下。

1）判断变量之间是否存在相关关系、是什么类型的相关关系，其方法有定性分析和定量分析，后者包括列相关表、作相关图等。

2）测定相关关系的密切程度。其方法除了利用相关表和相关图做概略的分析和说明外，主要是计算能够比较准确地、综合地反映相关程度的指标，如相关系数、相关指数等。

3）选择适当的回归方程，模拟现象之间的适量依存关系，测定当自变量发生一定的数量变化时，因变量大约或一般发生多大的数量变化，并利用回归方程进行估计、推算和预测等。回归方程求解的基本方法是最小平方法。

4）计算估计标准差，进行显著性检验，说明回归方程的代表性大小和回归估计或预测的精准性，进行回归区间估计等。

10.2 简单线性相关分析

10.2.1 相关表与相关图

在定性分析的基础上，进一步从数量上对变量之间的相关关系进行分析和判断，其初步的、比较简便的方法是列出相关表和作出相关图。

1. 相关表

相关表（Relation chart）是指按照相关现象的数量对应关系以及一定的逻辑顺序编制成的一种统计表。通过相关表可以初步看出各变量之间的相关关系。为使相关表能如实地表现出相关现象的数量变化特征，编制相关表应考虑以下要求：如果要研究的相关现象数据为同期的（静态的），则自变量的数列应按由小到大或由大到小的顺序排列，因变量的数值则随之一一对应；如果相关的现象数据为不同时期的（动态的），则自变量的数列应按现象发生的时间顺序排列，因变量的数值则随之一一对应。相关表的基本格式如表 10-1 所示。

表 10-1　某商品广告费用与销售量相关关系

广告费用 x/万元	销售量 y/万件	广告费用 x/万元	销售量 y/万件
0.5	40	1.6	78
0.7	48	1.9	84
1.0	61	2.0	85
1.3	70	2.2	90
1.4	75	2.5	100

制作相关表时，对各个变量通常要用英文字母 x、y 等来表示。对因果关系来说，通常以 x 或 x_1，x_2，x_2，…，x_n 表示自变量，y 表示因变量。

相关表按变量的多少不同分为单相关表与复相关表。单相关表只反映一个变量与另一个变量之间的相关关系，如表 10-1。为便于分析，单相关表通常是按自变量值的大小顺序来排列各对观察值的。复相关表反映多个自变量与另一个变量之间的相关关系，如表 10-4。复相关表一般是按观察的先后顺序或现象分布的自然顺序来排列的。

相关表按变量的分组情况不同分为简单相关表和分组相关表。简单相关表是指变量未做分组，直接将各组观察值按一定顺序排列而成的相关表，如表 10-1。分组相关表是对变量做分组之后，按分组顺序排列而成的相关表。在变量值较多的情况下，分组相关表能够更明确和清楚地反应现象之间的依存关系。分组相关表又分为单变量分组相关表和双变量分组相关表，前者是只对一个变量进行分组，而另一变量不分组，对于分组的变量要列出各组的次数，对于未分组的变量要列出各组变量值的平均数，其格式如表 10-2。后者是对相关的两个变量都做分组，分别列出两个变量的各组次数，其格式如表 10-3。

利用相关表，可以判断变量之间有无相关关系、相关的方向是正还是负，另外也可以判断相关的密切程度。如果一种或一些变量发生一定的数量变化，其相关变量也发生数量变化，且变化比较明显，则说明现象之间有相关关系，且相关关系比较密切，否则无相关关系或相关关系不密切。如果变量的观察结果表现为共同增加或共同减少，则为正相关，表 10-1、表 10-2、表 10-3 都是此类；反之则为负相关。判断变量之间有无相关关系和相关的方向是相关表的主要途径。由相关表判断现象之间的相关关系，一般来说还不够形象具体，相关形式的表达也不够清楚。为此，还需要在相关表的基础上绘制相关图。

表 10-2　某企业工人技术级别与产品合格率

工人技术级别 x	人数 f	产品合格率 y/%
1	3	88
2	7	90
3	10	91
4	14	93

续表

工人技术级别 x	人数 f	产品合格率 y/%
5	11	92
6	9	95
7	8	96
8	6	93

表 10-3 学生课余时间利用与各科平均成绩

各科平均成绩（分）y 每天课余专业学习时间（小时）x	60 以下	60～70	70～80	80～90	90～100	合计
1.0 以下	2	1	—	—	—	3
1.0～1.5	1	2	1	1	—	5
1.5～2.0	1	2	3	2	1	9
2.0～2.5	1	2	4	3	2	12
2.5～3.0	—	1	2	2	2	7
3 级以上	—	—	1	1	2	4
合计	5	8	11	9	7	40

2. 相关图

相关图也称散点图，它是根据相关表的资料，在直角坐标系上，以横轴代表自变量 x，以纵轴代表因变量 y，将每组观察值用坐标上的各个散点来表示，从而比较直观地反映现象之间的相关关系的图形。从相关点的分布情况，就可以直观地、近似地观察出两个变量之间有无相关关系、相关关系的形式和相关关系的密切程度。利用相关图进行判断的方法是：当各散点比较集中地分布在某种趋势线的周围时，说明现象之间有一定类型和程度的相关关系；如果各散点的分部杂乱无序，无一定的规律可循，说明现象之间无相关关系或相关程度很低。现以表 10-1 中的资料为例绘制相关图，如图 10-1 所示。

从图 10-1 可以看出，广告费与销量之间具有较密切的线性相关关系，因为各个散点的走向成一条直线，且都比较集中地分布在这条直线的周围，方向是从左下角到右上角。

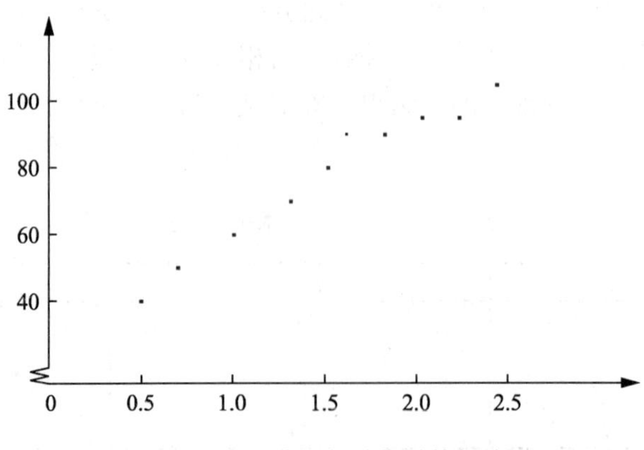

图 10-1 广告费用与销售量的相关图

10.2.2 相关系数

通过编制相关表和绘制相关图对现象之间的关系做了初步的了解，关系的密切程度如何，还需计算相关系数。相关系数是说明两个变量之间有无直线相关关系及相关关系密切程度的统计指标。测定相关系数是最基本的相关分析，相关系数不仅能反映相关程度，而且能反映相关方向。相关系数计算方法有多种，如积差法、等级相关系数，另外还可根据回归方程方差分析来测定相关系数，这里主要介绍积差法和因变量离差平方和分解法。

1. 相关系数（Rrelation coefficient）的测定方法

（1）积差法

积差法是 1890 年，英国统计学家卡尔·皮尔逊（Karl Pearson）提出的相关系数的公式。其公式为

$$r=\frac{\frac{1}{n}\sum(x-\bar{x})(y-\bar{y})}{\sqrt{\frac{1}{n}\sum(x-\bar{x})^2}\sqrt{\frac{1}{n}\sum(y-\bar{y})^2}}$$

$$=\frac{\sum(x-\bar{x})(y-\bar{y})^2}{\sqrt{\sum(x-\bar{x})^2\sum(y-\bar{y})^2}}=\frac{n\sum xy-\sum x\sum y}{\sqrt{\left[n\sum x^2-(\sum x)^2\right]\left[n\sum y^2-(\sum y)^2\right]}}$$

简化为

$$r=\frac{\sigma_{xy}{}^2}{\sigma_x\sigma_y}$$

式中，r 为相关系数，$\sigma_{xy}{}^2$ 为变量 x 与变量 y 的协方差，σ_x 为变量 x 的标准差，σ_y 为变量 y 的标准差。

对积差法公式，可通过积差在直角坐标中各个象限的分布情况来理解。设有积差分布如图 10-2 所示。从图 10-2 中可以看出以下两点。

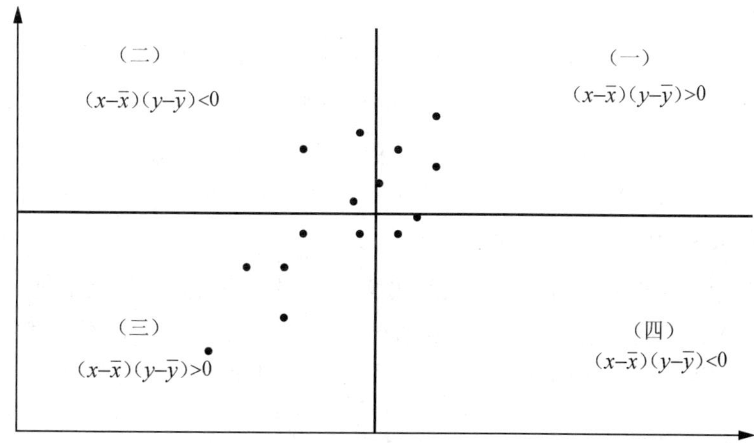

图 10-2 积差分布示意图

1）相关方向的正负取决于积差总和的正负。在一、三象限内积差总和为正，计算出来的相关系数也为正；在二、四象限内积差的总和为负，计算出来的相关系数也为负。

2）变量之间相关程度的大小取决于积差总和的大小或协方差的大小，如果积差总和的绝对值较大，则说明各散点集中分布在一、三象限或二、四象限内，也就是说各散点紧靠趋势直线的周围，变量之间的相关程度比较密切；反之，则说明相关程度不密切。

（2）因变量离差平方和分解法

相关系数离差平方和分解如图 10-3 所示。从图中可得

$$(y-\overline{y})=(\hat{y})+(y-\hat{y})$$

式中，$\hat{y}$为y的 线性趋势值或回归值。

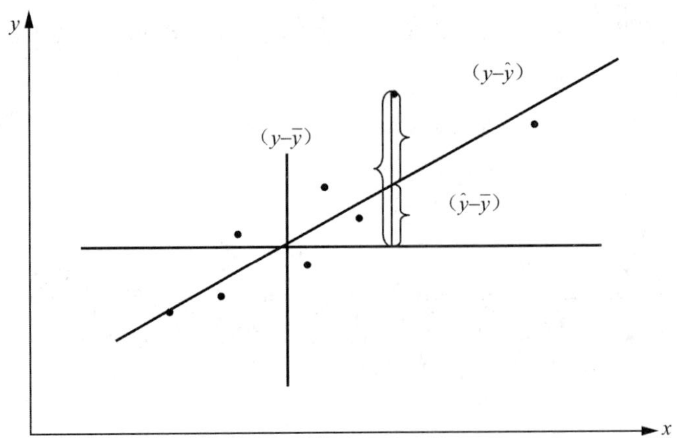

图 10-3　离差平方和分散图

对于所有因变量 y 的观察值的离差 $(y-\overline{y})$，都可以这样分解。可以证明，这三种离差的平方和具有如下关系：

$$\sum(y-\overline{y})^2=\sum(\hat{y}-\overline{y})^2+\sum(y-\hat{y})^2$$

式中，$\sum(y-\overline{y})^2$ 是因变量 y 的离差平方和，也称总体平方和。它由两部分来决定。其一是 $\sum(\hat{y}-\overline{y})^2$，它是 y 的估计值与平均数的离差平方和，称为说明平方和或回归平方和，它是由 y 依 x 的回归关系来说明的部分，反映 y 受 x 的影响程度。其二是 $\sum(y-\hat{y})^2$，它是 y 的观察值和估计值的离差平方和，称为非说明平方和或剩余平方和，反应观察值在回归直线两侧的离散程度，表明 y 受 x 以外的其他随机因素的影响，是不能由 y 依 x 的回归关系来说明的部分。因此，回归平方和 $\sum(\hat{y}-\overline{y})^2$ 在总平方和 $\sum(y-\hat{y})^2$ 中所占比重的大小，就反应了 x 与 y 的相关程度大小，即回归平方和的比重越大，x 与 y 的相关程度就越大；反之则越小。当两者相等时，y 完全由 x 来决定，不受其他因素的影响。当回归平方和为 0 时，说明 x 与 y 无相关关系。于是可得相关系数的计算公式为

$$r=\frac{\sqrt{\sum(\hat{y}-\overline{y})^2}}{\sqrt{\sum(y-\overline{y})^2}}$$

或

$$r=\sqrt{1-\frac{\sum(y-\hat{y})^2}{\sum(y-\overline{y})^2}}$$

r 的平方 r^2 称为可决系数，它说明了回归平方和所占的比重。即

$$r^2=\frac{\sum(\hat{y}-\overline{y})^2}{\sum(y-\overline{y})^2}$$

或

$$r^2=1-\frac{\sum(y-\hat{y})^2}{\sum(y-\overline{y})^2}$$

2. 相关系数的性质

1）相关系数的取值范围在 -1 和 $+1$ 之间，即 $-1\leqslant r\leqslant 1$

2）计算结果，若 r 为正，则表明两变量为正相关；若 r 为负，则表明两变量为负相关。

3）相关系数 r 的数值越接近于 1（-1 或 $+1$），表示相关系数越强；越接近于 0，表示相关系数越弱。如果 $r=1$ 或 -1，则表示两个现象完全线性相关；如果 $r=0$，则表示两个现象完全不相关（不是直线相关）。

4）判断两变量线性相关密切程度的具体标准为：

$0\leqslant|r|<0.3$，称为微弱相关；$0.3\leqslant|r|<0.5$，称为低度相关；$0.5\leqslant|r|<0.8$，称为显著相关；$0.8\leqslant|r|<1$ 称为高度相关。

3. 相关系数的计算

相关系数的计算可用下列简洁的公式表示为

$$r=\frac{n\sum xy-\sum x\sum y}{\sqrt{\left[n\sum x^2-(\sum x)^2\right]\left[n\sum y^2-(\sum y)^2\right]}}$$

根据表 10-1，计算出相关系数的有关资料如表 10-4 所示。

表 10-4　相关系数计算

编号	广告费用/万元	商品销售量/万元	x^2	y^2	xy
1	0.5	40	0.25	1600	20.0
2	0.7	48	0.49	2304	33.6
3	1.0	61	1.00	3721	61.0
4	1.3	70	1.69	4900	91.0
5	1.4	75	1.96	5625	105.0
6	1.6	78	2.56	6084	124.8
7	1.9	84	3.61	7056	159.6

续表

编号	广告费用/万元	商品销售量/万元	x^2	y^2	xy
8	2.0	85	4.00	7225	170.0
9	2.2	90	4.84	8100	198.0
10	2.5	100	6.25	10 000	250.0
合计	15.1	731	26.65	56 615	1213.0

由表 10-4 的资料计算相关系数为

$$\begin{aligned} r &= \frac{n\sum xy-\sum x\sum y}{\sqrt{\left[n\sum x^2-(\sum x)^2\right]\left[n\sum y^2-(\sum y)^2\right]}} \\ &= \frac{10\times 1\ 213-15.1\times 731}{\sqrt{10\times 26.65-15.1^2}\sqrt{10\times 56\ 615-731^2}} \\ &= \frac{1091.9}{\sqrt{38.49}\sqrt{31\ 789}} \\ &= \frac{1\ 091.9}{6.2\times 178.3} \\ &= 0.988 \end{aligned}$$

计算结果表明广告费用与商品销售量之间为高度的正相关。

10.3 简单线性回归分析

在回归分析中，如果变量之间的回归模型是直线方程，则这类回归分析为线性回归分析（直线回归），该直线方程称为线性回归方程。具体的，如果直线方程中只有一个自变量和一个因变量，称之为简单线性回归分析；若存在一组自变量和多个因变量，称之为多元线性回归分析。线性回归分析是整个回归分析的基础，因此本书重点介绍。

10.3.1 简单线性回归方程及其求解

主要任务是在唯一的自变量 x 和因变量 y 之间建立一个直线函数，其表现形式为：

$$\hat{y}=a+bx$$

需要指出的：x 是自变量，$\hat{y}$ 是因变量的 y 的估计值，又称理论值。实际观测值 y 和理论值 $\hat{y}$ 的关系是：$y=\hat{y}+\varepsilon$，式中 ε 称为离差，反映了因各种偶然因素、观察误差以及被忽略的其他影响因素带来的随机误差。

确定 $\hat{y}=a+bx$，主要是确定 a 和 b，那么如何选择最为满意的 a 和 b 呢？

最小平方法给出了解决方案，其基本思想是让 $\sum(y-\hat{y})^2$ =最小，又称最小二乘法。

将 $\hat{y}=a+bx$ 代入 $\sum(y-\hat{y})^2$，令 $Q=\sum(y-\hat{y})^2=\sum(y-a-bx)^2$，根据微分求极值的原理，分别对 a 和 b 求偏导，令其为零。

得
$$\begin{cases}\dfrac{\partial Q}{\partial a}=-2\sum(y-a-bx)=0\\ \dfrac{\partial Q}{\partial b}=-2\sum(y-a-bx)\ x=0\end{cases}$$

整理得
$$\begin{cases}\sum y=na+b\sum x\\ \sum xy=a\sum x+b\sum x^2\end{cases}$$

求解方程组，可得 a 和 b：
$$\begin{cases}b=\dfrac{n\sum xy-\sum x\sum y}{n\sum x^2-(\sum x)^2}\\ a=\dfrac{\sum y}{n}-b\dfrac{\sum x}{n}\end{cases}$$

则可得直线回归方程为
$$\hat{y}=a+bx$$

以表 10-4 资料求商品销售量 y 依广告费用 x 的直线回归方程为
$$b=\frac{n\sum xy-\sum x\sum y}{n\sum x^2-(\sum x)^2}=\frac{10\times1213-15.1\times731}{10\times26.25-15.1}=\frac{1091.9}{38.5}=28.36$$
$$a=\frac{\sum y}{n}-b\frac{\sum x}{n}=\frac{731}{10}-28.36\times\frac{15.1}{10}=30.3$$

将 a 和 b 的值代入直线回归方程得
$$\hat{y}=30.3+28.36x$$

它表示：如果不做商品销售广告，商品的销售量趋势是 30.3 万件；如果做商品广告，则广告费每增加 1 万元，销售量就增加 28.36 万件。

利用回归方程所揭示的现象之间的一般数量变化关系，可以在给定自变量值的前提下，估计或推算因变量的值。例如当广告费支出为 2.4 万元时，商品销售量的趋势值为
$$\hat{y}=30.3+29.36\times2.4=98.4$$

预测广告费用为 3 万元时，商品销售量的趋势值为
$$\hat{y}=30.3+28.4\times3=115.5$$

10.3.2 回归标准差和回归置信区间

回归方程只反映变量 x 和 y 之间大致的、平均的变化关系。因此，对每一个给定的 x 值，回归方程的估计值 $\hat{y}$ 与因变量的实际观察值 y 之间总会有一定的离差，即估计标准误差。

估计标准误差是因变量实际观察值 y 与估计值 $\hat{y}$ 的离差平方和的平均数的平方根，它是反映因变量实际值 y 与回归直线上各相应理论值 $\hat{y}$ 之间离散程度的统计分析指标。

估计标准误差 $S_{yx}=\sqrt{\dfrac{\sum(y-\hat{y})^2}{n-2}}=\sqrt{\dfrac{\sum y^2-a\sum y-b\sum xy}{n-2}}$

式中，S_{yx}——y 依 x 的回归标准差；

y——因变量实际观察值；

$\hat{y}$——因变量估计值；

$n-2$——自由度。

在大样本的情况下 $S_y = S_{yx}$。在小样本的情况下，各点的回归估计标准差还要乘以一个调整系数，即

$$S_y = S_{yx}\sqrt{1+\frac{1}{n}+\frac{x_0-\overline{x}^2}{\sum(x-\overline{x}^2)}}$$

现以前面例子的直线回归估计为例说明回归置信区间的构造方法。此例的 n=10 是小样本，应分别就各个 x_0 点来构造其置信区间。在 $t=2$，F（t）$=95.45\%$，$S_{yx}=2.85$ 时，各个 x_0 点所对应的回归置信区间的计算及结果见表 10-5。根据表 10-5 的资料绘制成图 10-4。

表 10-5　回归估计置信区间估算表

x_0	$(x_0-\overline{x})^2$ $\overline{x}=1.51$	$\frac{(x_0-\overline{x})^2}{\sum(x-\overline{x})^2}$	$\sqrt{1+\frac{1}{n}+\frac{x_0-\overline{x}^2}{\sum(x-\overline{x}^2)}}$	$y \pm t\cdot S_y$
0.5	1.0201	0.2650	1.1683	37.82～51.14
0.7	0.6561	0.1705	1.1272	43.72～56.58
1.0	0.2601	0.0676	1.0806	52.50～64.82
1.3	0.0441	0.0115	1.0543	61.16～73.18
1.4	0.0121	0.0031	1.0503	64.01～75.99
1.6	0.0081	0.0021	1.0498	69.70～81.66
1.9	0.1521	0.0395	1.0675	78.10～90.62
2.0	0.2401	0.0624	1.0781	80.87～93.17
2.2	0.4761	0.1237	1.1062	86.38～99.0
2.5	0.9801	0.2546	1.1639	94.57～107.83
合计	3.8490	—	—	—

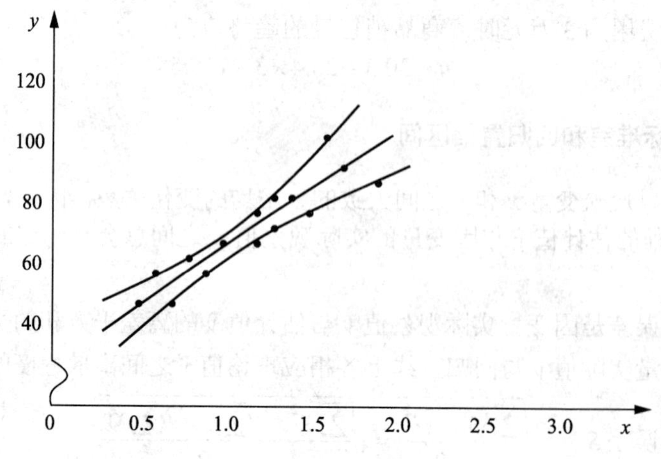

图 10-4　回归置信区间示意图

10.4　多元线性相关与回归分析

简单线性回归反映的是一个自变量和一个因变量之间的关系，但是客观事物非常复杂，许多现象的变动牵扯到多个影响因素。例如，一个企业的利润受产值、成本、价格等多个因素的影响；再如，粮食产量受施肥量同时也受温度、播种量、土壤的酸碱性、降雨量的影响。所以在现实中，经常要进行一个变量和多个自变量的多元线性回归分析。

10.4.1　多元线性回归方程及其求解

多元线性回归（Multiple liner regression）模型的一般形式

$$Y = \beta_0 + \beta_1 x_1 + \beta_2 x_2 + \cdots + \beta_p x_p + \varepsilon$$

式中，$\beta_0, \beta_1, \cdots, \beta_p$ 是 $p+1$ 个未知参数，称为回归系数。Y 称为被解释变量（因变量），而 $x_1, x_2, \cdots, x_p$ 是 p 个可以精确测量并可控制的一般变量，称为解释变量（自变量）。$p=1$ 时，该式即为上一节分析的一元线性回归模型，$p \geqslant 2$ 时，我们就称它为多元线性回归模型，这里 ε 是随机误差。与一元线性回归模型一样，对随机误差项我们常假定其服从期望值为零、方差为 σ^2 的正态分布 $N(0, \sigma^2)$。

对一个实际问题，如果我们获得 n 组观测数据 $(x_{i1}, x_{i2}, \cdots, x_{ip}; y_i)$，$i=1, 2, \cdots, n$，把这些观测值代入上式可得样本（形式的）多元线性回归模型。

$$\begin{cases} y_1 = \beta_0 + \beta_1 x_{11} + \beta_2 x_{12} + \cdots + \beta_p x_{1p} + \varepsilon_1 \\ y_2 = \beta_0 + \beta_1 x_{21} + \beta_2 x_{22} + \cdots + \beta_p x_{2p} + \varepsilon_2 \\ \qquad \vdots \\ y_n = \beta_0 + \beta_1 x_{n1} + \beta_2 x_{n2} + \cdots + \beta_p x_{np} + \varepsilon_n \end{cases}$$

写成矩阵形式为

$$Y = X\beta + \varepsilon$$

其中，$Y = \begin{pmatrix} y_1 \\ y_2 \\ \vdots \\ y_n \end{pmatrix}$；$X = \begin{pmatrix} 1 & x_{11} & x_{12} & \cdots & x_{1p} \\ 1 & x_{21} & x_{22} & \cdots & x_{2p} \\ \vdots & \vdots & \vdots & & \vdots \\ 1 & x_{n1} & x_{n2} & \cdots & x_{np} \end{pmatrix}$；$\beta = \begin{pmatrix} \beta_0 \\ \beta_1 \\ \vdots \\ \beta_p \end{pmatrix}$；$\varepsilon = \begin{pmatrix} \varepsilon_1 \\ \varepsilon_2 \\ \vdots \\ \varepsilon_n \end{pmatrix}$

现举一个二元线性回归的例子，来说明多元线性回归方程的求解方法和过程。资料如表 10-6 的前四栏所示。

表 10-6　多元线性回归与相关分析计算

编号	中专及以上文化程度职工比重/%	10 年以上工龄职工比重/%	职工人均工业增加值/万元	x_1^2	x_2^2	x_1x_2	x_1y	x_2y	y^2	$\hat{y}$	$y-\hat{y}$	$(y-\hat{y})^2$
1	20	33	3	400	1 089	660	60	99	9	3.27	−0.27	0.0729
2	25	30	2	625	900	750	50	60	4	2.75	−0.75	0.5625
3	30	31	4	900	961	930	120	124	16	3.91	+0.09	0.0081
4	26	34	5	676	1156	884	130	170	25	4.58	+0.42	0.1764
5	28	35	7	784	1225	980	196	245	49	5.29	+1.71	2.9241
6	32	36	6	1024	1296	1152	192	216	36	6.30	−0.30	0.0900
7	34	32	5	1156	1024	1088	170	160	25	4.92	+0.08	0.0064
8	31	38	6	961	1444	1178	186	228	36	6.99	−0.99	0.9801
合计	226	269	38	6526	9095	7622	1104	1302	200	—	−0.01	4.8295

将表中的数据代入方程组中得

$$8a+226b+269c=38$$
$$226a+6526b+7622c=1104$$
$$269a+7622b+9095c=1302$$

解此方程得

$$a=-13.51，b=0.1482，c=0.4186$$

故所求二元线性方程为

$$\hat{y}=-13.51+0.1482x_1+0.4186x_2$$

10.4.2　多元线性回归标准差的计算

同一元线性回归标准差的意义和作用一样，多元线性回归也用回归标准差来衡量观察值的分散程度，说明回归直线的代表性大小和回归估计的准确性大小。其计算公式为

$$S_{y'1,2}=\sqrt{\frac{\sum(y-\overline{y})^2}{n-k-1}}$$

式中，$n-k-1$ 为自由度，n 为观察值的组数，k 为自变量的个数。

以表 10-6 资料计算为

$$S_{y'1,\ 2}=\sqrt{\frac{\sum(y-\overline{y})^2}{n-k-1}}=\sqrt{\frac{4.8295}{8-2-1}}=0.98$$

它说明所有各个观察值点离回归直线的平均距离为 0.98 万元。

10.4.3　复相关系数和偏相关系数

1. 复相关系数

复相关系数又叫多重相关系数。它是反应多个变量与一个变量之间相关程度大小的

指标。对于本节的例子来说，就是分析中专及以上文化程度职工比重和 10 年及以上工龄职工比重两个因素共同与职工人均工业增加值的相关程度。复相关系数的计算，根据因变量离差平方和的分解，可列公式为

$$r=\sqrt{\frac{\sum(\hat{y}-\overline{y})^2}{\sum(y-\overline{y})^2}}$$

或

$$r=\sqrt{1-\frac{\sum(y-\hat{y})^2}{\sum(y-\overline{y})^2}}$$

表 10-6 中， $\begin{cases}\sum(y-\hat{y})^2=4.8295\\ \sum(y-\overline{y})^2=\sum y^2-\frac{1}{n}(\sum y)^2=200-\frac{1}{8}\times 38^2=19.5\end{cases}$

代入公式得

$$r=\sqrt{1-\frac{\sum(y-\hat{y})^2}{\sum(y-\overline{y})^2}}=\sqrt{1-\frac{4.8295}{19.5}}=0.87$$

2. 偏相关系数

偏相关系数也叫净相关系数，它是在多个自变量中把其他变量控制起来，使其不变，专门测定某个变量与因变量之间相关程度大小的指标。偏相关系数与单相关系数的区别在于它不是不考虑其他变量，而是让其他变量保持定值。利用偏相关系数，可以找出关系密切的变量，为建立更有效的回归方程创造条件。现以表 10-6 资料为例，说明一级偏相关系数的计算。

$$r_{y1,\,2}=\frac{r_{y1}-r_{y2}r_{12}}{\sqrt{(1-r_{y2}^2)\,(1-r_{12}^2)}}$$

$$r_{y2,\,1}=\frac{r_{y2}-r_{y1}r_{12}}{\sqrt{(1-r_{y1}^2)\,(1-r_{12}^2)}}$$

r_{y1} 表示 y 与 x_1 的相关系数，r_{y2} 表示 y 与 x_2 的相关系数，r_{12} 表示 x_1 与 x_2 的相关系数 $r_{y2,\,1}$ 表示 y 与 x_1 的偏相关系数，$r_{y1,\,2}$ 表示 y 与 x_2 的偏相关系数各个简单相关系数计算为

$$r_{y1}=\frac{\sum x_1y-\frac{\sum x_1\sum y}{n}}{\sqrt{\sum y^2-\frac{(\sum y)^2}{n}}\sqrt{\sum x_1^2-\frac{(\sum x_1)^2}{n}}}=\frac{1104-\frac{226\times 38}{8}}{\sqrt{200-\frac{38^2}{8}}\sqrt{6526-\frac{226^2}{8}}}=0.58$$

$$r_{y2}=\frac{\sum x_2y-\frac{\sum x_2\sum y}{n}}{\sqrt{\sum y^2-\frac{(\sum y)^2}{n}}\sqrt{\sum x_2^2-\frac{(\sum x_2)^2}{n}}}=\frac{1302-\frac{269\times 38}{8}}{\sqrt{200-\frac{38^2}{8}}\sqrt{9095-\frac{269^2}{8}}}=0.78$$

$$r_{12}=\frac{\sum x_1x_2y-\frac{\sum x_1\sum x_2}{n}}{\sqrt{\sum x_1^2-\frac{(\sum x_1)^2}{n}}\sqrt{\sum x_2^2-\frac{(\sum x_2)^2}{n}}}=\frac{7622-\frac{225\times 269}{8}}{\sqrt{6526-\frac{226^2}{8}}\sqrt{9095-\frac{269^2}{8}}}=0.27$$

则代入后得

$$r_{y1,\ 2}=0.16$$

$$r_{y2,\ 1}=0.80$$

计算结果说明，x_1与y的偏相关系数为0.61，大于其简单偏相关系数0.58；x_2与y的偏相关系数为0.80，大于其简单相关系数0.78；x_2对y的影响比x_1对y的影响更大。

10.5　曲线相关与回归分析

在相关与回归分析中，当遇到变量之间的相关关系是非线性关系，即曲线关系时，就要根据曲线关系的具体类型，采用相应的分析方法。本节仅就一元曲线相关与回归分析作简要的介绍。

10.5.1　一元曲线回归方程及其求解

对曲线回归方程要求直接求解，一般来说是比较复杂的，通常的做法是先将其线性化之后，用求直线回归的方法进行有关的计算，最后再还原为曲线回归方程。线性化的方法主要有变量代换和取对数两种方法，下面介绍几种常见曲线的回归方程及其线性化的方法。

1. 二次曲线回归方程及其线性化

二次曲线也叫抛物线，其形式为单向弯曲的弧形曲线或抛物线型曲线。回归方程为

$$\hat{y}=a+bx+cx^2$$

其线性化的方法是：设$x_1=x_1x_2=x_2$，则二次曲线方程便化为二元一次直线方程：$\hat{y}=a+bx_1+cx_2$，用二元一次方程求出回归参数a、b、c，再代换转去，还原为二次曲线方程。

2. 三角曲线回归方程及其线性化

三角曲线也叫立方抛物线，其形式为双向变曲线，即曲线有两道弯，如同两道开口相反的二次抛物线连接在一起，回归方程为

$$\hat{y}=a+bx+cx^2+dx^3$$

其线性化的方法与二次曲线相同，不过线性化后成为三元一次方程。要用求三元一次方程的参数的方法来求解a、b、c、d四个回归参数的值。

3. 指数曲线回归方程及其线性化

指数曲线的形式为一个较大弯曲的弧形曲线或一个平缓的弧形曲线。回归方程为：

$$\hat{y} = ab^x$$

式中，a 为固定水平或起点水平，b 为变化率，$b>0$，曲线呈向上趋势；$b<0$ 曲线呈向下趋势。它的线性化用取对数的方法化为 $\lg\hat{y} = \hat{y}'$，$\lg a = a'$，$\lg b = b'$，则得

$$\hat{y}' = a' + b'x$$

用此直线方程求出 a'、b' 后，再取反对数还原为指数曲线方程。

4. 生产函数回归方程及其线性化

生产函数曲线也叫做幂函数曲线，其形式由参数 b 的情况而定。回归方程为：

$$\hat{y} = ax^b$$

式中，a 为固定常数，b 为生产弹性（即产量增长率与投入增长率之比，或边际产量与平均产量之比）。随 b 值的大小函数有三种形式：$b=1$ 时，边际产量固定不变；$b>1$ 时边际产量随投入 x 的增加而增加；$b<1$ 时边际产量随投入 x 的增加而递减。曲线增减的形式一般为单向弯曲性，但有渐近线。其线性化的方法用取对数的方法代为

$$\lg\hat{y} = \hat{y}', \quad \lg a = a', \quad \lg x = x'$$

则得

$$\hat{y}' = a' + bx'$$

求出 a'、b 值后，取反对数，方程即可还原。

5. 罗吉斯梯曲线回归方程及其线性化

罗吉斯梯曲线的形式为 S 型曲线，曲线有最高或最低渐近线。回归方程为

$$\hat{y} = \frac{1}{a + be^{-x}}$$

其线性化的方法是

令 $\hat{y}' = \dfrac{1}{y}$，$x' = e^{-x}$

则得

$$\hat{y}' = a + bx'$$

用此求出参数 a、b 值后，再代换转去即可还原。

6. 双曲线回归方程及其线性化

双曲线的形式为单向弯曲的弧形曲线，但纵横两边都各有一条渐近线。回归方程为：

$$\frac{1}{y} = a + \frac{b}{x}$$

其线性化的方法是

令 $\hat{y}'=\frac{1}{y}$，$x'=\frac{1}{x}$

则得

$$\hat{y}'=a+bx'$$

求出 a、b 值以后，代换转去即可还原。

10.5.2 相关指数

测定曲线相关程度的综合指标叫相关指数，用 R 表示，其计算与直线相关系数 r 相同。用因变量离差平方和分解法计算的公式为

$$R_{yx}=\sqrt{\frac{\sum(\hat{y}'-\overline{y}')^2}{\sum(y'-\overline{y}')^2}}=\sqrt{\frac{\sum\hat{y}'^2-\frac{\sum(y')^2}{n}}{\sum y'^2-\frac{\sum(y')^2}{n}}}$$

将表 10-8 的资料代入得

$$R_{yx}=0.96$$

结果说明产品产量与单位产品成本之间属于高度相关。

相关与回归分析应注意如下几个问题。

1. 相关与回归分析应以定性分析作为前提和根据

相关与回归分析要判断现象之间有无相关关系以及相关的类型和程度等，首先应作定性分析和判断，在定性分析已经肯定的前提下，才能以此为依据进行定量分析。定性分析是识别虚假相关的有效途径。进行定性分析和判断要求分析者应具备有关研究现象的丰富理论知识和实践经验，要作深入细致的观察和研究。

2. 回归估计的有效性

利用回归方程进行估计和推算，一般只能在观察资料的原有范围内进行内插估计和推算，不能随意外推估计，除非有可靠的依据断定现象之间的回归关系不受到破坏和影响。这是因为回归估计的精度与所给定的自变量值同建立回归方程所依据的自变量值的平均数的远近有关，距离越近，其精度越高，距离越远，其精度越低。过大的远离平均数，回归模型就不肯定，以致有所改变，从而难以保证外推估计的有效性。

3. 进行相关与回归分析应使用大样本资料

大数法则表明，只有在大量观察的基础上，才能减少偶然因素的影响，表现现象之间的必然内在联系。因此要准确地反映现象之间的数量依存关系，必须要有足够数量的观察数据，一般应用 30～50 以上的大样本资料。

4. 对复回归中的参数应进行显著性检验和共线性检验

对复回归中的各个参数，包括常数项及各回归系数，应进行显著性和共线性实验，

当发现无显著性的自变量和存在共线性关系的自变量时，应从回归方程中剔除，以确保回归估计的有效性。

本研究以上海证券交易所的 854 家 A 股上市公司和深圳证券交易所的 748 家 A 股上市公司作为研究样本，对样本公司 2008 年度的内部控制建设情况进行研究。

1. 内部控制影响因素回归分析

本项研究以上市公司内部控制总评分作为因变量，从公司特质、公司治理等相应指标判断其对内部控制水平的影响。与去年报告不同的是，由于沪深两市上市公司内控水平差异较大，所以今年新增控制变量“交易所”，从而更准确的反映各影响因素与内部控制的相关关系，提升结果的有效度。

回归结果表明:

1）内控水平与上市公司规模显著正相关，即上市公司规模越大，内部控制水平越好。这可能是因为资产规模大的上市公司大部分是大型国有企业，而国有企业近年来的监管日趋严格，内控水平得到较大提升。

2）内控水平与上市时间显著负相关，即上市时间越短，内控水平越好。由于近年来证监会加强了对首次公开发行股票的公司的内控审查，因而大部分新上市公司的内部控制更加规范。

3）内控水平与 07 年度是否亏损显著负相关，即 07 年度盈利的公司比 07 年度亏损的公司内控水平更好。虽然上一年度亏损的公司更有必要改善其内部控制，但实施成本可能是大部分亏损的上市公司首要考虑的问题，因此，上一年度亏损的上市公司并没有主动积极地提高其内控水平。

4）内控水平与前三名董事会成员薪酬总额显著正相关，即前三名董事会成员薪酬越高，内控水平越好。这可能是因为薪酬激励能激发董事会成员履行其职责的积极性，形成良好的内部控制基调，因此，两者呈正相关关系。

2. 内部控制与投入资本回报率回归分析

本项研究以投入资本回报率（ROIC）为因变量，以内部控制评分为解释变量进行回归分析。

回归结果表明，资本回报率与内部控制水平呈显著的正相关关系，即内部控制越好的公司投入资本回报率越高，内部控制的加强有助于投入资本回报率的提高。原因可能主要有两方面，一方面是因为完善的内部控制体系有助于增强全体员工的风险意识，规范决策程序，避免决策失误，合理配置资源；另一方面是因为内控水平的提高能确保信息沟通的畅通，及时发现管理漏洞，提高运营效率，降低运营成本，避免资源浪费。因此，对投资者而言，在进行投资决策时，上市公司的内控水平是值得关注的重要指标。

3. 内部控制与利润操纵的回归分析

本项研究以修正的琼斯模型估算出的盈余信息质量作为因变量，内部控制评分作为解释变量进行回归。用于估计模型参数的数据进行了如下处理：①剔除 2008 年进行了配股和增发新股的上市公司的财务数据；②选取的财务数据必须是股票首次公开发行一年以后的数据；③为了消除异常值对模型解释能力的影响，剔除了符合下列条件之一的年度财务数据，即主营业务收入同比下降大于 100%或同比增长大于 100%，资产总额同比下降大于 100%或同比增长大于 100%。经过数据筛选，满足条件的样本量为 1428 家上市公司。

回归结果表明，盈余信息质量与内部控制水平呈显著的正相关关系，即内部控制的加强有助于减少上市公司对利润的操控，提高盈余信息质量。这可能是由于内部控制越好的公司投入资本回报率越高，有较强的盈利能力，管理层操纵利润的动机较弱。同时，好的内部环境也减少了舞弊的机会，提高了管理层的诚信与道德价值观，一定程度上防止了道德缺失而导致的利润操纵。

（资料来源：http://www.chinasecurities.com.cn/ssgs/03/200907/t20090716_2152283.html）

请同学们结合案例回答以下问题：

1. 研究报告中都对哪些主要因素进行了回归分析，说明了什么问题？
2. 除了以上分析，还可以采用哪些分析对样本公司的内部控制建设情况进行分析？

小　结

本章主要介绍了相关关系的概念、相关关系的类型、相关与回归分析的意义以及相关与回归分析的步骤与方法。

介绍了简单线性相关分析，其内容包括相关表、相关图和相关系数等。相关表是指按照相关现象的数量对应关系以及一定的逻辑顺序编制成的一种统计表。相关图也称散点图，它是根据相关表的资料，在直角坐标系上，以横轴代表自变量 x，以纵轴代表因变量 y，将每组观察值用坐标上的各个散点来表示，从而比较直观地反映现象之间的相关关系的图形。相关系数是说明两个变量之间有无直线相关关系及相关关系密切程度的统计指标。测定相关系数是最基本的相关分析，相关系数不仅能反映相关程度，而且能反映相关方向。其公式为

$$r=\frac{\frac{1}{n}\sum(x-\bar{x})(y-\bar{y})}{\sqrt{\frac{1}{n}\sum(x-\bar{x})^2}\sqrt{\frac{1}{n}\sum(y-\bar{y})^2}}=\frac{\sum(x-\bar{x})(y-\bar{y})^{\quad 2}}{\sqrt{\sum(x-\bar{x})^2\sum(y-\bar{y})^2}}$$

$$=\frac{n\sum xy-\sum x\sum y}{\sqrt{\left[n\sum x^2-(\sum x)^2\right]\left[n\sum y^2-(\sum y)^2\right]}}$$

简化为

$$r=\frac{{\sigma_{xy}}^2}{\sigma_x\sigma_y}$$

相关系数的取值范围在 –1 和+1 之间，即 $-1\leqslant r\leqslant 1$。若 r 为正，则表明两变量为正相关；若 r 为负，则表明两变量为负相关。相关系数 r 的数值越接近于 1（–1 或 +1），表示相关系数越强；越接近于 0，表示相关系数越弱。如果 $r=1$ 或 –1，则表示两个现象完全线性相关。如果 $r=0$，则表示两个现象完全不相关（不是直线相关）。

在回归分析中，如果变量之间的回归模型是直线方程，则这类回归分析为线性回归分析（直线回归），该直线方程称为线性回归方程。其表现形式为 $\hat{y}=a+bx$，求解方程组，可得 a 和 b。

$$\begin{cases} b=\dfrac{n\sum xy-\sum x\sum y}{n\sum x^2-(\sum x)^2} \\ a=\dfrac{\sum y}{n}-b\dfrac{\sum x}{n} \end{cases}$$

则可得直线回归方程　　　　$\hat{y}=a+bx$

回归标准差的公式为

$$S_{yx}=\sqrt{\frac{\sum(y-\hat{y})^2}{n-2}}=\sqrt{\frac{\sum y^2-a\sum y-b\sum xy}{n-2}}$$

多元线性回归模型的一般形式：$Y=\beta_0+\beta_1x_1+\beta_2x_2+\cdots+\beta_px_p+\varepsilon$，写成矩阵形式为：$Y=X\beta+\varepsilon$，多元线性回归的标准差为

$$S_{y'1,\,2}=\sqrt{\frac{\sum(y-\bar{y})^2}{n-k-1}}$$

测定曲线相关程度的综合指标叫相关指数，计算的公式为

$$R_{yx}=\sqrt{\frac{\sum(\hat{y}'-\bar{y}')^2}{\sum(y'-\bar{y}')^2}}=\sqrt{\frac{\sum\hat{y}'^2-\dfrac{\sum(y')^2}{n}}{\sum y'^2-\dfrac{\sum(y')^2}{n}}}$$

强调了相关与回归分析应注意的几个问题。

1）相关与回归分析要判断现象之间有无相关关系以及相关的类型和程度等，首先应作定性分析和判断，在定性分析已经肯定的前提下，才能以此为依据进行定量分析。

2）利用回归方程进行估计和推算，一般只能在观察资料的原有范围内进行内插估计和推算，不能随意外推估计，除非有可靠的依据断定现象之间的回归关系不受到破坏和影响。

3）进行相关与回归分析应使用大样本资料。大数法则表明，只有在大量观察的基础上，才能减少偶然因素的影响，表现现象之间的必然内在联系。

4）对复回归中的各个参数，包括常数项及各回归系数，应进行显著性和共线性实验，当发现无显著性的自变量和存在共线性关系的自变量时，应从回归方程中剔除，以确保回归估计的有效性。

思考与练习题

一、单项选择题

1．下面的函数关系是（　　）。

A．销售人员测验成绩与销售额大小的关系

B．圆周的长度决定于它的半径

C．家庭的收入和消费的关系

D．数学成绩与统计学成绩的关系

2．年劳动生产率 x（千元）和工人工资 $y=10+70x$，这意味着年劳动生产率每提高 1 千元时，工人工资平均（　　）。

A．增加 70 元　　B．减少 70 元

C．增加 80 元　　D．减少 80 元

3．回归系数和相关系数的符号是一致的，其符号均可用来判断现象（　　）。

A．线性相关还是非线性相关　　B．正相关还是负相关

C．完全相关还是不完全相关　　D．单相关还是复相关

4．某校经济管理类的学生学习统计学的时间（x）与考试成绩（y）之间建立线性回归方程 $y_c=a+bx$。经计算，方程为 $y_c=200-0.8x$，该方程参数的计算（　　）。

A．a 值是明显不对的　　B．b 值是明显不对的

C．a 值和 b 值都是不对的　　C．a 值和 b 值都是正确的

5．进行相关分析，要求相关的两个变量（　　）。

A．都是随机的

B．都不是随机的

C．一个是随机的，一个不是随机的

D．随机或不随机都可以

6．下列关系中，属于正相关关系的是（　　）。

A．合理限度内，施肥量和平均单产量之间的关系

B．产品产量与单位产品成本之间的关系

C．商品的流通费用与销售利润之间的关系

D．流通费用率与商品销售量之间的关系

7．相关分析是研究（　　）。

A．变量之间的数量关系

B．变量之间的变动关系

C．变量之间的相互关系的密切程度

D．变量之间的因果关系

8．在回归直线 $y_c = a + bx$ 中，$b < 0$，则 x 与 y 之间的相关系数（　　）。

A．$r = 0$　　B．$r = 1$．　　C．$0 < r < 1$　　D．$-1 < r < 0$

9．下列现象的相关密切程度最高的是（　　）。

A．某商店的职工人数与商品销售额之间的相关系数为 0.87

B．流通费用水平与利润率之间的相关系数为 – 0.94

C．商品销售额与利润率之间的相关系数为 0.51

D．商品销售额与流通费用水平之间的相关系数为 – 0.81

10．估计标准误差是反映（　　）。

A．平均数的代表性指标　　B．相关关系的指标

C．回归直线的代表性指标　　D．序时平均数的代表性指标

二、多项选择题

1．下列哪些现象之间的关系为相关关系（　　）。

A．家庭收入与消费支出的关系

B．圆的面积与它的半径的关系

C．广告支出与商品销售额的关系

D．单位产品成本与利润的关系

E．在价格固定情况下，销售量与商品销售额的关系

2．对于一元线性回归分析来说（　　）。

A．两变量之间必须明确哪个是自变量，哪个是因变量

B．回归方程是据以利用自变量的给定值来估计和预测因变量的平均可能值

C．可能存在着 y 依 x 和 x 依 y 的两个回归方程

D．回归系数只有正号

E．确定回归方程时，尽管两个变量也都是随机的，但要求自变量是给定的。

3．单位成本（元）依产量（千件）变化的回归方程为 $y_c = 78 - 2x$，这表示（　　）。

A．产量为 1000 件时，单位成本为 76 元

B．产量为 1000 件时，单位成本为 7 8 元

C．产量每增加 1000 件时，单位成本下降 2 元

D．产量每增加 1000 件时，单位成本下降 78 元

E．当单位成本为 72 元时，产量为 3000 件

4．在直线相关和回归分析中（　　）。

A．据同一资料，相关系数只能计算一个

B．据同一资料，相关系数可以计算两个

C．据同一资料，回归方程只能配合一个

D．据同一资料，回归方程随自变量与因变量的确定不同，可能配合两个

E．回归方程和相关系数均与自变量和因变量的确定无关

5．从变量之间相互关系的表现形式看，相关关系可分为（　　）。

A．正相关　　B．负相关　　C．直线相关

D．曲线相关　　E．不相关和完全相关

6．确定直线回归方程必须满足的条件是（　　）。

A．现象间确实存在数量上的相互依存关系

B．相关系数 r 必须等于 1

C．y 与 x 必须同方向变化

D．现象间存在着较密切的直线相关关系

E．相关系数 r 必须大于 0

7．当两个现象完全相关时，下列统计指标值可能为（　　）。

A．$r=1$　　B．$r=0$　　C．$r=-1$

D．$S_{yx}=0$　　E．$S_{yx}=1$

8．在直线回归分析中，确定直线回归方程的两个变量必须是（　　）。

A．一个是自变量，一个是因变量

B．均为随机变量

C．对等关系

D．一个是随机变量，一个是可控制变量

E．不对等关系

9．在直线回归方程中（　　）。

A．两个变量中需确定自变量和因变量

B．一个回归方程只能作一种推算

C．回归系数只能取正值

D．要求两个变量都是随机变量

E．要求因变量是随机的，而自变量是给定的

10．相关系数与回归系数（　　）。

A．回归系数大于零，则相关系数大于零

B．回归系数小于零，则相关系数小于零

C．回归系数大于零，则相关系数小于零

D．回归系数小于零，则相关系数大于零

E．回归系数等于零，则相关系数等于零

三、判断题

1．如果两个变量的变动方向一致，同时呈上升或下降趋势，则二者是正相关关系。（ ）

2．假定变量 x 与 y 的相关系数是 0.8，变量 m 与 n 的相关系数为 -0.9，则 x 与 y 的相关密切程度高。（ ）

3．相关系数 r 有正负、有大小，因而它反映的是两现象之间具体的数量变动关系。（ ）

4．在进行相关和回归分析时，必须以定性分析为前提，判定现象之间有无关系及其作用范围。（ ）

5．回归系数 b 的符号与相关系数 r 的符号，可以相同也可以不相同。（ ）

6．在直线回归分析中，两个变量是对等的，不需要区分因变量和自变量。（ ）

7．相关系数 r 越大，则估计标准误差 S_{xy} 值越大，从而直线回归方程的精确性越低。（ ）

8．回归分析和相关分析一样，所分析的两个变量都一定是随机变量。（ ）

9．一种回归直线只能作一种推算，不能反过来进行另一种推算。（ ）

10．工人的技术水平提高，使得劳动生产率提高。这种关系是一种不完全的正相关关系。（ ）

四、计算题

1．已知某公司过去 5 年的人数如下表。

年度	2006	2007	2008	2009	2010
人数/千	8.0	8.6	9.4	9.0	9.2

以此为基础预测未来年度的人员需求数量。

2．下面是 7 个地区 2000 年的人均国内生产总值（GDP）和人均消费水平的统计数据。

地区	人均 GDP/元	人均消费水平/元
北京	22 460	7326
辽宁	11 226	4490
上海	34 547	11546
江西	4851	2396
河南	5444	2208
贵州	2662	1608
陕西	4549	2035

求：（1）人均 GDP 作自变量，人均消费水平作因变量，利用最小二乘法求出估计的回归方程，并解释回归系数的实际意义。

（2）计算判定系数和估计标准误差，并解释其意义。

（3）检验回归方程线性关系的显著性（$\alpha = 0.05$）。

（4）如果某地区的人均 GDP 为 5000 元，预测其人均消费水平。

（5）求人均 GDP 为 5000 元时，人均消费水平 95%的置信区间和预测区间。

3．从某一行业中随机抽取 12 家企业，所得产量与生产费用的数据如下。

企业编号	产量/台	生产费用/万元	企业编号	产量/台	生产费用/万元
1	40	130	7	84	165
2	42	150	8	100	170
3	50	155	9	116	167
4	55	140	10	125	180
5	65	150	11	130	175
6	78	154	12	140	185

（1）绘制产量与生产费用的散点图，判断二者之间的关系形态。

（2）计算产量与生产费用之间的线性相关系数，并对相关系数的显著性进行检验（$\alpha = 0.05$），并说明二者之间的关系强度。

4．随机抽取 10 家航空公司，对其最近一年的航班正点率和顾客投诉次数进行调查，所得数据如下。

航空公司编号	航班正点率/%	投诉次数/次
1	81.8	21
2	76.6	58
3	76.6	85
4	75.7	68
5	73.8	74
6	72.2	93
7	71.2	72
8	70.8	122
9	91.4	18
10	68.5	125

（1）用航班正点率作自变量，顾客投诉次数作因变量，求出估计的回归方程，并解释回归系数的意义。

（2）检验回归系数的显著性（$\alpha = 0.05$）。

（3）如果航班正点率为 80%，估计顾客的投诉次数。

思考与练习题参考答案

第　一　章

一、单项选择题

1. D　2. C　3. D　4. D　5. C　6. A　7. D　8. D　9. C　10. D

二、多项选择题

1. BCE　2. ACD　3. AC　4. BE　5. AC　6. CDE　7. BD　8. ABCD　9. ABCD　10. ABCE

三、判断题

1. √　2. √　3. ×　4. √　5. ×　6. ×　7. ×　8. √　9. ×　10. √

四、简答题

略

第　二　章

一、单项选择题

1. B　2. B　3. A　4. B　5. B　6. A　7. D　8. B　9. B　10. B　11. B　12. B　13. D　14. C　15. C　16. C

二、多项选择题

1. ABCDE　2. AB　3. ABE　4. BDE　5. BCDE　6. ABCE　7. ABCD　8. BCE　9. BDE　10. ABCDE

三、判断题

1. ×　2. ×　3. √　4. √　5. ×　6. ×　7. √　8. ×　9. √　10. ×

四、简答题

略

第 三 章

一、单项选择题

1. D 2. B 3. A 4. D 5. B 6. A 7. D 8. C 9. D 10. A

二、多项选择题

1. CDE 2. AC 3. ABCD 4. BCE 5. AB 6. AB 7. BCE 8. ACD 9. ABCD 10. ABE

三、判断题

1. × 2. √ 3. × 4. × 5. ×

四、计算题

1. 某工业局所属各单位工人数分布表

企业工人数/人	企业数	比例/%	向上累计数	向下累计数
200～300	3	10	3	30
300～400	5	16.67	8	27
400～500	9	30	17	22
500～600	7	23.33	24	13
600～700	3	10	27	6
700～800	3	10	30	3
合　计	30	100	—	—

2. 次数分布表

考分	人数	比率/%	向上累计数		向下累计数	
			人数	比率/%	人数	比率/%
60 以下	2	5.0	2	5.0	40	100.0
60～70	7	17.5	9	22.5	38	95.0
70～80	11	27.5	20	50.0	31	77.5
80～90	12	30.0	32	80.0	20	50.0
90 以上	8	20.0	40	100.0	8	20.0
合计	30	10.0	—	—	—	—

第四章

一、单项选择题

1. D　2. A　3. C　4. B　5. C　6. D　7. D　8. B

二、多项选择题

1. ABC　2. BE　3. BC　4. BCE　5. BCE　6. ABDE　7. ACE　8. CE　9. BCDE

三、判断题

1. √　2. ×　3. ×　4. √　5. √　6. ×　7. √　8. ×　9. √　10. ×

四、计算题

1. 由题已知，今年产值率=105%×108%=113.4%，所以
今年产值比去年增长 13.4%。

2.

（1）2007 年实际单位成本=800 元

2007 年计划单位成本=$\dfrac{1-8\%}{1-6\%}\times 800$=782.98 元

（2）2007 年单位成本计划完成程度=$\dfrac{800}{782.98}=102.17\%$

（3）2007 年单位成本实际比计划多的百分点=$\dfrac{800-782.98}{782.98}\times 100\%=2.17\%$

第五章

一、单项选择题

1. B　2. B　3. D　4. D　5. D　6. C　7. C　8. D　9. A　10. A　11. C　12. A　13. C　14. A　15. B

二、多项选择题

1. ABCDE　2. ABC　3. ABD　4. AB　5. ABE　6. CD　7. ABD　8. ABC　9. BD　10. ABD

三、判断题

1. √ 2. × 3. × 4. × 5. √ 6. × 7. √ 8. × 9. √ 10. ×

四、计算题

1．解：

甲组的算术平均数为：$\bar{x}=(8+15+23+37+46+57)\div 6=186\div 6=31$

甲组的标准差为：$\sigma=\sqrt{\dfrac{\sum(x-\bar{x})^2}{n}}=\sqrt{\dfrac{529+256+64+36+225+676}{6}}$

$$=\sqrt{\frac{1786}{6}}=17.25$$

乙组的算术平均数为：$\bar{x}=(5+18+20+40+42+61)\div 6=186\div 6=31$

乙组的标准差为：$\sigma=\sqrt{\dfrac{\sum(x-\bar{x})^2}{n}}=\sqrt{\dfrac{676+169+121+81+121+900}{6}}$

$$=\sqrt{\frac{2068}{6}}=18.57$$

计算结果表明，甲组与乙组的算术平均数大小相等，但甲组的标准差小于乙组的标准差，则甲组的平均数代表性高于乙组。

2．解：

居民户月平均生活费支出为：

$$\bar{x}=\frac{\sum xf}{\sum f}=\frac{500\times180+700\times350+900\times900+1100\times520+1300\times50}{180+350+900+520+50}$$

$$=\frac{1\,782\,000}{2000}=891\ （元）$$

3．解：

利用加权调和平均数计算全公司计划完成的程度（即各企业平均计划完成程度）为

$$平均计划完成程度（H）=\frac{实际完成数}{计划任务数}=\frac{\sum m}{\sum\frac{m}{x}}=\frac{95+840+115}{\frac{95}{95\%}+\frac{840}{105\%}+\frac{115}{115\%}}=\frac{1050}{1000}=105\%$$

4．解：

（1）两组学生统计学原理考试成绩的平均差计算过程如下表所示。

A 组			B 组		
分数 x	$x-\bar{x}$	$\lvert x-\bar{x}\rvert$	分数 x	$x-\bar{x}$	$\lvert x-\bar{x}\rvert$
68	−12	12	60	−20	20
72	−8	8	76	−4	4
78	−2	2	80	0	0
84	4	4	83	3	3
88	8	8	85	5	5
90	10	10	96	16	16
合计	—	44	合计	—	48

将已知 $\overline{x}_A = 80$分， $\overline{x}_B = 80$分 代入公式 $A.D. = \frac{\sum|x-\overline{x}|f}{\sum f}$，可得

A 组学生统计学原理考试成绩的平均差为： $A.D. = \frac{\sum|x-\overline{x}|}{n} = \frac{44}{6} = 7.33$ （分）

B 组学生统计学原理考试成绩的平均差为： $A.D. = \frac{\sum|x-\overline{x}|}{n} = \frac{48}{6} = 8$ （分）

上述结果表明，A、B 两组学生的考试平均成绩均为 80 分，但是 B 组的平均差比 A 组的平均差大，说明 B 组学生考试成绩差异大于 A 组学生考试成绩差异，所以 A 组学生考试平均成绩代表性更大一些。

（2）两组学生统计学原理考试成绩的标准差计算过程如下表所示。

A 组			B 组		
分数 x	$x-\overline{x}$	$(x-\overline{x})^2$	分数 x	$x-\overline{x}$	$(x-\overline{x})^2$
68	−12	144	60	−20	400
72	−8	64	76	−4	16
78	−2	4	80	0	0
84	4	16	83	3	9
88	8	64	85	5	25
90	10	100	96	16	256
合计	—	392	合计	—	706

将已知 $\overline{x}_A = 80$分， $\overline{x}_B = 80$分 代入公式 $\sigma = \sqrt{\frac{\sum(x-\overline{x})^2}{n}}$，可得

A 组学生统计学原理考试成绩的标准差为： $\sigma_A = \sqrt{\frac{\sum(x-\overline{x})^2}{n}} = \sqrt{\frac{392}{6}} = 8.92$ （分）

B 组学生统计学原理考试成绩的标准差为： $\sigma_B = \sqrt{\frac{\sum(x-\overline{x})^2}{n}} = \sqrt{\frac{706}{6}} = 10.84$ （分）

上述结果表明，A、B 两组学生的平均成绩均为 80 分，但是 B 组的标准差比 A 组的标准差大，说明 B 组学生成绩差异大于 A 组学生成绩差异，所以 A 组学生平均成绩代表性更大一些。

5．解：

两个工厂工人劳动生产率标准差系数计算表如下。

工厂名称	工人劳动生产率 $\overline{x}$ /元	标准差 σ /元	标准差系数 $V_\sigma = \frac{\sigma}{\overline{x}} \times 100\%$ /%
甲	32 000	1200	3.75
乙	16 000	800	5.00

根据已知，甲厂的标准差虽然大于乙厂，但不能就此断言甲厂工人劳动生产率的代表性小于乙厂。由于两个工厂的劳动生产率水平相差悬殊，所以不能直接根据标准差的

大小作结论。在这种情况下，只有通过标准差系数才能比较，因为它消除了不同数列平均水平所产生的影响。表中计算结果已经表明，并不是甲厂的标志变异程度比乙厂大，相反的是乙厂的标志变异程度比甲厂大，乙厂工人劳动生产率的代表性小于甲厂。

第　六　章

一、单项选择题

1. A　2. D　3. A　4. C　5. B　6. B　7. A　8. A　9. C　10. D　11. A　12. A　13. C　14. A　15. B

二、多项选择题

1. AB　2. AB　3. AD　4. BCD　5. ABCD　6. ABC　7. BCD　8. ABD　9. AD　10. BCD

三、判断题

1. ×　2. √　3. ×　4. √　5. √　6. ×　7. √　8. √　9. ×　10. √

四、计算题

1．解：

（1）该地区国内生产总值在这 10 年间的发展总速度和平均增长速度分别如下：

发展总速度$=(1+12\%)^3\times(1+10\%)^4\times(1+8\%)^3=259.12\%$

平均增长速度$=\sqrt[10]{259.12\%}-1=9.9892\%$

（2）若 2009 年的国内生产总值为 500 亿元，以后平均每年增长 6%，则到 20011 年可达到

$$500\times(1+6\%)^2=561.8\text{（亿元）}$$

2．解：

（1）由题意可知，2008 年该公司空调产量将达到

$$30\times1.06^3\times1.05^2=30\times1.3131=39.393\text{（万台）}$$

（2）由题意可知，以后 9 年达到预定目标的增长速度为

$$\sqrt[9]{\frac{(30\times2)}{(30\times1.078)}}-1=\sqrt[9]{\frac{2}{1.078}}-1=7.11\%$$

（3）由题意可知，设按 7.4%的增长速度 n 年可翻一番，

则有
$$1.074^n=\frac{60}{30}=2$$

所以
$$n=\frac{\log2}{\log1.071}=9.71\text{（年）}$$

故能提前 0.29 年达到翻一番的预定目标。

3．解：

用移动平均法消除季节变动，计算如下表所示。

年份	季度	苹果销售量	四项移动平均值	移动平均值（$\hat{T}$）
2006	一季度	13.1		—
	二季度	13.9	10.875	—
	三季度	7.9	10.3	10.5875
	四季度	8.6	9.7	10
2007	一季度	10.8	10.15	9.925
	二季度	11.5	10.75	10.45
	三季度	9.7	11.7	11.225
	四季度	11	13.2	12.45
2008	一季度	14.6	14.775	13.9875
	二季度	17.5	16.575	15.675
	三季度	16	17.525	17.05
	四季度	18.2	18.15	17.8375
2009	一季度	18.4	18.375	18.2625
	二季度	20	18.325	18.35
	三季度	16.9		
	四季度	18		

4．解：

2004 年的定基增长速度与环比增长速度都是 5 %，说明基期是 2003 年。

根据定基发展速度计算，五年间平均每年的增长速度为：

$$\sqrt[5]{1+35.049\%}-1=\sqrt[5]{1.35049}-1=1.0619-1=6.19\%$$

超过平均增长速度的年份是 2006 年和 2007 年。

5．解：

（1）由于存在季节变动，为预测苹果销售量，首先计算季节比率。趋势剔除法季节比例计算如下表所示。

年份	季度	时间序列号 t	苹果销售量	预测苹果销售量	趋势剔除值
2006	一季度	1	13.1	9.332 352 941	1.403 718 878
	二季度	2	13.9	9.972 205 882	1.393 874 15
	三季度	3	7.9	10.612 058 82	0.744 436 13
	四季度	4	8.6	11.251 911 76	0.764 314 561
2007	一季度	5	10.8	11.891 764 71	0.908 191 531
	二季度	6	11.5	12.531 617 65	0.917 678 812
	三季度	7	9.7	13.171 470 59	0.736 440 167
	四季度	8	11	13.811 323 53	0.796 447 927
2008	一季度	9	14.6	14.451 176 47	1.010 298 368
	二季度	10	17.5	15.091 029 41	1.159 629 308
	三季度	11	16	15.730 882 35	1.017 107 6
	四季度	12	18.2	16.370 735 29	1.111 739 923

续表

年份	季度	时间序列号 t	苹果销售量	预测苹果销售量	趋势剔除值
2009	一季度	13	18.4	17.010 588 24	1.081 679 231
	二季度	14	20	17.650 441 18	1.133 116 153
	三季度	15	16.9	18.290 294 12	0.923 987 329
	四季度	16	18	18.930 147 06	0.950 864 245

上表中，其趋势拟合为直线方程 $\widehat{T}=8.962\,5+0.639\,95t$

季度/年份	第一季度	第二季度	第三季度	第四季度	合计
2006	1.403 719	1.393 874	0.744 436	0.764 315	—
2007	0.908 192	0.917 679	0.736 44	0.796 448	—
2008	1.010 298	1.159 629	1.017 108	1.111 74	—
2009	1.081 679	1.133 116	0.923 987	0.950 864	—
平均	1.100 972	1.151 075	0.855 493	0.950 842	4.013 381
季节比率	1.097 301	1.147 237	0.852 641	0.902 822	4.000 00

（2）预测 2010 年各季度苹果销售量：

根据上表计算的季节比率，按照公式 $\hat{Y}_t=\hat{T}_t\cdot\hat{S}_{t-\mathrm{KL}}$ 计算如下。

2010 年第一季度预测值：

$$\hat{Y}_{17}=\hat{T}_{17}\cdot\hat{S}_1=(8.9625+0.639\,95\times17)\times1.097\,301=21.7723$$

2010 年第二季度预测值：

$$\hat{Y}_{18}=\hat{T}_{18}\cdot\hat{S}_2=(8.9625+0.639\,95\times18)\times1.147\,237=23.497\,25$$

2010 年第三季度预测值：

$$\hat{Y}_{19}=\hat{T}_{19}\cdot\hat{S}_3=(8.9625+0.639\,95\times19)\times0.852\,641=18.009$$

2010 年第四季度预测值：

$$\hat{Y}_{20}=\hat{T}_{20}\cdot\hat{S}_4=(8.9625+0.639\,95\times20)\times0.902\,822=19.6468$$

第七章

一、单项选择题

1. B　2. A　3. D　4. A　5. D　6. B　7. B　8. B　9. C　10. B　11. C　12. C　13. C　14. B　15. D

二、多项选择题

1. ABCD　2. ADE　3. ACD　4. ADE　5. ABCD　6. ADE　7. BD　8. ABD　9. BD　10. ABCDE

三、判断题

1. √ 2. × 3. × 4. × 5. √ 6. √ 7. √ 8. √ 9. √ 10. ×

四、计算题

1．解：样品合格率$=\dfrac{200-8}{200}=96\%$

$$\mu_p=\sqrt{\frac{p(1-p)}{n}}=\sqrt{\frac{0.96(1-0.96)}{200}}=0.0139$$

$$\Delta_p=t\mu_p=2.72\%$$

该批产品合格率的可能范围是：$p\pm\Delta_p=96\%\pm2.72\%$，即在93.28%～98.72%之间。

2．解：

（1）重复抽样：

$$\mu_x=\sqrt{\frac{\sigma^2}{n}}=\sqrt{\frac{40\ 000}{100}}=20\text{（元）}$$

（2）不重复抽样

$$\mu_x=\sqrt{\frac{\sigma^2}{n}\left(1-\frac{n}{N}\right)}=\sqrt{\frac{40\ 000}{100}\left(1-\frac{100}{2000}\right)}=19.5\text{（元）}$$

计算结果表明，不重复抽样的抽样误差要小。

3．解：$\bar{x}=\dfrac{\sum xf}{\sum f}=10.972$（千小时）

$$\sigma^2=4.615$$

$$\mu_x=\sqrt{\frac{\sigma^2}{n}\left(1-\frac{n}{N}\right)}=\sqrt{\frac{4.615}{144}(1-1\%)}=0.178\text{（千小时）}$$

4．解：$P=\dfrac{100-10}{100}=90\%$

重复抽样条件下：$\mu_p=\sqrt{\dfrac{p(1-p)}{n}}=3\%$

不重复抽样条件下：$\mu_p=\sqrt{\dfrac{p(1-p)}{n}\left(1-\dfrac{n}{N}\right)}=2.98\%$

$F(t)=95.45\%$，$t=2$

重复条件下：$\Delta_p=t\mu_p=6\%$

根据公式：$p-\Delta_p\leqslant P\leqslant p+\Delta_p$

即$84\%\leqslant P\leqslant 96\%$

不重复条件下：$\Delta_p=t\mu_p=5.96\%$

即$84.04\%\leqslant P\leqslant 95.96\%$

5．解：$F(t)=95\%$　　$t=1.96$

$$\Delta\bar{x}=t\mu_{\bar{x}}=1.96\times0.178=0.349\text{（千小时）}$$

$$\because \bar{x}-\Delta\bar{x}\leqslant\bar{X}\leqslant\bar{x}+\Delta\bar{x}$$

$$\therefore 10.972-0.349\leqslant\bar{X}\leqslant10.972+0.349$$

即该厂生产的彩电的正常工作时间在 10.623～11.321 千小时之间。

$$p=\frac{40+9}{144}=34\%$$

$$\Delta_p=t\mu_p=t\sqrt{\frac{p(1-p)}{n}\left(1-\frac{n}{N}\right)}=7.698\%$$

$$34\%-7.698\%\leqslant p\leqslant34\%+7.698\%$$

即该批彩电的一级品率在 26.302%～41.698%之间。

第　八　章

一、单项选择题

1．D　2．A　3．B　4．A　5．B.　6．A　7．B　8．D　9．C　10．B　11．B　12．D　13．A　14．C　15．B　16．C　17．B　18．B　19．B　20．B

二、多项选择题

1．ABD　2．ACDE　3．CE　4．AB　5．BCD　6．AC　7．AB　8．ACADE　9．AD　10．AD　11．AD

三、判断题

1．×　2．√　3．×　4．√　5．√　6．×　7．√　8．×　9．√　10．×

四、计算题

1．解：建立假设

H_0：$\sigma\leqslant0.005$，H_1：$\sigma>0.005$，

采用统计量

$$\frac{(n-1)s^2}{\sigma_0^2}\sim\chi^2(n-1),$$

由题意知：$n=9$，$S=0.007$，$\alpha=0.05$，

由于 $$\frac{8\times0.007\times0.007}{0.005\times0.005}=15.68>\chi^2_{0.05}(8)=15.507$$

拒绝 H_0，导线的标准差显著地偏大。

2．解：建立假设

$$H_0:\ \mu_x=\mu_y，H_1:\ \mu_x\neq\mu_y$$

由于$\sigma_x=20$，$\sigma_y=18$，已知，采用统计量：

$$Z=\frac{(\bar{x}-\bar{y})-(\mu_x-\mu_y)}{\sqrt{\frac{\sigma_x^2}{n_1}+\frac{\sigma_y^2}{n_2}}}\sim N（0，1）$$

由题意有：$\sigma_x=20$，$\sigma_y=18$，$\bar{x}=59.34$，$\bar{y}=49.16$，$n_1=n_2=60$，$1-\alpha=0.95$，$\sigma=0.05$

于是有：$Z=\frac{10.18}{\sqrt{\frac{181}{15}}}\approx 2.9306>Z_{\frac{\alpha}{2}}=1.96$

拒绝H_0，认为两种方案对树苗的高度有影响。

3．解：建立假设

$$H_0:\ \mu\leqslant 5\ 200，H_1:\ \mu>5\ 200$$

利用 Z 检验法，可以构造检验统计量

$$Z=\frac{\bar{x}-\mu}{\frac{\sigma}{\sqrt{n}}}=\frac{5275-5200}{\frac{120}{\sqrt{36}}}=3.75$$

根据显著性水平$\alpha=0.05$，查得$Z_{0.05}=1.645$，由于$Z=3.75>Z_{0.05}=1.645$，所以拒绝原假设。表明改良后的新产品产量有显著提高。

4．解：建立假设

$$H_0:\ \mu_x=\mu_y，H_1:\ \mu_x\neq\mu_y$$

两方差相等但未知，故采用统计量：

$$t=\frac{\bar{x}-\bar{y}}{\sqrt{\frac{(n_1-1)\ s_x^2+(n_2-1)\ s_y^2}{n_1+n_2-2}}\sqrt{\frac{1}{n_1}+\frac{1}{n_2}}}\sim t(n_1+n_2-2)$$

由题意知：$n_1=n_2=8$，$\alpha=0.05$，

于是 $t=2.2409>t_{\frac{\alpha}{2}}(14)=2.1448$

故拒绝原假设，认为两种温度下有显著差别。

5．解：建立假设

$$H_0:\ P_2-P_1\leqslant 8\%，H_1:\ P_2-P_1>8\%$$

两样本的比例分别为$p_1=11\%$，$p_2=28\%$，

检验统计量为

$$Z=\frac{(p_1-p_2)-(P_1-P_2)}{\sqrt{\frac{p_1(1-p_1)}{n_1}+\frac{p_2(1-p_2)}{n_2}}}=\frac{(0.11-0.28)-0.08}{\sqrt{\frac{0.11\times(1-0.11)}{300}+\frac{0.28\times(1-0.28)}{300}}}=-7.912\ 29$$

由于$Z=-7.91229<-Z_{0.01}=-2.33$，拒绝原假设，因此应采用方法1进行生产。

第 九 章

一、单项选择题

1. A　2. A　3. C　4. B　5. A　6. C　7. C　8. D　9. A　10. B　11. A　12. B　13. D　14. D　15. C

二、多项选择题

1. CD　2. ABD　3. ABCD　4. CD　5. ABD　6. BDE　7. AD　8. BD　9. AD　10. BCD

三、判断题

1. √　2. √　3. √　4. ×　5. ×　6. √　7. √　8. ×　9. ×　10. √

四、计算题

1. 解：

名称	计量单位	价格/元		销售量		销售总额			
		2002 年	2007 年	2002 年	2007 年				
		P_0	P_1	Q_0	Q_1	P_0Q_0	P_0Q_1	P_1Q_0	P_1Q_1
羊毛衫	件	240	300	1 300	2400	312 000	576 000	390 000	720 000
皮鞋	双	100	120	3 000	4000	300 000	400 000	360 000	480 000
西装	套	90	100	4 000	4800	360 000	432 000	400 000	480 000
合计		—	—	8 300	11 200	972 000	1 408 000	1 210 000	1 680 000

（1）2002年与2007年相比，三种商品总销售额增长的百分比为

$$\frac{Q_1-Q_0}{P_1Q_1-P_0Q_0}=\frac{11\ 200-8300}{1\ 680\ 000-972\ 000}=\frac{2900}{708}=409.6\%$$

2002年与2007年相比，三种销售额增长的绝对额：

$$P_1Q_1-P_0Q_0=1\ 680\ 000-972\ 000=708\ 000$$

（2）$L_q=\dfrac{\sum P_0Q_1}{\sum P_0Q_0}=\dfrac{1\ 408\ 000}{972\ 000}=144.86\%$

由于销售量变动而影响的绝对额$=\sum P_0Q_1-\sum P_0Q_0=1\ 408\ 000-972\ 000$

$$=436\ 000$$

$$L_P=\frac{\sum P_1Q_0}{\sum P_0Q_0}=\frac{1\ 210\ 000}{972\ 000}=124.48\%$$

由于销售量变动而影响的绝对额$=\sum P_1Q_0-\sum P_0Q_0=1\ 210\ 000-972\ 000$

$$=238\ 000$$

（3） $P_Q=\dfrac{\sum P_1Q_1}{\sum P_1Q_0}=\dfrac{1\ 680\ 000}{1\ 210\ 000}=138.84\%$

由于价格变动而影响的绝对额 $=\sum P_1Q_1-\sum P_1Q_0=1\ 680\ 000-1\ 210\ 000=470\ 000$

$$P_P=\frac{\sum P_1Q_1}{\sum P_0Q_1}=\frac{1\ 680\ 000}{1\ 408\ 000}=119.31\%$$

由于价格变动而影响的绝对额 $=\sum P_1Q_1-\sum P_0Q_1=1\ 680\ 000-1\ 408\ 000=272\ 000$

2．解：

(1) 记单位成本为 P，产量为 Q。则可求出以下三个总量（计算过程见题中表）：

基期总成本 $=\sum P_0Q_0=40\times200+5\times100+12\times500=14\ 500$（万元）

报告期总成本 $=\sum P_1Q_1=38\times220+5\times150+10\times600=15\ 110$（万元）

假定总成本 $=\sum P_0Q_1=40\times220+5\times150+12\times600=16\ 750$（万元）

由综合指数的公式，三个总指数计算如下：

单位成本总指数 $=\dfrac{\sum P_1Q_1}{\sum P_0Q_1}=\dfrac{15\ 110}{16\ 750}=90.21\%$

产量总指数 $=\dfrac{P_0Q_1}{P_0Q_0}=\dfrac{16\ 750}{14\ 500}=115.52\%$

总成本总指数 $=\dfrac{\sum P_1Q_1}{\sum P_0Q_0}=\dfrac{15\ 110}{14\ 500}=104.21\%$

(2) 因素分析

第一步，总变动

相对数：$\dfrac{\sum P_1Q_1}{\sum P_0Q_0}=\dfrac{15\ 110}{14\ 500}=104.21\%$

绝对数：$\sum P_1Q_1-\sum P_0Q_0=610$（万元）

即报告期总成本比基期增长了 4.21%，增加了 610 万元。

第二步，由于单位成本变动的影响

相对数：$\dfrac{\sum P_1Q_1}{\sum P_0Q_1}=\dfrac{15\ 110}{16\ 750}=90.21\%$

绝对数：$\sum P_1Q_1=\sum P_0Q_1=-1640$（万元）

即报告期单位成本比基期下降了 9.79%，从而使总成本减少 1 640 万元。

第三步，由于产量变动的影响

相对数：$\dfrac{\sum P_0Q_1}{\sum P_0Q_0}=\dfrac{16\ 750}{14\ 500}=115.52\%$

绝对数：$\sum P_0Q_1-\sum P_0Q_0=2\ 250$（万元）

即报告期产量比基期产量增长了 15.52%，从而使总成增加了 2250 万元。

第四步，综合影响

由于上述两个因素的共同影像，使报告期总成本基期增长了 4.21%，增加了 610 万元，即

相对数：$104.21\% = 90.21\% \times 115.52\%$

绝对数：$610 = -1640 + 2\ 250$

3．解：

产品	单位产品成本/元/吨		产量/吨		生产总量/吨		
	上月	本月	上月	本月			
	x_0	x_1	f_0	f_1	x_0f_0	x_1f_1	x_0f_1
一厂	960	952	4650	4930	4 464 000	4 693 360	4 732 800
二厂	1010	1015	3000	3200	3 030 000	3 248 000	3 232 000
三厂	1120	1080	1650	2000	1 849 650	2 160 000	2 244 000
合计	—	—	9300	10 130	9 343 650	10 101 360	10 208 800

首先应依计算得到的生产总量分别计算全企业三个时期的平均数，即：$\overline{x_0}$ =997.172 8

$\overline{x_1} = 9\ 343\ 650 \div 9300 = 1004.693\ 5$，$\overline{x'} = 10\ 208\ 800 \div 10\ 130 = 1007.778\ 9$

从三个平均数就可以算出：

$$可变构成指数 = 997.172\ 8 \div 1004.693\ 5 = 99.25\%$$

$$固定构成指数 = 997.172\ 8 \div 1007.778\ 9 = 98.95\%$$

$$结构影响指数 = 1\ 007.778\ 9 \div 1004.693\ 5 = 1.031\%$$

4．解：

（1）已知 $\sum P_0Q_0 = 800$ 万元，$\sum P_1Q_1 = 1000$ 万元（P 为销售价格，Q 为销售数量）

我们还需要知道"假定值" $\sum P_0Q_1$。本例的销售价格提高或降低比率加上 100%之后实际上就是价格个体指数。故有：

$$\sum P_0Q_1 = \sum\left(\frac{P_1Q_1}{i_P}\right) = \frac{150}{1.2} + \frac{250}{1.1} + \frac{600}{0.9} = 1018.94（万元）$$

所以，销售价格总指数 $i_P = \dfrac{\sum P_1Q_1}{\sum P_0Q_1} = \dfrac{1000}{1018.94} = 98.14\%$

$$销售量总指数\ i_Q = \frac{\sum P_0Q_1}{\sum P_0Q_0} = \frac{1018.94}{800} = 127.37\%$$

$$销售额总指数\ i_{PQ} = \frac{\sum P_1Q_1}{\sum P_0Q_0} = \frac{1000}{800} = 125\%$$

（2）销售价格变动而使销售额减少了 18.94 万元

$$\sum P_1Q_1 - \sum P_0Q_1 = 1000 - 1018.94 = -18.94（万元）$$

5．解：

$$\sum P_1 \frac{Q_1}{\sum Q_1} \div \sum P_0 \frac{Q_0}{\sum Q_0} = \frac{1950\times0.45+4585\times0.55}{1885\times0.40+4450\times0.60} = \frac{3399.25}{3424} = 99.28\%$$

$$\sum P_1 \frac{Q_1}{\sum Q_1} \div \sum P_0 \frac{Q_1}{\sum Q_1} = \frac{1950\times0.45+4585\times0.55}{1885\times0.45+4450\times0.55} = \frac{3399.25}{3295.75} = 103.14\%$$

$$\sum P_0 \frac{Q_1}{\sum Q_1} \div \sum P_0 \frac{Q_0}{\sum Q_0} = \frac{3295.75}{3424} = 96.25\%$$

说明：由于每类商品房平均价格提高而使商品房平均价格提高了 3.14%，由于每类商品房销售面积比重变动使商品房平均价格降低了 3.75%，因此商品房总平均价格降低了 0.72%。

第十章

一、单项选择题

1．B　2．A　3．B　4．C　5．A　6．A　7．C　8．D　9．B　10．C

二、多项选择题

1．ACD　2．ABCE　3．ACE　4．AD　5．CD　6．AD　7．ACD　8．ADE　9．ABE　10．ABE

三、判断题

1．√　2．×　3．×　4．√　5．×　6．×　7．×　8．√　9．×　10．√

四、计算题

1．解：根据给定数据，列表如下。

数据点	x	y	x^2	xy
2006	1	8.0	1	8.0
2007	2	8.6	4	17.2
2008	3	9.4	9	28.2
2009	4	9.0	16	36.0
2010	5	9.2	25	46.0
合计	15	44.2	55	135.4

$$n=5，\sum x=15，\sum y=44.2，\sum x^2=55，\sum xy=135.4$$

设时间为 x、y 代表人员需求数量，则二者关系式表现为 $y=a+bx$；

$$b=\frac{n\sum xy-\sum x\sum y}{n\sum x^2-\left(\sum x\right)^2}=\frac{5\times135.4-15\times44.2}{5\times55-15^2}=0.28$$

$$a=\frac{\sum y}{n}-b\frac{\sum x}{n}=\frac{44.2}{5}-028\times\frac{15}{5}=8.0$$

得回归方程 $y=8.0+2.8x$，其中 2011 年为第六年，$x=6$，则 $y=8.0+2.8*6=9.68$（千人）

2．二者之间为高度的正线性相关关系。$r=0.998128$，二者之间为高度的正线性相关关系。

（1）估计的回归方程为：$\hat{y}=734.6928+0.3087x$。回归系数 $\hat{\beta}_1=0.3087$ 表示人均 GDP 每变动 1 元，人均消费水平平均变动 0.3087 元。

（2）判定系数 $R^2=99.63\%$。表明在人均消费水平的变差中，有 99.63%是由人均 GDP 与消费水平之间的关系决定的。估计标准误差 $s_e=247.3$，表示用人均 GDP 预测人均消费水平的平均误差为 247.3 元。

（3）检验统计量 $F=1331.69$，$p=2.91E-07<\alpha=0.05$，拒绝原假设，线性关系显著。

（4）$\hat{y}_{5000}=734.6928+0.308683\times5000=2278.1078$ 元。

（5）置信区间：[1990.749，2565.464]，预测区间：[1580.463，2975.750]。

3．

（1）散点图如下：

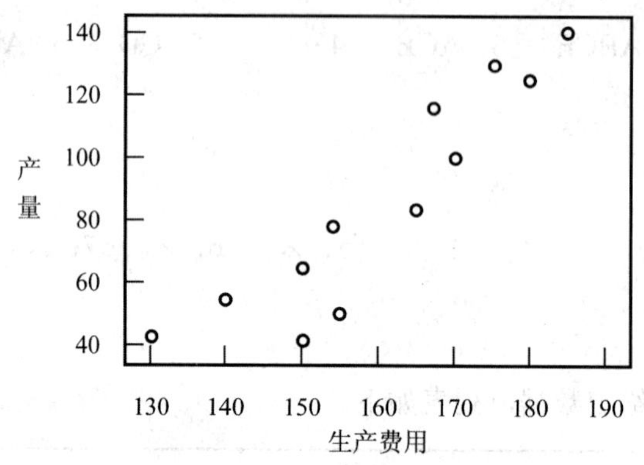

产量与生产费用之间为正的线性相关关系。

（2）$r=0.920\ 232$。检验统计量 $t=14.4222$，$p=1.722E-08<\alpha=0.05$，拒绝原假设，相关系数显著。

4．

（1）估计的回归方程为：$\hat{y}_{80}=430.1892-4.7x$。回归系数 $\hat{\beta}_1=-4.7$ 表示航班正点率每变动 1%，顾客投诉次数平均反向变动 4.7 次。

（2）检验回归系数的 $P=0.001\ 108<\alpha=0.05$，拒绝原假设，回归系数显著。

（3）$\hat{y}_{80}=430.1892-4.7\times80=54.1892\approx54$ 次。

附录　统计学的有关数据

1　标准正态分布表

$$\Phi(x) = \int_{-\infty}^{x} \frac{1}{\sqrt{2\pi}} \mathrm{e}^{-\frac{t^2}{2}} \mathrm{d}t = P\{X \leqslant x\}$$

x	0.00	0.01	0.02	0.03	0.04	0.05	0.06	0.07	0.08	0.09
0.0	0.5000	0.5040	0.5080	0.5120	0.5160	0.5199	0.5239	0.5279	0.5319	0.5359
0.1	0.5398	0.5438	0.5478	0.5517	0.5557	0.5596	0.5636	0.5675	0.5714	0.5753
0.2	0.5793	0.5832	0.5871	0.5910	0.5948	0.5987	0.6026	0.6064	0.6103	0.6141
0.3	0.6179	0.6217	0.6255	0.6293	0.6331	0.6368	0.6404	0.6443	0.6480	0.6517
0.4	0.6554	0.6591	0.6628	0.6664	0.6700	0.6736	0.6772	0.6808	0.6844	0.6879
0.5	0.6915	0.6950	0.6985	0.7019	0.7054	0.7088	0.7123	0.7157	0.7190	0.7224
0.6	0.7257	0.7291	0.7324	0.7357	0.7389	0.7422	0.7454	0.7486	0.7517	0.7549
0.7	0.7580	0.7611	0.7642	0.7673	0.7703	0.7734	0.7764	0.7794	0.7823	0.7852
0.8	0.7881	0.7910	0.7939	0.7967	0.7995	0.8023	0.8051	0.8078	0.8106	0.8133
0.9	0.8159	0.8186	0.8212	0.8238	0.8264	0.8289	0.8355	0.8340	0.8365	0.8389
1.0	0.8413	0.8438	0.8461	0.8485	0.8508	0.8531	0.8554	0.8577	0.8599	0.8621
1.1	0.8643	0.8665	0.8686	0.8708	0.8729	0.8749	0.8770	0.8790	0.8810	0.8830
1.2	0.8849	0.8869	0.8888	0.8907	0.8925	0.8944	0.8962	0.8980	0.8997	0.9015
1.3	0.9032	0.9049	0.9066	0.9082	0.9099	0.9115	0.9131	0.9147	0.9162	0.9177
1.4	0.9192	0.9207	0.9222	0.9236	0.9251	0.9265	0.9279	0.9292	0.9306	0.9319
1.5	0.9332	0.9345	0.9357	0.9370	0.9382	0.9394	0.9406	0.9418	0.9430	0.9441
1.6	0.9452	0.9463	0.9474	0.9484	0.9495	0.9505	0.9515	0.9525	0.9535	0.9535
1.7	0.9554	0.9564	0.9573	0.9582	0.9591	0.9599	0.9608	0.9616	0.9625	0.9633
1.8	0.9641	0.9648	0.9656	0.9664	0.9672	0.9678	0.9686	0.9693	0.9700	0.9706
1.9	0.9713	0.9719	0.9726	0.9732	0.9738	0.9744	0.9750	0.9756	0.9762	0.9767
2.0	0.9772	0.9778	0.9783	0.9788	0.9793	0.9798	0.9803	0.9808	0.9812	0.9817
2.1	0.9821	0.9826	0.9830	0.9834	0.9838	0.9842	0.9846	0.9850	0.9854	0.9857
2.2	0.9861	0.9864	0.9868	0.9871	0.9874	0.9878	0.9881	0.9884	0.9887	0.9890
2.3	0.9893	0.9896	0.9898	0.9901	0.9904	0.9906	0.9909	0.9911	0.9913	0.9916
2.4	0.9918	0.9920	0.9922	0.9925	0.9927	0.9929	0.9931	0.9932	0.9934	0.9936
2.5	0.9938	0.9940	0.9941	0.9943	0.9945	0.9946	0.9948	0.9949	0.9951	0.9952
2.6	0.9953	0.9955	0.9956	0.9957	0.9959	0.9960	0.9961	0.9962	0.9963	0.9964
2.7	0.9965	0.9966	0.9967	0.9968	0.9969	0.9970	0.9971	0.9972	0.9973	0.9974
2.8	0.9974	0.9975	0.9976	0.9977	0.9977	0.9978	0.9979	0.9979	0.9980	0.9981
2.9	0.9981	0.9982	0.9982	0.9983	0.9984	0.9984	0.9985	0.9985	0.9986	0.9986
3	0.9987	0.9990	0.9993	0.9995	0.9997	0.9998	0.9998	0.9999	0.9999	1.0000

2 卡方分布表

$$P\left\{\chi^2(n) > \chi^2_\alpha(n)\right\} = \alpha$$

n\α	0.995	0.99	0.975	0.95	0.9	0.75	0.5	0.25	0.1	0.05	0.025	0.01	0.005
1	…	…	…	…	0.02	0.1	0.45	1.32	2.71	3.84	5.02	6.63	7.88
2	0.01	0.02	0.02	0.1	0.21	0.58	1.39	2.77	4.61	5.99	7.38	9.21	10.6
3	0.07	0.11	0.22	0.35	0.58	1.21	2.37	4.11	6.25	7.81	9.35	11.34	12.84
4	0.21	0.3	0.48	0.71	1.06	1.92	3.36	5.39	7.78	9.49	11.14	13.28	14.86
5	0.41	0.55	0.83	1.15	1.61	2.67	4.35	6.63	9.24	11.07	12.83	15.09	16.75
6	0.68	0.87	1.24	1.64	2.2	3.45	5.35	7.84	10.64	12.59	14.45	16.81	18.55
7	0.99	1.24	1.69	2.17	2.83	4.25	6.35	9.04	12.02	14.07	16.01	18.48	20.28
8	1.34	1.65	2.18	2.73	3.4	5.07	7.34	10.22	13.36	15.51	17.53	20.09	21.96
9	1.73	2.09	2.7	3.33	4.17	5.9	8.34	11.39	14.68	16.92	19.02	21.67	23.59
10	2.16	2.56	3.25	3.94	4.87	6.74	9.34	12.55	15.99	18.31	20.48	23.21	25.19
11	2.6	3.05	3.82	4.57	5.58	7.58	10.34	13.7	17.28	19.68	21.92	24.72	26.76
12	3.07	3.57	4.4	5.23	6.3	8.44	11.34	14.85	18.55	21.03	23.34	26.22	28.3
13	3.57	4.11	5.01	5.89	7.04	9.3	12.34	15.98	19.81	22.36	24.74	27.69	29.82
14	4.07	4.66	5.63	6.57	7.79	10.17	13.34	17.12	21.06	23.68	26.12	29.14	31.32
15	4.6	5.23	6.27	7.26	8.55	11.04	14.34	18.25	22.31	25	27.49	30.58	32.8
16	5.14	5.81	6.91	7.96	9.31	11.91	15.34	19.37	23.54	26.3	28.85	32	34.27
17	5.7	6.41	7.56	8.67	10.09	12.79	16.34	20.49	24.77	27.59	30.19	33.41	35.72
18	6.26	7.01	8.23	9.39	10.86	13.68	17.34	21.6	25.99	28.87	31.53	34.81	37.16
19	6.84	7.63	8.91	10.12	11.65	14.56	18.34	22.72	27.2	30.14	32.85	36.19	38.58
20	7.43	8.26	9.59	10.85	12.44	15.45	19.34	23.83	28.41	31.41	34.17	37.57	40
21	8.03	8.9	10.28	11.59	13.24	16.34	20.34	24.93	29.62	32.67	35.48	38.93	41.4
22	8.64	9.54	10.98	12.34	14.04	17.24	21.34	26.04	30.81	33.92	36.78	40.29	42.8
23	9.26	10.2	11.69	13.09	14.85	18.14	22.34	27.14	32.01	35.17	38.08	41.64	44.18
24	9.89	10.86	12.4	13.85	15.66	19.04	23.34	28.24	33.2	36.42	39.36	42.98	45.56
25	10.52	11.52	13.12	14.61	16.47	19.94	24.34	29.34	34.38	37.65	40.65	44.31	46.93
26	11.16	12.2	13.84	15.38	17.29	20.84	25.34	30.43	35.56	38.89	41.92	45.64	48.29
27	11.81	12.88	14.57	16.15	18.11	21.75	26.34	31.53	36.74	40.11	43.19	46.96	49.64
28	12.46	13.56	15.31	16.93	18.94	22.66	27.34	32.62	37.92	41.34	44.46	48.28	50.99
29	13.12	14.26	16.05	17.71	19.77	23.57	28.34	33.71	39.09	42.56	45.72	49.59	52.34
30	13.79	14.95	16.79	18.49	20.6	24.48	29.34	34.8	40.26	43.77	46.98	50.89	53.67
40	20.71	22.16	24.43	26.51	29.05	33.66	39.34	45.62	51.8	55.76	59.34	63.69	66.77
50	27.99	29.71	32.36	34.76	37.69	42.94	49.33	56.33	63.17	67.5	71.42	76.15	79.49
60	35.53	37.48	40.48	43.19	46.46	52.29	59.33	66.98	74.4	79.08	83.3	88.38	91.95
70	43.28	45.44	48.76	51.74	55.33	61.7	69.33	77.58	85.53	90.53	95.02	100.42	104.22
80	51.17	53.54	57.15	60.39	64.28	71.14	79.33	88.13	96.58	101.88	106.63	112.33	116.32
90	59.2	61.75	65.65	69.13	73.29	80.62	89.33	98.64	107.56	113.14	118.14	124.12	128.3
100	67.33	70.06	74.22	77.93	82.36	90.13	99.33	109.14	118.5	124.34	129.56	135.81	140.17

3　t　值　表

$$P\{t(n) > t_\alpha(n)\} = \alpha$$

n	p(2):	0.50	0.20	0.10	0.05	0.02	0.01	0.005	0.002	0.001
	p(1):	0.25	0.10	0.05	0.025	0.01	0.005	0.0025	0.001	0.0005
1		1.000	3.078	6.314	12.706	31.821	63.657	127.321	318.309	636.619
2		0.816	1.886	2.920	4.303	6.965	9.925	14.089	22.327	31.599
3		0.765	1.638	2.353	3.182	4.541	5.841	7.453	10.215	12.924
4		0.741	1.533	2.132	2.776	3.747	4.604	5.598	7.173	8.610
5		0.727	1.476	2.015	2.571	3.365	4.032	4.773	5.893	6.869
6		0.718	1.440	1.943	2.447	3.143	3.707	4.317	5.208	5.959
7		0.711	1.415	1.895	2.365	2.998	3.499	4.029	4.785	5.408
8		0.706	1.397	1.860	2.306	2.896	3.355	3.833	4.501	5.041
9		0.703	1.383	1.833	2.262	2.821	3.250	3.690	4.297	4.781
10		0.700	1.372	1.812	2.228	2.764	3.169	3.581	4.144	4.587
11		0.697	1.363	1.796	2.201	2.718	3.106	3.497	4.025	4.437
12		0.695	1.356	1.782	2.179	2.681	3.055	3.428	3.930	4.318
13		0.694	1.350	1.771	2.160	2.650	3.012	3.372	3.852	4.221
14		0.692	1.345	1.761	2.145	2.624	2.977	3.326	3.787	4.140
15		0.691	1.341	1.753	2.131	2.602	2.947	3.286	3.733	4.073
16		0.690	1.337	1.746	2.120	2.583	2.921	3.252	3.686	4.015
17		0.689	1.333	1.740	2.110	2.567	2.898	3.222	3.646	3.965
18		0.688	1.330	1.734	2.101	2.552	2.878	3.197	3.610	3.922
19		0.688	1.328	1.729	2.093	2.539	2.861	3.174	3.579	3.883
20		0.687	1.325	1.725	2.086	2.528	2.845	3.153	3.552	3.850
21		0.686	1.323	1.721	2.080	2.518	2.831	3.135	3.527	3.819
22		0.686	1.321	1.717	2.074	2.508	2.819	3.119	3.505	3.792
23		0.685	1.319	1.714	2.069	2.500	2.807	3.104	3.485	3.768
24		0.685	1.318	1.711	2.064	2.492	2.797	3.091	3.467	3.745
25		0.684	1.316	1.708	2.060	2.485	2.787	3.078	3.450	3.725
26		0.684	1.315	1.706	2.056	2.479	2.779	3.067	3.435	3.707
27		0.684	1.314	1.703	2.052	2.473	2.771	3.057	3.421	3.690
28		0.683	1.313	1.701	2.048	2.467	2.763	3.047	3.408	3.674
29		0.683	1.311	1.699	2.045	2.462	2.756	3.038	3.396	3.659
30		0.683	1.310	1.697	2.042	2.457	2.750	3.030	3.385	3.646
31		0.682	1.309	1.696	2.040	2.453	2.744	3.022	3.375	3.633
32		0.682	1.309	1.694	2.037	2.449	2.738	3.015	3.365	3.622
33		0.682	1.308	1.692	2.035	2.445	2.733	3.008	3.356	3.611
34		0.682	1.307	1.091	2.032	2.441	2.728	3.002	3.348	3.601

续表

n	p(2): p(1):	0.50 0.25	0.20 0.10	0.10 0.05	0.05 0.025	0.02 0.01	0.01 0.005	0.005 0.0025	0.002 0.001	0.001 0.0005
35		0.682	1.306	1.690	2.030	2.438	2.724	2.996	3.340	3.591
36		0.681	1.306	1.688	2.028	2.434	2.719	2.990	3.333	3.582
37		0.681	1.305	1.687	2.026	2.431	2.715	2.985	3.326	3.574
38		0.681	1.304	1.686	2.024	2.429	2.712	2.980	3.319	3.566
39		0.681	1.304	1.685	2.023	2.426	2.708	2.976	3.313	3.558
40		0.681	1.303	1.684	2.021	2.423	2.704	2.971	3.307	3.551
50		0.679	1.299	1.676	2.009	2.403	2.678	2.937	3.261	3.496
60		0.679	1.296	1.671	2.000	2.390	2.660	2.915	3.232	3.460
70		0.678	1.294	1.667	1.994	2.381	2.648	2.899	3.211	3.436
80		0.678	1.292	1.664	1.990	2.374	2.639	2.887	3.195	3.416
90		0.677	1.291	1.662	1.987	2.368	2.632	2.878	3.183	3.402
100		0.677	1.290	1.660	1.984	2.364	2.626	2.871	3.174	3.390
200		0.676	1.286	1.653	1.972	2.345	2.601	2.839	3.131	3.340
500		0.675	1.283	1.648	1.965	2.334	2.586	2.820	3.107	3.310
1000		0.675	1.282	1.646	1.962	2.330	2.581	2.813	3.098	3.300
∞		0.6745	1.2816	1.6449	1.9600	2.3263	2.5758	2.8070	3.0902	3.2905

注：表上右上角图中的阴影部分表示概率 p，p（2）是双侧的概率，p（1）是单侧的概率，n 是自由度。

4　相关系数显著性检验表

自由度	0.10	0.05	0.02	0.01	0.001
1	0.9877	0.9969	0.9995	0.9999	0.9999
2	0.9000	0.9500	0.9800	0.9900	0.9990
3	0.8054	0.8783	0.9343	0.9587	0.9912
4	0.7293	0.8114	0.8822	0.9172	0.9741
5	0.6694	0.7545	0.8329	0.8745	0.9507
6	0.6215	0.7067	0.7887	0.8343	0.9249
7	0.5822	0.6664	0.7498	0.7977	0.8982
8	0.5494	0.6319	0.7155	0.7646	0.8721
9	0.5214	0.6021	0.6851	0.7348	0.8471
10	0.4973	0.5760	0.6581	0.7079	0.8233
11	0.4762	0.5529	0.6339	0.6835	0.8010
12	0.4575	0.5324	0.6120	0.6614	0.7800
13	0.4409	0.5139	0.5923	0.6411	0.7603
14	0.4259	0.4973	0.5742	0.6226	0.7420
15	0.4124	0.4821	0.5577	0.6055	0.7246
16	0.4000	0.4683	0.5425	0.5897	0.7084
17	0.3887	0.4555	0.5285	0.5751	0.6932
18	0.3783	0.4438	0.5155	0.5614	0.6787
19	0.3687	0.4329	0.5034	0.5487	0.6652
20	0.3598	0.4227	0.4921	0.5368	0.6524
25	0.3233	0.3809	0.4451	0.4869	0.5974
30	0.2960	0.3494	0.4093	0.4487	0.5541
35	0.2746	0.3246	0.3810	0.4182	0.5189
40	0.2573	0.3044	0.3578	0.3932	0.4896
45	0.2428	0.2875	0.3384	0.3721	0.4648
50	0.2306	0.2732	0.3218	0.3541	0.4433
60	0.2108	0.2500	0.2948	0.3248	0.4078
70	0.1954	0.2319	0.2737	0.3017	0.3799
80	0.1829	0.2172	0.2565	0.2830	0.3568
90	0.1726	0.2050	0.2422	0.2673	0.3375
100	0.1638	0.1946	0.2301	0.2540	0.3211

5 F分布表

$$P\{F(n_1, n_2) > F_\alpha(n_1, n_2)\} = \alpha$$

n_2 \ n_1	1	2	3	4	5	6	7	8	9	10	12	15	20	24	30	40	60	120	∞
1	39.86	49.5	53.59	55.38	57.24	58.26	58.91	59.44	59.86	60.19	60.71	61.22	61.74	62	62.26	62.53	62.79	63.06	63.33
2	8.53	9	9.16	9.24	9.29	9.33	9.35	9.37	9.38	9.39	9.41	9.42	9.44	9.45	9.46	9.47	9.47	9.48	9.49
3	5.54	5.46	5.39	5.34	5.31	5.28	5.27	5.25	5.24	5.23	5.22	5.2	5.18	5.18	5.17	5.16	5.15	5.14	5.13
4	4.54	4.32	4.19	4.11	4.05	4.01	3.98	3.95	3.94	3.92	3.9	3.87	3.84	3.83	3.82	3.8	3.79	3.78	3.76
5	4.06	3.78	3.62	3.52	3.45	3.4	3.37	3.34	3.32	3.3	3.27	3.24	3.21	3.19	3.17	3.16	3.14	3.12	3.1
6	3.78	3.46	3.29	3.18	3.11	3.05	3.01	2.98	2.96	2.94	2.9	2.87	2.84	2.82	2.8	2.78	2.76	2.74	2.27
7	3.59	3.26	3.07	2.96	2.88	2.83	2.78	2.75	2.72	2.7	2.67	2.63	2.59	2.58	2.56	2.54	2.51	2.49	2.47
8	3.46	3.11	2.92	2.81	2.73	2.67	2.62	2.59	2.56	2.25	2.5	2.46	2.42	2.4	2.38	2.36	2.34	2.32	2.29
9	3.36	3.01	2.81	2.69	2.61	2.55	2.51	2.47	2.44	2.42	2.38	2.34	2.3	2.28	2.25	2.23	2.21	2.18	2.16
10	3.29	2.92	2.73	2.61	2.52	2.46	2.41	2.38	2.35	2.32	2.28	2.24	2.2	2.18	2.16	2.13	2.11	2.08	2.06
11	3.23	2.86	2.66	2.54	2.45	2.39	2.34	2.3	2.27	2.25	2.21	2.17	2.12	2.1	2.08	2.05	2.03	2	1.97
12	3.18	2.81	2.61	2.48	2.39	2.33	2.28	2.24	2.21	2.19	2.15	2.1	2.06	2.04	2.01	1.99	1.96	1.93	1.9
13	3.14	2.76	2.56	2.43	2.35	2.28	2.23	2.2	2.16	2.14	2.1	2.05	2.01	1.98	1.96	1.93	1.9	1.88	1.85
14	3.1	2.73	2.52	2.39	2.31	2.24	2.19	2.15	2.12	2.1	2.05	2.01	1.96	1.94	1.91	1.89	1.86	1.83	1.8
15	3.07	2.7	2.49	2.36	2.27	2.21	2.16	2.12	2.09	2.06	2.02	1.97	1.92	1.9	1.87	1.85	1.82	1.79	1.76
16	3.05	2.67	2.46	2.33	2.24	2.18	2.13	2.09	2.06	2.03	1.99	1.94	1.89	1.87	1.84	1.81	1.78	1.75	1.72
17	3.03	2.64	2.44	2.31	2.22	2.15	2.1	2.06	2.03	2	1.96	1.91	1.86	1.84	1.81	1.78	1.75	1.72	1.69
18	3.01	2.62	2.42	2.29	2.2	2.13	2.08	2.04	2	1.98	1.93	1.89	1.84	1.81	1.78	1.75	1.72	1.69	1.66
19	2.99	2.61	2.4	2.27	2.18	2.11	2.06	2.02	1.98	1.96	1.91	1.86	1.81	1.79	1.76	1.73	1.7	1.67	1.63
20	2.97	2.59	2.38	2.25	2.16	2.09	2.04	2	1.96	1.94	1.89	1.84	1.79	1.77	1.74	1.71	1.68	1.64	1.61
21	2.96	2.57	2.36	2.23	2.14	2.08	2.02	1.98	1.95	1.92	1.87	1.83	1.78	1.75	1.72	1.69	1.66	1.62	1.59
22	2.95	2.56	2.35	2.22	2.13	2.06	2.01	1.97	1.93	1.9	1.86	1.81	1.76	1.73	1.7	1.67	1.64	1.6	1.57
23	2.94	2.55	2.34	2.21	2.11	2.05	1.99	1.95	1.92	1.89	1.84	1.8	1.74	1.72	1.69	1.66	1.62	1.59	1.55
24	2.93	2.54	2.33	2.19	2.1	2.04	1.98	1.94	1.91	1.88	1.83	1.78	1.73	1.7	1.67	1.64	1.61	1.57	1.53
25	2.92	2.53	2.32	2.18	2.09	2.02	1.97	1.93	1.89	1.87	1.82	1.77	1.72	1.69	1.66	1.63	1.59	1.56	1.52
26	2.91	2.52	2.31	2.17	2.08	2.01	1.96	1.92	1.88	1.86	1.81	1.76	1.71	1.68	1.65	1.61	1.58	1.54	1.5
27	2.9	2.51	2.3	2.17	2.07	2	1.95	1.91	1.87	1.85	1.8	1.75	1.7	1.67	1.64	1.6	1.57	1.53	1.49
28	2.89	2.5	2.29	2.16	2.06	2	1.94	1.9	1.87	1.84	1.79	1.74	1.69	1.66	1.63	1.59	1.56	1.52	1.48
29	2.89	2.5	2.28	2.15	2.06	1.99	1.93	1.89	1.86	1.83	1.78	1.73	1.68	1.65	1.62	1.58	1.55	1.51	1.47
30	2.88	2.49	2.28	2.14	2.05	1.98	1.93	1.88	1.85	1.82	1.77	1.72	1.67	1.64	1.61	1.57	1.54	1.5	1.46
40	2.84	2.44	2.23	2.09	2	1.93	1.87	1.83	1.79	1.76	1.71	1.66	1.61	1.57	1.54	1.51	1.47	1.42	1.38
60	2.79	2.39	2.18	2.04	1.95	1.87	1.82	1.77	1.74	1.71	1.66	1.6	1.54	1.51	1.48	1.44	1.4	1.35	1.29
120	2.75	2.35	2.13	1.99	1.9	1.82	1.77	1.72	1.68	1.65	1.6	1.55	1.48	1.45	1.41	1.37	1.32	1.26	1.19
∞	2.71	2.3	2.08	1.94	1.85	1.77	1.72	1.67	1.63	1.6	1.55	1.49	1.42	1.38	1.34	1.3	1.24	1.17	1

参考文献

[美] David Freedman 等．1997．统计学．魏宗舒，施锡铨等译．北京：中国统计出版社．

[美] L．Kish．1997．抽样调查．倪加勋等译．北京：中国统计出版社．

[美] M．R．斯皮格尔等著．2002．全美经典学习指导系列——统计学．杨纪龙等译．北京：科学出版社．

[美] S．伯恩斯坦等著．2002．全美经典学习指导系列——统计学原理（上．下）．史道济译．北京：科学出版社．

陈仁恩．1998．统计学原理解题指南．北京：中国统计出版社．

陈仁恩．2002．统计学原理习题解答问题辨析．北京：中国统计出版社．

陈仁恩．2004．统计学基础．厦门：厦门大学出版社．

陈珍珍，罗乐勤等．2002．统计学．厦门：厦门大学出版社．

冯士雍，施锡铨．1996．抽样调查——理论、方法与实践．上海：上海科学技术出版社．

国家统计局人口和就业统计局．2008．分地区全国就业人员受教育程度构成．中国人口和就业统计年鉴．第 159 页．

胡东华．2002．概率统计习题集．北京：机械工业出版社．

黄良文，吴国培．1991．应用抽样法．北京：中国统计出版社．

黄良文，姚志学．1996．社会经济统计学原理．北京：中国统计出版社．

黄良文，曾五一．2000．统计学原理．北京：中国统计出版社．

江泽培，成平，严士健，吴荣．1997．应用统计实例选．天津：南开大学出版社．

金勇进．2002．抽样技术．北京：中国人民大学出版社．

李慧民（总编）．2008．就业与失业．中国劳动统计年鉴．第 147、149～160 页．

李绍山．2001．语言研究中的统计学．西安：西安交通大学出版社．

李晓超（总编）．2008．国民经济和社会发展总量与速度指标．中国统计年鉴．第 4～11 页．

刘富江．2007．各种经济类型工业企业和生产单位数．中国工业经济统计年鉴．第 16 页．

穆久顺，王积田．2000．统计学原理．哈尔滨：黑龙江人民出版社．

钱伯海，黄良文．2001．统计学．成都：四川人民出版社．

全国统计教材编审委会员．1995．抽样调查理论与实践．北京：中国统计出版社．

颜金锐．2002．科研中常用的统计方法-自由分布统计检验．北京：中国统计出版社．

袁卫，庞皓，曾五一等．2000．统计学．北京：高等教育出版社．

曾五一，陈珍珍，罗乐勤等．2003．统计学概论．北京：首都经济贸易大学出版社．

曾五一．1999．统计估算．北京：中国金融出版社．

周纪芗等．1999．质量管理统计方法．北京：中国统计出版社．